Eugen Drewermann
Wir glauben, weil wir lieben

JEAN-BAPTISTE-CAMILLE COROT (1796–1875),
Orpheus rettet Eurydike aus der Unterwelt (1861), Ausschnitt,
Museum of Fine Arts, Houston, Texas (vgl. S. 183)

Eugen Drewermann

Wir glauben, weil wir lieben

Woran ich glaube

Im Gespräch mit Jürgen Hoeren

Patmos

Bibliografische Information der Deutschen Nationalbibliothek
Die Deutsche Nationalbibliothek verzeichnet diese Publikation
in der Deutschen Nationalbibliografie;
detaillierte bibliografische Daten sind im Internet
über http://dnb.d-nb.de abrufbar.

Umschlaggestaltung: init . Büro für Gestaltung, Bielefeld
Umschlagabbildung: © epd-Bild/Bertold Fernkorn
Gesamtherstellung: Patmos-Verlag, Ostfildern
Hergestellt in Deutschland

ISBN 978-3-491-72549-2

Inhalt

Mein Vorbild Albert Schweitzer

Herr Drewermann, warum haben Sie sich damals, nach Ihrem glän-
zenden Abitur, mit 20 Jahren für das Theologiestudium entschlossen?

Weil die Frage nach Gott, dem Sinn des Lebens, der Einheit der Welt
für mich zentral zu sein schien. Ich hatte mit 13, 14 Jahren Albert
Schweitzer als Vorbild und den Wunsch, irgendetwas Vergleichbares
zu tun, was den Menschen hilft – Arzt zu werden, zum Beispiel. Dieser Wunsch ist lange präsent geblieben. Ich wollte nach dem Theologiestudium noch Medizin studieren. Aber in dieser Reihenfolge.
Denn ganz ähnlich wie bei Albert Schweitzer wäre ich aus einem
christlichen Impuls heraus Arzt geworden. Ich hätte dann tun mögen, was ich im Vorbild Jesu für bahnbrechend und wegweisend geglaubt hätte. Fragen dieser Art wollte ich aber erst einmal nachgehen,
sie für mich selber klären und auch für die Menschen, mit denen ich
im Gespräch war. Ich bin eigentlich nie ohne erhebliche Zweifel an
den scheinbaren Sicherheiten der kirchenchristlichen Verkündigung
ausgekommen. Das Studium schien mir damals ein Weg zu sein,
durch sachfundiertes Wissen, durch korrekte Informationen, durch
klares, schlussfolgerndes Denken Zweifel auszuräumen. Dass ein solches Vorgehen ausgerechnet im Gebiet der Theologie die Fragen eher
vermehren würde, war mir damals nicht so klar.

Warum wollten Sie denn katholischer Priester werden? Hat Sie Ihr Vater, Ihre Mutter nicht gewarnt? Sie kannten doch schon den Klerikerstand?

Ich habe nie wirklich berufsbezogen gedacht. Damals, 1960, wissenschaftlich Theologie zu studieren, war eigentlich nur möglich als Priesteramtskandidat, zumindest im Raum der katholischen Kirche. Wohl hätte man sich als Lehrer ausbilden lassen können, natürlich. Aber das wäre kein Theologiestudium gewesen, wie es mir vorgeschwebt hätte. Es wäre nicht gründlich geworden. Ich wollte mich nie für irgendein Amt in irgendeiner Institution bewerben, das war wirklich sekundär. Aber was Sie andeuten, stimmt: Ich hatte damals noch der katholischen Kirche zugetraut, dass auch für sie selber die Fragen der Beamtung zweitrangig wären und dass sie an Menschen interessiert sei, die offen sind, die sich unterwegs fühlen, die ehrliche Fragen anmelden und ehrliche Antworten suchen. Was meine Eltern angeht – mein Vater war evangelisch, meine Mutter katholisch. Der katholische Elternteil, meine Mutter, hatte damals bei der Trauung zu versprechen, dass die Kinder katholisch getauft und erzogen würden. Für meinen Vater war das kein Problem, weil er der Auffassung war, die Frau erziehe ohnedies die Kinder. Er hatte einen sehr schönen Satz geprägt: Wenn die Kinder so werden, wie seine Frau schon ist, werde es wohl vor Gott und den Menschen in Ordnung sein. Er meinte damit, dass die Pastoren nicht das Recht hätten, Menschen, die einander lieben und zueinandergefunden haben, mit irgendwelchen Steuerinteressen auseinanderzureden. Er dachte in seinem Sinne auf humanitäre Weise pragmatisch. Auch später hätte er jeden Berufswunsch toleriert. Nur wenn ich ihm gesagt hätte: »Ich will wie du unter Tage Fahrsteiger werden«, ich glaube, da hätte ich Schwierigkeiten bekommen.

Haben Sie während Ihres Studiums und Ihres Weges zum Priesteramt nicht selbst oft Zweifel bekommen? Gab es keine warnenden Stimmen?

O ja, die gab es sehr, schon deshalb, weil mein Interesse an der Theologie ganz entscheidend aufgeladen war durch die Lektüre Søren Kierkegaards. Ich glaube, Graham Greene hat recht, als er einmal sagte, Schriftsteller behielten ihr Leben lang die Fragen, die sie mit 17 und 18 Jahren hatten, der ganze Rest sei ein Kommentar zu diesen Schlüsselfragen. Das ist bei mir ganz sicher der Fall gewesen und geblieben. Bei Søren Kierkegaard hatte ich zum ersten Mal den Eindruck, zu verstehen, was Jesus wollte, und zugleich genauso klar vor mir zu sehen, was nicht gemeint sein kann. Bei dem dänischen Religionsphilosophen habe ich gelernt, dass die Grundfragen des Menschen zwischen Angst und Vertrauen gestellt werden, dass man Ethik und Religion voneinander trennen muss, dass das, was sich heute Kirche nennt oder als Christenheit versteht, eigentlich nur noch als Travestie und Farce auf das ursprünglich Gemeinte gesehen werden kann. Das alles war zunächst um 1850 eine Kritik innerhalb des dänischen Protestantismus. Viel weiter und viel zutreffender aber waren alle seine Aussagen bezogen auf die katholische Kirche. Es gibt keinen Autor, der so klar wie Kierkegaard gesehen hat, dass ein beamtetes Christentum eine einzige Lüge sein muss. Der Katholizismus aber basiert auf genau dieser Vorstellung, dass man Gott verbeamtet und dogmatisch abgestützt den sogenannten Gläubigen gegenwärtig setzen kann – in allen wesentlichen Punkten: von der Eucharistiefeier über die Sündenlossprechung bis zum Sterbesakrament. In all den Punkten braucht es einen Pfarrer, der im Amt Gott vor den Gläubigen vertritt. Die Existenz des geistlichen Herrn, seine Person, ist dabei völlig relativ, absolut ist sein Amt, ist das Kirchesein, das Institutionelle.

Mit diesen Vorstellungen war ich ins Theologiestudium gekommen. Es gab damals aber noch einen Punkt, der mir von Anfang an zum Sprengstoff geriet, ein wirklicher Schock: Das war 1955 die Frage der Wiederbewaffnung der Bundesrepublik. Es gingen damals Millionen Menschen auf die Straße. Sie sagten: »Zehn Jahre nach dem Desaster des verdammten Krieges halten wir nicht schon wieder unsere Knochen hin. Dafür sind wir nicht nach Hause gekommen, dass wir jetzt unsere Kinder wieder Soldaten werden lassen. Irgendwann muss Schluss sein.« Das aber wollte die Adenauer-Regierung partout nicht, und das wollte auch die katholische Kirche nicht. Es gab damals Protestanten, Niemöller, Gollwitzer, die in dem Punkte eindeutig waren. Niemöller bekam fertig, zu sagen: »Die Bundesrepublik Deutschland ist ein Kind, in Washington gezeugt und im Vatikan getauft.« Ein solches Wort war eindeutig. Ich hatte damals noch nicht wirklich mitbekommen, dass schon 1952 im europäischen Verteidigungsgemeinschaftsvertrag die katholische Kirche und die Adenauer-Regierung dabei waren, auf Druck der Alliierten hin Deutschland in ein Militärbündnis einzufügen. Der Plan scheiterte an den Franzosen, die nicht östlich des Rheins schon wieder eine deutsche Armee unter Waffen sehen wollten. 1955 aber waren wir so weit. Der damalige Papst Pius XII. erklärte in seiner Weihnachtsansprache, dass kein Katholik das Recht habe, sich auf sein Gewissen zu berufen und den Wehrdienst zu verweigern, und so sagten es alle »Maßgeblichen«: die Bischöfe, die Pfarrer, die Moraltheologen – alle.

Haben Sie damals im Priesterseminar rebelliert? Haben Sie Ihre Stimme erhoben? Sind Sie unbequem geworden?

Ich wusste, dass ich den Wehrdienst verweigern würde. Ich habe damals Fotobände mit Gedichten, die ich verfasst hatte – meine ersten publizistischen Versuche –, herumgereicht im Theologenkonvikt, bis mir politische Propaganda untersagt wurde. Man sollte nicht agitieren für den Pazifismus. Das war bei der Aufnahme ins Konvikt das erste Gespräch in Münster. Es irritierte den Rektor, dass ich mich gegen die Auffassung der katholischen Kirche in diesem Punkte äußerte. Es sei kein Denken im Sinne der Kirche, kein »Sentire cum Ecclesia«, was er da sehen müsste. Das stimmte auch. Ich glaubte zu wissen, dass die katholische Kirche in einer mir ganz entscheidenden Frage die Menschen nicht christlich unterweist, dass sie an einer Stelle Gewissenszwang ausübt, wo er nicht sein darf. Ich war auch nicht willens, dies hinzunehmen. Ich dachte, dass in diesem Punkte mein Gewissen nicht irrig sei. Ich wollte eine objektive Lösung. Mir hat es dann wenig geholfen, dass 1963 im 2. Vatikanischen Konzil befunden wurde, dass es auch einen Friedensdienst ohne Waffen geben könnte. Jetzt plötzlich, nach dem 2. Vatikanischen Konzil, durfte man auch den Wehrdienst verweigern, jetzt hatte man die Freiheit dazu. Doch die Feigheit blieb. Man fügte sich weiter dem Druck einer zentralistischen, uniformierten, dogmatischen Festlegung, und das war für mich noch ungeheuerlicher als das, was 1955 passiert war. Plötzlich redeten alle anders, nur weil es erlaubt war. Was aber hatten sie denn vorher gedacht und geglaubt? Religiöse Überzeugungen darf man doch nicht verwalten wie im Zentralkomitee der Kommunistischen Partei oder in irgendeiner anderen politischen Gruppierung, die ihre pragmatische »Geschlossenheit« herstellen will.

Wie haben Sie das als Priester ertragen? Warum sind Sie in dieses System eingetreten?

Nicht ganz so schnell! Es gab noch eine dritte Frage, die damit zusammenhing und die Vorbehalte, die die ganze offizielle Theologie mit sich brachte, verstärken musste – das war der Umgang mit den Tieren. Auch da war ich der Meinung, die ganze Schöpfungslehre der Kirche sei zu optimistisch, sie stimme so nicht. Es gibt nach meiner Meinung kein gutes Recht, mit den Tieren so umzugehen, wie es üblich ist und von der katholischen Theologie vertreten wird: die Tiere seien den Menschen untertan und wir dürften sie für uns in jeder Form benutzen. Fragen danach aber wurden nicht einmal ansatzweise diskutiert. Wenn ich Schopenhauer zitierte, war es halt nicht Thomas von Aquin, und es war doch klar, was man zu lesen hatte.

Mit all den Schwierigkeiten konnte ich insofern leben, als ich mich der Illusion hingab, dass man in der Kirche eigentlich doch auf Leute treffen könnte, mit denen sich reden ließe. Daran habe ich wirklich geglaubt. Es gab immerhin Karl Rahner, es gab irgendwo einen vernünftigen Pater. Ich hatte schon mal Leute kennengelernt, unter tausend Pastoren vielleicht einen, der Nachdenklichkeit zeigte. Ich wollte glauben, je höher man käme, desto wahrscheinlicher würde es, dass man da edlen Geistern begegnete, die reformfähig, offen, der Botschaft Jesu verpflichtet, eine ehrliche Richtungskompetenz besäßen. Dass sich das genau umgekehrt verhielt, habe ich damals nicht gedacht. Es war mir allerdings schon damals fast egal, das kann ich wirklich sagen. Ich wollte kennenlernen, was Menschen an der Botschaft Jesu hilfreich ist. Mein Ziel war, seine Botschaft so auszulegen, dass sie verständlich und hilfreich sei für alle. Das war zu Beginn noch nicht zentriert auf die thematische Frage, welch eine therapeutische Dimension darin stecke. Ich wollte freilich die Religion des Christentums wesentlich als Erlösung begreifen. Deshalb entschied ich mich ja, im Vorrang Theologie zu studieren, statt Medizin. Ich dachte, die religiösen Fragen seien noch entscheidender, noch wichtiger als die Fragen der körperlichen Gesundheit. Ärzte haben wir genug, dachte ich, aber Leute, die mit Menschen über Gott reden können oder wollen und die nicht nur Sprüche liefern, eigentlich sehr wenige. Deshalb ist Ihre Frage, wie es denn dann im Konvikt weiterging, nicht ganz leicht beantwortbar.

12

Mein Theologiestudium –
lauter falsche Fragen

Hatten Sie einen Spiritual, mit dem Sie darüber reden konnten? Waren Sie ein Einzelgänger? Wurden Sie ausgegrenzt? Konnten Sie mit jemandem über Ihre Gedanken reden?

Ich hatte immer Freunde, wenn Sie das so meinen. Aber das waren mehr nette Beziehungen, das waren nicht die geistigen Kaderschmieden, als die man sie haben wollte. Wirkliche Auseinandersetzungen um grundsätzliche Fragen, wie sie in Philosophie und Geschichte sich hätten ergeben müssen, fanden nicht statt. Das Entscheidende musste ich mit mir selbst ausmachen. Und es geschah, indem ich enorm viel gelesen habe, weit mehr, als für das Studium gebraucht wurde. Die Prüfungen haben mich eigentlich nie sehr interessiert. Das Material hatte ich parat, wenn es gebraucht wurde. Aber darüber hinaus gab es so vieles zu entdecken – in der Literatur, in der Philosophie, in der Exegese, in der Religionsgeschichte, in den fremden Religionen. Da war endlos zu lernen, damit war ich beschäftigt. Wie sich das jemals an das »Lehramt« zurückmeldete, war für mich relativ unwichtig. Manches wurde abgefragt in den Prüfungen, aber die waren sowieso kein Problem – im Gegenteil: Sie waren für mich interessant, weil mir jetzt jemand von den Zuständigen mal eine halbe Stunde zuhörte. In solchen Momenten konnte man probeweise mal gewisse Themen problematisieren, schließlich bedeutet »Wissenschaft« das methodische Suchen nach Begründungen für bestimmte Ansichten, und das wollte ich ja. Bei dem Vorstand, dem Spiritual, gab es gewisse Kontrollbesuche, die aber nicht das hergaben, was in Ihrer Frage drinsteckt. – Vielleicht sollte ich noch dazu sagen, damit verständlich wird, warum ich überhaupt in den ersten vier Semestern nach Münster kam, dass mein Religionslehrer, der eine Art Gutachten nach Paderborn zu der zuständigen Diözesanleitung senden musste, in Wahrheit ein rechtes Missachten geschrieben hatte. Er hätte in Religion noch nie für so viel Irrlehren ein »Sehr gut« gegeben. Das war seine Meinung über mich als Abiturient, und die hat er in Paderborn entsprechend kundgetan. Deswegen wollte man dann erst einmal sehen, wie das mit mir werden würde. Ich hatte damals noch vor, zusätzlich Deutsch und Griechisch zu studieren, und das konnte ganz gut in Münster passieren. Also erschien ich unter Aufsicht bei dem dortigen Spiritual, jede Woche einmal, zum Gespräch. Dieser »Geistliche« war ein ausgezeichneter Mann und er machte seine Arbeit gut, aber es waren Gespräche, wie sie unter den gegebenen Voraussetzungen kaum anders sein konnten: Sie blieben peripher.

Man muss sich die Situation vorstellen: Vom 3. Semester an kam ich pflichtweise ins Konvikt. Im Speisesaal des Konvikts stand vorne der Vorstandstisch, und davor saßen in langen Reihen die Alumni. Damit nun auch gesehen würde, dass ich irgendwie für Paderborn vorschlagsweise als Theologe infrage käme, hatte ich direkt unter den Augen des Vorstands in der ersten Reihe zu sitzen. Die ausschlaggebenden Beobachtungskriterien waren wohl, ob man mit Messer und Gabel essen konnte, ob man mit anderen im Gespräch blieb – ich weiß nicht, worauf man da achtete. Alles in allem kann die Inspektion nicht so schlecht ausgefallen sein. Jedenfalls kam ich – was die Noten und das Betragen anging – mit dem besten Zeugnis nach Paderborn. Was die Theologie betrifft, so muss ich sagen, dass sie in Münster damals vor allem in den philosophischen Fächern entschieden sehr viel günstiger angelegt war, als es für mich in Paderborn ge-

14

wesen wäre. Die Traktate dort hätte ich, glaube ich, nicht überstanden. In Münster herrschte zumindest der Eindruck, man könnte den von der Kirche als Vorbereitung für ihre Dogmatikvorlesungen gewünschten Thomismus in das heutige Wissen und Denken übersetzen. Der Eindruck wurde zumindest vermittelt. Vier Semester lang habe ich versucht, diese neuthomistische Metaphysik und ihre Argumentationsfiguren einzuüben. Ich glaube, ich war einer der wenigen, die dachten, sie hätten all das wirklich verstanden. Heute denke ich, dass der ganze Ansatz, wenn auch auf hohem, intelligentem Reflexionsniveau, von A bis Z falsch war und ist.

Warum falsch?

Weil es sich um lauter verkehrte Fragestellungen handelte. Es gab damals beispielsweise die »rationale Anthropologie«. Das war ein Pflichtfach gewesen, in dem bewiesen wurde, dass der Mensch aufgrund seiner Geistestätigkeit eine geistige Substanz sein Eigen nennt. Das war reiner Aristotelismus, das war Hylemorphismus – lauter griechisch-mittelalterliche Konzeptionen, mit denen man zeigte, dass die Gedankentätigkeit des Menschen sich in keiner Weise vergleichen lasse mit allem, was sich in Raum und Zeit ereignen könne. Bei Gedanken lässt sich ja nicht fragen, ob sie schnell oder eckig sind oder rund. Was bei der Materie wichtig ist, ist keine mögliche Fragestellung für das Geistige. Bei geistigen Tätigkeiten also zeigt sich vermeintlich der Wesensunterschied zwischen Geist und Materie. Wenn nun schon die Seele ideell im Menschen als eigene Substanz zu begreifen ist, kann man ihr auch bestimmte Attribute zuordnen, wie am Ende die Hoffnung auf die Ewigkeit. All das konnte bewiesen werden: Freiheit, Unsterblichkeit, Seele. Es war wunderbar. Es wurde auch bewiesen, dass Sigmund Freud als Triebtheoretiker, als Pansexualist, als Traumdeuter jeden Anspruch an Rationalität von vornherein vermissen lasse. Auch Schopenhauer – die Lebensphilosophie – galt als irrational. So aber konnte es nicht sein, wenn die Welt als von Gott geschaffen rational konzipiert ist und schon deshalb dem menschlichen Geist verständlich sein muss. All die Probleme und Erkenntnisse der modernen Naturwissenschaften über die Herkunft des Menschen, über die Entstehung von Leben und »Geist« durch die Selbstorganisation der Materie in der Evolution existierten in diesem ideologischen System nicht. Ich habe das alles trotzdem fleißig gelernt, um es mir zu merken. In Paderborn, vom 5. Semester an, war es dann anders. Hier bekam ich Moraltheologievorlesungen zu hören zur Wiedereinführung der Todesstrafe, zur Rechtfertigung des Atomkrieges, zum Verbot von empfängnisverhütenden Mitteln, zur Erklärung, dass Abtreibung in jeder Form Sünde sei, dass Malthus sich mit seiner Warnung schon im 19. Jahrhundert vor Überbevölkerung geirrt habe: Gott wird doch die Menschen nicht mit dem Auftrag, fruchtbar zu sein, ausstatten und dann Ernährungsengpässe schaffen! Ein allwissender, weiser Gott kann sich nicht widersprechen. In dieser Weise setzte sich ein falsches Welt- und Menschenbild praktisch durch. Sehr gut fand ich die Exegese, vor allem die neutestamentliche Exegese, und das war für mich der Teil des Studiums, der auch weiterführte. Kirchenrecht habe ich eigentlich nie studiert.

Die Exegese hat Sie als Fach fasziniert. Warum war das für Sie ein interessantes Feld?

Die Exegese war für mich faszinierend, weil sie mich sorgfältig und fundiert einfach mit den philologischen Mitteln, mit denen man antike Texte auch sonst liest, ausstattete. Hinzu kam, dass es ja nicht irgendein Text war, den es auszulegen galt. Es war das Neue Testament, die Bibel. Hebräisch hatte ich bereits auf dem Gymnasium gelernt, und ich fing nun an, das Alte Testament Wort für Wort im Urtext zu übersetzen. Das allein schon hatte eine eigene Faszination, die hebräische Sprache, dann aber auch im Neuen Testament das Griechische. Es war für mich Gottes Wort. Ich wollte jede Nuance, wie das da steht, wie die Evangelisten es aus ihrer Perspektive weitergaben, wie die ihnen vorliegende Tradition bestimmte Überlieferungen schon verändert hat, so genau als möglich kennenlernen.

Also stark philologisch begründet? Und warum später Ihr Hauptthema: die Genesis?

Ich wollte anfangs ja auch Griechisch studieren. Das war ein Wunsch noch aus der Abiturzeit. Die Beschäftigung mit den biblischen Themen, mit der Schöpfungsgeschichte etwa, der Urgeschichte, entsprang einem anderen Zusammenhang. – Die Motivation, mich speziell mit dem Text auf den Anfangsseiten der Bibel zu beschäftigen, ist ziemlich komplex. Als Kind schon fragt man sich ja doch, ob Noah alle Tiere in die Arche mitgenommen haben kann, aber dann auch, was das für ein Gott ist, der die Menschheit schafft und dann so unglaubliche Katastrophen über sie verhängt. Das war für mich sehr irritierend, und solchen Fragen wollte ich natürlich nachgehen.

Diese Fragen haben Sie Ihrem Religionslehrer oder Ihrer Mutter gestellt?

Ja. Meine Mutter schickte mich zum Pfarrer, und der Pfarrer sagte: »Wenn Rom es so gesagt hat, wird es stimmen.« Und mein Vater sagte: »Das erkläre ich dir später.« Also niemand war für solche Fragen wirklich zuständig. Mein Religionslehrer unterstand damals fast wider seine eigene Überzeugung den Lehrvorgaben, die man ihm gemacht hatte. Es war wirklich kümmerlich. Was ist mit Adam und Eva, was bedeutet diese sonderbare Geschichte mit der Schlange – ein Bild, das in so vielen Mythen und Märchen vorkommt? Irgendwann hatte ich natürlich begriffen, dass die Bibel nicht so erzählt, wie die Grimm'sche Märchensammlung Schlangen reden lässt oder hilfreich in Kerker schickt, auf dass sie heilende Kräuter mitbringen. In der Bibel musste es anders gemeint sein. Es hat lange gedauert, bis ich als Kind dahinterkam, dass man Mythen anders interpretieren muss als Märchen, aber auch anders interpretieren darf als geschichtliche Erzählungen. Das Problem – schwer vorstellbar heute – bestand noch in den 1950er-Jahren in der gesamten katholischen Kirche und es besteht im katholischen Lehramt bis heute, dass man die Bibel historisch real verstehen muss. Das heißt, es gibt keine vernünftige Erlaubnis, mythische Texte in ihrer Eigenart zu würdigen. Die Bibel-kommission von 1909 hatte auf die Frage, ob im Paradies der Teufel in Gestalt der Schlange den Menschen verführt habe, bestätigt, diese Geschichte sei im wörtlichen Sinne historisch zu verstehen. So war das: Wenn es in der Bibel steht, ist es historisch so. Noch 1992 hat der Weltkatechismus der römisch-katholischen Kirche befunden, dass die Erzählung von der Vertreibung Adams und Evas aus dem Para-dies als ein historischer Bericht zu verstehen ist. Als wenn die ganze Paläontologie nie existiert hätte! Es hat uns also nicht zu kümmern, von wann ab Adam und Eva gelebt haben sollen, ob auf der Stufe des Homo sapiens vor 150 000 Jahren oder auf der Stufe des Australo-pithecus vor 2,7 Millionen Jahren – egal. Es war historisch. Das alles war als Junge, als Kind, für mich schon nicht mehr akzeptabel und bildete eine Achse des Verstehenwollens: Wie interpretiert man Texte, die so wunderbar erzählen und die etwas zu sagen haben, die einem seit Kindertagen lieb sind, aber andererseits auch unverständlich, ir-ritierend bleiben müssen, wenn man sie dogmatisch auslegt? In dem Buch »Der sechste Tag« habe ich vor ein paar Jahren versucht, den Stand der heutigen Forschung mit einem existenziell verbindlichen Verständnis des christlichen Glaubens in Verbindung zu setzen.

Der andere Zug war mir noch wichtiger. Ich war beizeiten auf die Interpretationen der Genesis aus dem deutschen Idealismus gesto-ßen: Schelling hatte sich Gedanken dazu gemacht, Hegel, alle deut-schen Philosophen um 1820 haben sich irgendwann mit der Urge-schichte beschäftigt. Immanuel Kant bereits hatte dazu geschrieben. Aber alle diese Denker verstanden die »Erkenntnis von Gut und Böse« moralisch. So ist der ganze Text jedoch nicht zu begreifen. Wie soll Gott den Menschen verboten haben, herauszufinden, was im sittlichen Sinne gut oder böse ist? Wie soll Gott die Menschen in mo-ralischer Blindheit und Umnachtung haben halten wollen? Viel wich-tiger schien mir das Empfinden, Menschen nicht verurteilen zu sol-len. Das wiederum entsprach einem Eindruck, den ich aus meiner Heimatpfarrei Bergkamen mitbekommen habe. Viele Gottesdienst-predigten dort waren arge Verurteilungen, meist der Leute, die gar

18

nicht in die Kirche gekommen waren und schon deshalb Todsünden begingen, weil sie die katholische Messfeier nicht besuchten und auch sonst nicht lebten, wie es richtig ist. Ich dachte immer: »Der Pfarrer kennt diese Leute überhaupt nicht. Er schimpft jetzt wieder Leute aus, die er überhaupt nicht gesehen hat. Würde er sie sehen, könnte er vermutlich so nicht sprechen.« Adam und Eva indessen konnte ich vor mir sehen – vor allem, dass sie das, was sie tun, gar nicht tun wollen, kann man in der Geschichte ganz deutlich sehen. Die Frau sagt gerade noch, sie wolle an den Baum, der verboten ist, nicht einmal rühren, aber genau zwei Zeilen später wird sie eben das tun. Das war damals nur erst ein sehr diffuser Eindruck, doch er zeigte, dass diese Texte unendlich viel mehr zu sagen haben über den Menschen und von Gott, als man ihnen zutraut. Später, im Theologiestudium, ergaben sich dann ganz andere Möglichkeiten, mich diesen Texten zu widmen, aus dem Umgang mit der Psychoanalyse und der Märchen- und Traumdeutung. Ich glaube, ohne diesen Beitrag hätte ich mir niemals zugetraut, über Genesis 2,4b–11,9, die sogenannte jahwistische Urgeschichte, etwas Vernünftiges zu Papier zu bringen. Da war ich bereits 31 Jahre, ehe ich die erste Zeile zu diesen Themen schrieb. Bis dahin habe ich zwar Bücher gelesen, aber nicht selbst geschrieben. So entstanden die die Bände der »STRUKTUREN DES BÖSEN«.

Hat man denn in Ihrer Ausbildung auch positive Ansätze an Freud erkannt, dass Freud zum Beispiel gesagt hat: »Man kann Menschen nur verstehen, wenn man ihre Träume versteht, wenn man ihre Träume deutet.« Oder war das außerhalb einer vernünftigen Pastoral und Exegese?

Es war absolut außerhalb jeder »vernünftigen« Pastoral und Exegese. Mit einem Wort: Ich habe im ganzen theologischen Studium über Sigmund Freud nicht irgendeine Bemerkung gehört, die es als nötig hätte erscheinen lassen, sich mit ihm und der Psychoanalyse positiv und intensiv zu beschäftigen. Er war simpel wegideologisiert, so, wie es bis heute ist. Die katholische Kirche wird in 20 Jahren, wenn die Psychoanalyse als Behandlungsmethode formal wohl nicht mehr existiert, erklären, dass sie immer schon gewusst hat, das sei eine zeitbedingte Wahnidee am Fin de Siècle gewesen, allzu lang noch im 20. Jahrhundert gepflegt, doch endlich nun haben wir das hinter uns. Die Kirche wird dann freilich mit anderen »Wahnideen« konfrontiert werden, die sie ebenfalls aussitzen wird, ohne sich daran zu verändern. Die katholische Kirche, muss man wissen, ist ein Apparat, der alles, was nicht in ihr System hineinpasst, ausgrenzt, ignoriert, unterdrückt, und das mit all den Mitteln, die ihr seit der Inquisition zu Gebote stehen: Man verbrennt Bücher nicht mehr physisch, doch man stellt ihre Lektüre unter Verbot, man hält sich eine Klientel von Ideologen, die eine bestimmte systemimmanente Argumentationskonstellation endlos repetieren und sich dadurch plausibel reden, während wichtigste gedankliche und menschliche Alternativen überhaupt nicht erwähnt werden. Das betrifft im Übrigen nicht nur Sigmund Freud. Selbst ein Mann wie Adolf von Harnack, der nach meiner Schätzung bedeutendste Kirchengeschichtler im 20. Jahrhundert, Protestant und liberal, kam im ganzen kirchengeschichtlichen Studium nicht vor. Es gibt eine ganze Bibliothek wichtigster Leute, die ich überhaupt erst entdeckt habe, als ich aus dieser sonderbaren Anstalt, Konvikt und Priesterseminar, herausgekommen bin. Danach fing das Leben geistig überhaupt erst an. Bis dahin beschäftigte sich das »Leben« mit der Diskussion von Bücherautoren.

Warum ich Priester wurde

Mir ist noch nicht klar, warum Sie, der Sie all diese negativen Seiten dieses kirchlichen Systems erkannt haben, sich dennoch in dieses System als Priester begeben haben, dass Sie sagten: »Ich lasse mich von dem Bischof in Paderborn weihen und gehe in dieses System.« Warum?

Ich habe geglaubt, dass Religion den Menschen so wichtig ist oder sein sollte, wie sie mir selber erschienen ist und bis heute vorkommt. Ich war damals auch bereit zu glauben, dass die katholische Kirche als Vermittlungsgröße dazu etwas beitragen könnte, Kierkegaard hin und Kierkegaard her. Jedenfalls kannte ich viele Menschen, die den Eindruck vermittelten, dass es sehr wichtig sei, die Sakramente so zu spenden und die Bibel so auszulegen, dass es in ihr Leben tröstend, beruhigend, begleitend, angstlindernd, ermutigend, mit Hoffnung versehend wirken würde. Das ging buchstäblich bis zu den ersten Tagen nach der Priesterweihe so. Bis dahin habe ich das so geglaubt.

Haben Sie gerne Gottesdienste gefeiert?

Ich glaube sagen zu können, dass ich bis zur Amtsenthebung 1992 keine heilige Messe einfach nur so gefeiert habe. Ich habe sie mit allem mir möglichen Ernst gefeiert. Ich habe sämtliche Predigten sorgfältigst vorbereitet. Ich habe bis auf ganz wenige Ausnahmen, wenn es geboten war, mal über bestimmte Heilige zu predigen, nie etwas anderes getan, als was im 2. Vatikanischen Konzil gesagt worden war: eine »Homilie« vorzutragen, eine Auslegung der Heiligen Schrift also. Ich kann nicht sagen, ich hätte die katholische Kirche jemals zynisch betrachtet oder programmatisch unterwandern wollen. Ich habe sie ernst genommen, allerdings mit all dem existenziellen Ernst des Religiösen, der von Kierkegaard her kam. Ich dachte, es müsse möglich sein, die Kirche, so wie sie ist, in dieser Richtung lebendig zu halten oder zu machen.

Für Sie war Gottesdienst etwas Heiliges?

Absolut, absolut. Ich war in keinem Punkte ironisch distanziert oder doppelbödig. Ich wollte meine persönliche Identität mit dem verbinden, was ich tat. Ich wollte nie der Dienstbeamte einer Kirche sein. Aber für mich persönlich wollte ich priesterlich sein, so muss ich sagen. Dazu gehörte, dass ich tat, was die katholische Kirche unter Priestersein verstand. Also saß ich im Beichtstuhl, machte Hausbesuche, hielt Messen, taufte – allerdings waren das die Tätigkeiten, die für mich als Vikar vom Arbeitsumfang her für nicht als ganz zentral zu betrachten waren. Im Grunde war von Anfang an deutlich, dass der Schwerpunkt der Seelsorge, wie ich sie verstünde oder wie sie mir liegen würde, in Gesprächen mit Einzelnen zu sehen wäre. Und das ergab sich allerdings sehr früh. Dadurch begann plötzlich ein ganz neuer Entwicklungsschub. Ich habe nicht geglaubt, dass sechs Jahre theologischer Ausbildung in der Reifung der Persönlichkeit einen kontrollierten Stillstand bewirken, ja bewirken sollen. Aber das ist so. Sie dürfen keine neuen Fragen äußern. Sie haben keine neuen lebendigen Erfahrungen zu machen. Sie werden festgehalten auf dem Status, mit dem Sie hingekommen sind. Und der wird unter Eid und mit enormen Auflagen für den Rest des Lebens als gültig vor Gott und den Menschen in alle Ewigkeit festgelegt. Da soll keine Alternative mehr existieren. Aber wie das Leben so ist: Es selbst macht sofort

Alternativen sichtbar, wenn man nur erst anfängt, sich auf Menschen wirklich einzulassen, und das war nicht vermeidbar. Es hat mir dann auch sehr rasch den Weg zur Psychoanalyse eröffnet. Die entsprach mir. Ich wollte Menschen helfen, und plötzlich merkte ich, dass ich mit allem, was ich gelernt hatte, nicht hilfreich sein würde. Die Fragen der Leute waren tiefer, als sie im doktrinären System des kirchenverordneten »Glaubens« vorgesehen waren. Das hatte ich all die Zeit geahnt, aber mir zumindest in den Dimensionen niemals wirklich eingestanden.

Können Sie ein Beispiel bringen?

Der Konflikt war unausweichlich. Ich hatte gelernt, dass die Lebensphilosophie, also Max Scheeler, Nietzsche und Schopenhauer, irrational ist und schon deshalb für eine verantwortliche Seelsorge unbrauchbar sei. »Rational« heißt hier: Ein Mensch hat Vernunft und freien Willen, und er hat also die Pflicht, sein Leben sittlich zu kontrollieren. Wenn er das tut, ist er seines Glückes Schmied. Anderenfalls sündigt er und muss es bereuen und wieder ins Gleis bringen. Wo liegt bei einer solchen Betrachtung das Problem? Doch wie ungenügend, ja, falsch die gesamte Sicht der Kirchentheologie auf den Menschen ist, zeigte sich unmittelbar. Die Leute kamen sehr bald nach den ersten Sonntagspredigten, weil sie sich offenbar in meinen Predigten irgendwie mit ihren eigenen Problemen angesprochen und verstanden fühlten. Dabei war die Spannbreite der Erwartungen sehr groß. Mitunter sollte ich den Teufel austreiben oder böse Geister bannen, – plötzlich war ich konfrontiert mit einer in der Kirche, sogar in der Bibel begründeten Vorstellung von Teufeln und bösen Geistern, und es war offensichtlich, dass das Problem sich nur psychologisch, nicht dämonologisch oder mit mittelalterlichen Ritualen würde lösen lassen.

In anderen Fällen klagte jemand darüber, dass er sich selber nicht mehr kannte, er hatte unbeabsichtigt eine Liebesbeziehung angefangen. Er stand mit sich selber vor einem Rätsel. Zwanzig Jahre ehelicher Treue schienen in wenigen Stunden wie nicht mehr existent. Es war etwas in ihm aufgebrochen, bei dem er sich nicht verstand, das aber auch mich außerstande setzte, ihn zu verurteilen, bloß weil ich ihn natürlich auch nicht verstand. Wie also war die Ebene zu begreifen, die so unbegreifbar schien, das Irrationale, das in die ganze ach so schön erklärte Welt nicht hineinpasste? In diesem Irrationalen mussten die Gründe liegen.

Oder noch anders: Aus den Priesterseminaren, aus den Fortbildungsschulen der Kirche kamen und kommen nicht wenige Alumni, spätere Priesteramtskandidaten, mit homosexuellen Problemen. Das ist in den Augen der kirchlichen Moral ganz schlimm. Man betrachtet die Homosexualität als schwere Sünde. Wieder unbegreifbar! Denn allein mit Verstand und gutem Willen ist gegen eine womöglich genetisch bedingte Anlage nichts auszurichten.

Ich war damals auf meiner ersten Stelle Vikar in einem Kurort, will sagen: in einer Gemeinde, die stark frequentiert wurde von Leuten, die mit psychosomatischen, psychoneurotischen Krankheiten dahin kamen und die sicher etwas anderes wollten als jene schön erklärte Welt. Es half nichts zu sagen: »Wir tun jetzt hier alle unsere Pflicht.« Das hatten die Menschen, die ich kennenlernte, allesamt gemacht. Doch eben deshalb waren sie offensichtlich krank und erschienen jetzt im Kurort. Was sollte ich mit denen machen? Leute berichteten von ihren sexuellen Obsessionen, die ihnen beim Anblick der Peitschenlaternen in der Nacht kamen, oder davon, dass sie sich wie verfolgt fühlten von irgendwelchen Geistern, die sie umtrieben. Natürlich bilden Sexualität und Aggression sowie schon aus der Tierreihe kommende Anlagen und Ängste die Hauptthemen der Auseinandersetzung. Ich dachte: »Es geht nicht anders, ich muss mich an jemanden wenden, der von Hause aus dafür zuständig ist.« Psychoanalytiker geben ja vor, sie verstünden etwas von all diesem »Irrationalen«. Also musste ich einen Psychoanalytiker aufsuchen und ihm mindestens ein, zwei der Leute vor die Tür setzen und gucken, was daraus wird. Und bald schon wollte ich es halt selber lernen.

Und das haben Sie dann getan.

Ja, das habe ich getan. So hochmütig, wie ich es jetzt auch schildere: als eine verfeinerte Form, anderen nützlich zu sein; dass mich all das selbst betreffen würde, hatte ich in den sechs Jahren Theologie so nie gelernt. Da hat man gelernt, Anmutungen zu erwecken, Buße zu tun, Reue zu erwecken; lauter Nichtigkeiten standen im Grunde da zur Debatte. Aber dass man darüber nachdachte, wie man als Persönlichkeit geformt ist, wie man die eigene Biografie, die eigene Kindheit integriert, aus was für Gefühlskomponenten sich die Erlebnisräume zusammensetzen, wie festgelegt bestimmte Eindrücke seit Kindertagen sind und wie wenig selbstverständlich, also, wie weit man sich selber in den eigenen Vorurteilen kennenlernen müsste, um Menschen wirklich zu verstehen, das alles war unglaublich aufregend und zweifellos das spannendste Studium, das ich mir vorstellen konnte. So, hatte ich all die Zeit gewünscht, sollte ein Theologiestudium sein: Der persönlichen Reifung und Auseinandersetzung sollte es gewidmet sein.

Meine Begegnung mit
der Psychoanalyse

Sie haben sich selbst neu entdeckt in dieser Phase.

Es war unglaublich spannend. Ja natürlich. Das Problem war, dass beides, Theologie und Psychoanalyse, nicht zusammenpasste. Ich wollte an das glauben, was die Kirche lehrt, zumindest an das, was ich nicht zuletzt auch durch kirchliche Vermittlung als Botschaft Jesu kennengelernt hatte. Das sollte nach wie vor außer Frage bleiben. Andererseits wusste ich, dass das, was Freud oder seine Adepten an Methoden entwickelt und an Einsichten gewonnen haben, nicht einfach falsch sein konnte. Dass vielleicht die Kirche der letzte Besenkammerraum sein könnte, wo noch die Spinnweben hängen, und dass man mit dem Besen kommen muss, um zu tun, was ich in der Seelsorge mir wünschte, wurde mir nach und nach immer klarer. Die Psychoanalyse konnte ich nicht so betrachten, wie maßgebende Persönlichkeiten damals zu mir sagten: »Das kann ja auch nicht gehen, dieser Irrationalismus, dieser Atheismus, dieser Freud war doch ein wirrer Kopf im Ganzen, obsolet und irrelevant. Damit muss man nicht sich und die Leute verwirren. Das führt nicht weiter.« – Ich dachte, es führt allemal weiter. Aber es stellte mich selber infrage, es stellte die Kirche infrage, es stellte vor allem den gepflegten Masochismus der kirchlichen Opfertheologie infrage. Auf all das war ich absolut nicht vorbereitet. Das war eine Zerreißprobe. Denn auch die Gegenseite – die Psychoanalytiker – verstand das religiöse Problem nicht. »Jemand, der gesund lebt, hat diese Fragen überhaupt nicht.« Ich zitiere jetzt wörtlich einen Psychoanalytiker. Dazwischen existierte keine Brücke zwischen Seelsorger und Seelenheilkunde. Ich konnte mir nur sagen: »Das Problem habe ich jetzt zwar persönlich, aber es existiert doch objektiv. Die Leute, die die Kirche ernst nehmen, sind in einer Art erzogen worden, die menschlich alles andere als integrativ und im humanen Sinne wirksam ist. Die Psychologie hat sich inzwischen so weit vom Kirchenchristentum wegentwickelt, dass ihr der Atheismus fast ein Stilmittel werden musste. Das, was da in der Seele der ›Frommen‹ als Gott bezeichnet wird, kann nicht existieren, darf nicht existieren, es muss langsam herausgefiltert werden aus den Komplexbildungen der Kindheit; dann erst können wir vielleicht glaubwürdig von Gott sprechen.« Wie das gelingen könnte, wusste ich damals nicht.

Auf diese Weise kam ich zu den »STRUKTUREN DES BÖSEN«. Die Arbeit an der Genesis wurde sozusagen ein Hilfsmittel für mich, die »drei Brüder Karamasow« – Glauben, Fühlen und Denken – an einen Tisch zu bringen. Ich dachte: »Ich verstehe jetzt, was menschliche Verzweiflung ist, davon habe ich eine Menge Ahnung. Was Angst ist, kann ich schildern, wie aus den Erlebnissen von Angst und Verzweiflung sich ganze Schicksale formen.« Und ich dachte, das werde doch eigentlich zwischen Adam und Eva, in den Geschichten von Kain und Abel geschildert, bis hin zum Turmbau zu Babel. »Also ist das ein Text, an dem ich alles das probieren kann: wie man Mythen interpretiert oder Träume und Märchen liest, wie man das Unbewusste ins Bewusstsein integriert, wie man neurotische Strukturen bewusst macht und zu einer erlösenden Alternative öffnet. Ich kann dabei auch das, was ich sprachlich gelernt habe, unterbringen, und ich kann das in drei Teilen niederlegen: Exegese – meine theologische Lieblingswissenschaft, Psychoanalyse – was ich jetzt gelernt habe, und Philosophie – was ich eigentlich immer schon wollte. Und dann können wir gewissermaßen Köln von zwei Seiten her über den Rhein

miteinander verbinden. Wir haben jetzt nicht mehr die Ubier links-
rheinisch und dann Germania Libera rechtsrheinisch, hier die Kultur
und da die Barbarei, sondern wir bringen beides mal irgendwie zusammen und können in ein Gespräch treten, so, dass es Menschen
guttut.« Ich dachte: »Dann können wir der Botschaft Jesu zum ersten
Mal wirklich nahekommen. Wir können zum ersten Mal heute lebendig setzen, wie Menschen geheilt werden. Wir können die Texte
symbolisch so lesen, dass sie auf die Grundprobleme des menschlichen Daseins antworten.« Insofern war Psychoanalyse für mich
eine wunderbare Sache. Aber sie war eigentlich auch das Ende
des institutionalisierten, dogmengebundenen, weisungsabhängigen
Priestertums, in dem ich gefangen war. Wie man »priesterlich« lebt –
poetisch, prophetisch, psychotherapeutisch, menschlich authen-
tisch – das war die eigentliche Frage.

*Das Ende des Priestertums, war das auch Ihr Band »KLERIKER –
PSYCHOGRAMM EINES IDEALS«, war das auch eine Aufarbeitung Ihrer
Erfahrungen und ein Blick auf diesen Stand?*

Das hat man manchmal so gelesen – und nicht ganz zu Unrecht.
Aber so, wie ich es in den »Klerikern« beschrieben habe, habe ich es
nicht unmittelbar an mir selber erlebt, sondern im kirchlichen Milieu als Strukturgegebenheit. Ich muss zur Erklärung sagen: Die
»STRUKTUREN DES BÖSEN« wurden 1977 als Promotion und Habili-
tation gewertet. Sie waren aber eigentlich nur der erste Teil eines
weitergesteckten Vorhabens. Die erste Konsequenz daraus war die
Umgestaltung der Moraltheologie. Wenn man Menschen nicht verurteilen kann, indem man ihnen ihre Handlungen rein gemessen an
bestimmten Satzungen und Gesetzen vorwirft, sondern wenn man
sie in ihren Problemen verstehen muss, kann die ganze Moraltheologie, so wie sie kirchlich gehandhabt wird, keinen Bestand haben. Ich
wollte ein prinzipielles Plädoyer einlegen für Menschen in Not, die in
einer bestimmten Krise, zum Beispiel in einem ehelichen Engpass, es
nicht anders wissen, als dass eine Abtreibung unter den jeweiligen

Gegebenheiten die am ehesten vertretbare Lösung darstellt. Oder auch so: Ich hatte Leute kennengelernt, die sich hatten scheiden lassen. Das stellte in Anbetracht aller Umstände für sie eine richtige Entscheidung dar, auch im Rückblick betrachtet. Oder: Ich hatte Menschen geholfen, bis zu dem Punkt zu kommen, dass sie ihren Orden verließen, um ein eigenes und freies Leben zu führen. Ich war nicht willens, mir anzuhören, dass diese Leute nicht zur Eucharistie gehen dürften, weil sie in den Augen der Kirche öffentliche Sünder seien. Ich wollte, dass diese Menschen eine Chance haben sollten in der Kirche. Also setzte ich die moralischen Argumente der Kirche so ein, dass sie, mit Verständnis aus der Perspektive der Betroffenen angereichert, zu offenen Lösungen führen konnten. Die drei Bände »PSYCHOANALYSE UND MORALTHEOLOGIE« sind auf diese Weise entstanden.

Dann, zum Dritten, kam ich zu einem Thema, das sich genauso konsequent ergibt. Wir sagten schon: Die Bibel spricht zum Beispiel in der jahwistischen Urgeschichte in der Erzählung vom Paradies davon, wie schön die Welt sein könnte. Es ist der einzige Text der ganzen Bibel, in dem Mensch und Tier einander zugeordnet werden – fast poetisch, fast zärtlich. Adam soll da den Tieren Namen geben, so wie ein Liebender seiner Frau einen Namen gibt, indem er sie sein »Täubchen«, sein »Rehlein« nennt – so sollte Adam tun. Er sollte die Erde, die Welt, den Garten der Schöpfung »bedienen«, steht da wörtlich, »bedienen und bewahren«. Von »arbeiten« ist erst viel später unter dem Fluch der Gottesferne die Rede. Diese Paradieseswelt hatte ich mir seit Kindertagen ersehnt. Ich habe sehr darunter gelitten, wie man mit Tieren umgeht. Das Buch »DER TÖDLICHE FORTSCHRITT« erschien recht bald nach den »STRUKTUREN DES BÖSEN«, geschrieben noch unter der Welle der Indianerromantik, die damals populär war, heimisch in einfachen Gesellschaften, die mit ihren naturreligiösen Vorstellungen die Mutter Erde zu schonen versuchen. Ich hätte auch damals schon wissen können, dass das eine idealisierte Vorstellung ist. Aber ich habe sie zum Teil übernommen, um etwas Richtiges klarer herauszustellen: Der Kirche habe ich damals zum ersten Mal vorgeworfen, dass sie in ihrer Anthropozentrik nicht dafür offen ist, den Tieren an der Seite der Menschen ein eigenes Recht auf Leben und Glück zuzusprechen. Das war ein zentraler Vorwurf. Es war das erste Mal, dass ich ins Blickfeld von Kritikern geriet, die überhaupt nicht verstanden, wie ich meine scheinbar großartige Karrierezukunft so leichtfertig verbauen könnte. Ich wollte aber keine Karriere. Ich wollte Kierkegaard entsprechend nie ein Amt. Ich hatte mir nichts zu verbauen oder zu verlieren.

Sie wollten lieber Menschen helfen.

Ja, ich wollte ein Stück von dem, was ich an Problemen sah, lösen.

Im wahrsten Sinne des Wortes wollten Sie Seel-Sorger sein?

Ja, das ist zweifellos so. Die Probleme, die ich selber bei den Leuten als wichtig sah, wollte ich lösen. Und ich sah es als einen zentralen Fehler an, den Menschen in den Mittelpunkt der Weltbetrachtung zu stellen und am Menschen wiederum einzig die Ratio; so spaltet man die Menschen von ihren eigenen Gefühlen ab und verwaltet den Zustand einer Entfremdung, die gewalttätig sein muss nach innen wie nach außen. Krieg, Naturzerstörung, die Neurotisierung der Seele – und das alles im Namen Gottes! Da gibt es eine Menge aufzuräumen, um »Seelsorger« zu werden.

Die Bibel anders lesen

Beinhaltet das Christentum einen therapeutischen Ansatz?

Ja, ich habe die Erlösungslehre des Neuen Testamentes immer als zentral betrachtet. Das war auch im Konvikt schon meine wichtigste Frage, wenn ich privat das Neue Testament las, wenn ich vor allem die Wundererzählungen las: Wie geht Jesus mit Kranken um? Das war faszinierend für mich und ist es seither geblieben. Mithilfe der Psychoanalyse, der Psychodynamik lässt sich viel konkreter herausarbeiten, welch eine Bedeutung in den Texten liegt.

Das war das nächste literarische Projekt: Ich dachte, ich schreibe jetzt mal eine Art weiterführender Exegese. Die historisch-kritische Methode wird heute jeder lernen, der Theologie studiert. Aber diese Methode der Schriftauslegung wirft religiös mehr Fragen auf, als sie beantwortet. Da wird historisch ehrlich festgestellt: Die Erzählung vom Paradies ist ein Mythos. Und die Erscheinung bei der Verklärung Jesu auf dem Berg (Markus 9) ist ebenfalls ein Mythos. Wie Jesus übers Wasser geht, ist gleichermaßen mythisch oder legendär usw. In Summa: Die Hauptstellen der Bibel, die interessantesten, die den Kirchenfesten im Jahresablauf zugrunde liegen, sind mythisch beziehungsweise legendär. Das kann man gattungsgeschichtlich feststellen, aber man kann es nicht predigen. Was soll die Wahrheit von

Mythen und von Legenden sein? Kein historisch-kritischer Exeget vermag einem heute zu erklären, worin die Wahrheit von mythischen beziehungsweise legendären Texten liegt, außer dass er erklärt, was in der Zeit damals für Vorstellungen herrschten, sodass man seinerzeit geglaubt hat, dass man so sprechen müsse, um Glauben zu erzeugen. Derlei Glaubensvorstellungen sind vor 2000 Jahren zeitbedingt so gewesen, führen heute aber zum Unglauben. Doch das muss nicht so sein. Ich dachte: Wieso kann man die Texte nicht lesen, wie man Träume interpretiert?

Wie man Märchen interpretiert, das wusste ich inzwischen. Ich hatte begonnen, die Grimm'schen Märchen meiner Kindheit wiederzuentdecken. Natürlich, die Bibel ist mir unendlich wichtiger als ein Märchenbuch. Wir müssen aber jetzt versuchen, den Gattungen in der Bibel gerecht zu werden: den Mythen, den Märchen, Sagen, Legenden, den historischen Erzählungen, den Wundergeschichten, den Visionserlebnissen. Sie alle haben eine eigene psychische Struktur, und das stelle ich jetzt alles einmal für sich nebeneinander. Zwei Bände »TIEFENPSYCHOLOGIE UND EXEGESE« sind so entstanden. Schon der Untertitel, »Die Wahrheit der Formen«, sagt, was gemeint ist: Mythen sind nicht unwahr, nur weil sie keine historischen Fakten erzählen, sie enthalten tiefe, wahre Aussagen über das menschliche Dasein. Und ebenso all die anderen Erzählformen: Sie haben eine eigene Aussage, entsprechend ihrer Symbolsprache und Psychodynamik.

Auf diese Weise wollte ich mir die Erlaubnis verdienen, die ganze Bibel, vor allem die Evangelien, erweitert und verbindbar mit menschlichen Erfahrungen zu lesen. Eine neue Methode, neue Ergebnisse – wunderbar!, dachte ich. So war das noch zwischen 1976 und 1986. Es kam gründlich anders, weil sich die Exegeten in ihrer akademischen Zunft im Rahmen ihrer Methode infrage gestellt fühlten. Nicht an der Stelle, die ich wirklich gemeint hatte; sie fragten sich nicht: Was treiben wir denn hier? Wir können nicht einmal den Traum einer Studentin, die nach der Vorlesung zu uns kommt, aus der vergangenen Nacht interpretieren. Wir stehen hier und haben ein fantastisches Gehalt; dabei erläutern wir gerade historisch-kritisch, wie Jesus mit dem reichen Jüngling spricht. Wir erklären die ganze Bibel auf diese Weise, aber wir sagen im Grunde immer dabei: All das hat mit unserem Leben nichts zu tun, weil ja wir nur Professoren sind – Dozierende, statt Existierende. Das war die Auseinandersetzung, die ich anregen wollte, doch darauf ging man nicht ein, man verstand es überhaupt nicht. Die Lehrstuhlinhaber fühlten sich herausgefordert, weil da etwas gemacht wurde, das von dem abwich, was sie in aller Ruhe weitermachen wollten. Auch dass Studenten zu ihnen kamen und sagten, es müsse das Wort Gottes doch etwas mit dem Leben zu tun haben, irritierte sie.

Schließlich geschah, was ich nicht geglaubt hatte. Ich habe die katholische Kirche niemals wirklich als Machtfaktor gesehen. Das musste ich erst langsam kennenlernen. Doch genau das passierte damals in der Zeit, als Kollegen sich an die Amtsinhaber der Etage über ihnen wandten, die Professoren also an die Bischöfe. Es wurde nicht sachlich über den begrenzten Nutzen begrenzter Methoden diskutiert, es wurde verdächtigt. Es wurde nicht argumentiert, es wurde an Informationen lanciert, was man als Häresieverdacht zu erklären suchte. Das alles habe ich erst viel zu spät gemerkt.

Die »KLERIKER« entstanden unter dem Eindruck, dass es wirklich nicht möglich ist, die Kirche, die Gläubigen in der Kirche, dahin zu verändern, dass sie all die Inhalte, die Erfahrungen, die ihnen guttun würden, akzeptieren und rezipieren könnten. Mein Eindruck war, dass vor allem die Kleriker dem im Wege stehen, weil sie am meisten von dem System geprägt sind, das sich eigentlich auflösen müsste, um sich zu vermenschlichen. Es war eigentlich als eine Hilfe für die Kleriker selbst gemeint. Ich wollte sagen: Ich erzähle einfach, was an seelischer Not sichtbar wird bei Ordensschwestern, bei Patres, bei Theologiestudenten, bei Pastoren – jüngeren wie älteren. Es ist so einlinig, es ist immer dasselbe. Es ist geprägt durch eine ganze Reihe von strukturellen Konstellationen, die psychisch evident sind, und diese Zusammenhänge und Strukturen, diese Formen von verinnerlichter Gewalt, Repression, Außenlenkung und Abhängigkeit muss man bewusst machen, sonst wird das immer so weitergehen. Es darf aber so nicht weitergehen. Am wichtigsten in den »KLERIKERN« sind die letzten 100 Seiten, auf denen ich versuche, die Gegenfinalität der kirchlichen Idealbildungen umzukehren und positiv zu interpretieren. Selbst die evangelischen Räte, die für die katholische Kirche eine so große Rolle spielen, lassen sich als therapeutische Haltungen interpretieren. Aber so müsste man sie dann auch verstehen, statt sie als Instrument zur persönlichen Entfremdung zu handhaben.

Aber Sie wollten den Klerikern doch auch vor allem die prophetische und dichterische Existenz zurückgeben?

Ich dachte: Was Jesus tut, ist in keiner Weise ähnlich dem, was wir heute in der katholischen Kirche als Priestertum bezeichnen. Heute weiß ich – damals war mir das noch nicht so klar, es ist immerhin schon 20 Jahre her –, dass Jesus im Neuen Testament den Stand der Hohenpriester massiv angreift und das auch tun muss. Priester sind so lange nötig, als Opfer erfordert sind, um Gott und Mensch miteinander zu versöhnen. Priester brauchen eine bestimmte Ritualmagie, sie brauchen eine bestimmte Amtsmacht, sie brauchen bestimmte Vorleistungen, die die Menschen erst einmal erbringen müssen, um der Gerechtigkeit Gottes zu genügen. Sie sind von daher über alle Maßen wichtig im öffentlichen Leben. Sie haben nichts Geringeres zu tun, als den Menschen einen sicheren Weg zu Gott zu weisen. Das alles funktioniert so lange, als Menschen Angst haben vor Gott und abhängig und unmündig bleiben in dieser Angst. Nur so lange bleiben sie an Priester gebunden. Genau diesen Status aber wollte Jesus ändern. Das habe ich damals geahnt. In welchem Umfang, musste ich erst lernen. Sonst wäre ich wohl wirklich nicht Priester der katholischen Kirche geworden, sondern hätte früh genug begriffen, dass dies sich alternativisch oder konträr zueinander verhält.

Die Person Jesu vereinigt evidentermaßen das, was wir heute therapeutisch nennen. Der Mann aus Nazareth besaß eine unglaubliche Sensibilität für menschliche Not, in die er ohne Zögern hineinging; im Vertrauen auf Gott, nicht zu sich selbst und seinen Möglichkeiten, aber im Vertrauen darauf, dass alle Menschen mit ihrem Schicksal bei Gott stehen, bot er ihnen seine Gemeinsamkeit an und damit wirkte er buchstäblich Wunder der Menschlichkeit. Das war reine *Therapie*.

Die Art etwa, wie Jesus redete, wie er Gleichnisse erzählte, ist zweifellos die eines *Dichters* von hoher poetischer Intensität, bis auf den Punkt wieder, dass es in keinem Sinne nach Art eines »Literarischen Quartetts« zu würdigen ist. Jesus war nie ein Literat. Er sprach aus sich selber, wie das ein Dichter tun sollte, sodass jedes Wort stimmt. Darin aber liegt der Unterschied zu einem Literaten, bei dem im Grunde die Person neutral ist. Wer Thomas Mann als Person war, mag hochinteressant sein, eigentlich aber ist es nicht wichtig, um etwa den Josephs-Roman zu verstehen. Bei Jesus aber ist die Frage absolut wichtig: Wer ist der Redende als Person? Es gibt genau diese Trennung nicht: Als Literat bin ich wunderbar, aber als Ehemann eine Kanaille. So ist es im Sinne Jesu niemals. Seine Gleichnisse kommen aus dem Leben und sollen das Leben verändern. Sie sind die dichteste Form persönlicher Mitteilung. Wenn *das* Dichtung ist, dann zweifellos ist Jesus ein Dichter, ein Poet, oder – besser: *ein Prophet*. Propheten sind Leute, die ihre eigene Person zum Sprachrohr Gottes machen. Und genau das, gestützt aufs Neue Testament, sollte das sein, was man auch im Raum der Kirche als legitime Form der Verkündigung im Sinne Jesu verstehen müsste. Prophet, Poet, Therapeut – wenn das heißt, »priesterlich« zu leben, ist es wunderbar. Wenn indessen dazugehört, dass man ein Amt bekleidet, das alles das ausschließt, das persönliche Leben genauso wie die Kreativität der dichterischen Sprache, genauso wie die Weite des Herzens, die es erlaubt, Menschen in ihren Ängsten zu verstehen, dann ist es schädlich und verkehrt, in kirchlicher Ordination Priester zu sein.

Das heißt aber eine radikale Änderung der Ausbildung des Priesterstandes.

Genau. Das wäre absolut notwendig, es ist für mich aber so neu jetzt nicht, wie es vielleicht in unserem Gesprächsgang erscheint. Ich war zwischen 1968 und 1970 Präfekt im Paderborner Theologiekonvikt gewesen. Das heißt, ich begleitete die Priesteramtskandidaten im Konvikt bis zur Diakonatsweihe, hatte also unmittelbar mit Priesterausbildung zu tun. Es war zugleich die Zeit, in der ich mit der Psychoanalyse anfing, aber diese Tatsache hatte kaschieren müssen. Ich hatte zu sagen: »Ich studiere Dogmatik«, weil der damalige Kardinal in Paderborn mir nie im Leben erlaubt hätte, dass ich Energie und Zeit auf einen solchen »Mumpitz« – um ihn zu zitieren – verschwendete.

Damals wurde mir deutlich, dass an der ganzen Ausbildung etwas nicht stimmen kann. Was im Einzelnen, wusste ich nicht, aber es gab ein paar massive Symptome. *Ein* Symptom war, dass viele unter merkwürdigen Glaubensschwierigkeiten litten, und zwar gerade die geistig Regen. Schaute man genau hin, war es grotesk: Nach vier Semestern/acht Semestern theologischen Studiums, prall gefüllt mit einer Menge von Wissen über die Entstehung des Neuen Testamentes, über die Geschichte der Kirche, über die Lehren der Kirche, jetzt mit einem Mal Glaubenszweifel! Ich dachte mir: Diese Zweifel können, wenn ich den Leuten zuhöre, nur darin liegen, dass sie vollkommen von jeder Erfahrung abgetrennt sind. Diese Studenten wussten, was Glauben ist, als sie noch irgendwann in der Jugendarbeit steckten, in der Gemeinde, als sie etwas zu tun hatten, als sie selber lebten. Die ganze Ausbildung hingegen ist eine Technik, ein Netz ins Wasser zu legen und zwischen zwei Schiffen langsam hochzudrehen und alle Fische aus dem Wasser zu hieven, bis dass sie nur noch nach Sauerstoff schnappen, den sie bei der Kiemenatmung außerhalb des Wassers nicht mehr kriegen. Das sind die Glaubenszweifel – eine vollkommen unnatürliche Geisteslage und Lebensform, die dahin führt, dass man sich selber nicht mehr versteht, und wie denn dann Gott?

Ein weiterer Punkt ist eigentlich noch grotesker. Es traten selbstverständlich immer wieder Leute vom Studium der Theologie als Priesteramtskandidaten zurück, auch in den oberen Semestern noch. Sie ließen drei Jahre, vier Jahre, so viele wie eigentlich sonst zur Berufswerdung in anderen Zweigen genügt hätte, dahingehen, nur um festzustellen, dass das nicht mehr weiterging. Merkwürdigerweise waren das ausgerechnet in aller Regel die Leute, die geistig am aktivsten waren, von denen menschlich am meisten ausging, von denen das Zusammenleben am intensivsten getragen war. Der Eindruck konnte nicht anders sein: Es sind die Auswahlkriterien, es sind die Prämiensysteme, die in der kirchlichen Priesterausbildung funktionieren, ausgerichtet auf das grauste Mittelmaß. Alle Abweichungen nach unten und oben werden langsam, ohne Kommentar, wie selbstverständlich durch die Macht der Konvention, der Tradition, durch den Stil des Hauses weggeschnitten.

Die Folgerung aus all dem konnte nur lauten: So kannst du nicht leben. Es zerstört den Glauben, und es zerstört die Persönlichkeit. Das wusste ich damals. Ich wusste auch, dass es auf Dauer nicht weiterführt, wie ich mir das behelfsweise am Anfang vorstellte: Man kann ja die Messe lebendiger machen – die liturgische Lösung sozusagen. Das 2. Vatikanische Konzil hatte es propagiert: Jede Messe sollte durch eigenes Miterleben mitgestaltet werden. Das Konzept ging schon deshalb nicht auf, weil ein ganzer Block in den Rubriken einer katholischen Messfeier feststeht, der jedes Mal genau so, wie er dasteht, abgelesen und abgeleistet werden muss – der sogenannte Kanon. Das ist nicht zu verlebendigen. Aber man kann nicht jeden Morgen, nur weil ein anderer Heiliger im Festkalender auf dem Liturgieplan steht, mit kreativen und innovativen Ideen für Begeisterungsstürme sorgen.

Unter diesen Umständen wartete alles darauf, dass ich das, was mir Seelsorge zu sein schien, für mich selber neu formulierte und etablierte. Dafür gab es vor allem im protestantischen Raum wichtige Vorbilder. In Bethel kamen damals Leute aus den USA zurück und richteten, gestützt auf ihre therapeutischen Erfahrungen, Zusatzkurse für evangelische Pastoren ein, für die Krankenhausseelsorge, für die Altenbetreuung, für Sonderseelsorge. Was ich wollte, umfasste das auch, aber es ging weit darüber hinaus. Mir schwebte vor, dass man von den praktischen Erfahrungen im Erlebnisraum dessen, was Menschen guttut, neu anfängt, die Bibel zu lesen, die Lehren der Kirche verständlich zu machen und dann auch die Kirchenordnung, das innere Gefüge der Kirche, entsprechend auszulegen. Eine neue Exegese, eine neue Moraltheologie, ein neues Verständnis der Glaubensinhalte – das waren die drei Ringwälle um die Burg von Ilion. Dass das ganze Projekt stecken geblieben ist, weiß heute jeder, aber ich finde, es ist und war nicht falsch, es versucht zu haben. Spätere werden in genau diese Richtung die kirchlichen Blockaden durchbrechen müssen.

Kleriker – Angst wovor?

Ein Grundthema bei Ihnen, das überall durchscheint, ist das Thema Angst. Ist das Thema Angst auch ein großes Thema bei den Klerikern? Angst wovor?

Ich habe instinktiv geahnt und später mit Überzeugung der Auffassung Kierkegaards zugestimmt, auf ganz anderer Ebene, aber nicht ganz weit entfernt davon dann auch der Einsicht der Psychoanalyse, dass man, um Menschen zu verstehen, sich um ihre Ängste kümmern muss. Denn nichts macht Menschen hilfloser, nichts lässt sie verzweifelter sein, nichts nötigt sie derart zu Fehlentscheidungen und Fehleinstellungen wie das Gefühl der Angst. Angst ist ein Erleben, dass einem der Grund unter den Füßen weggezogen wird; also wird man irgendetwas zu tun versuchen, um Halt zu finden oder sich selbst eine Grundlage zu schaffen. In Angst geht es um alles oder nichts. Deshalb ist Angst der Kern des Erlebens, um den man sich bekümmern muss. Es gibt keine seelische Erkrankung, die nicht irgendwie mit Angst zu tun hätte und, darübergelagert, mit Schuldgefühlen. In diesen Kern muss man hineingehen, oder man versteht die menschliche Not nicht hinreichend. – Es ist eine Einsicht, die ich auch als Schüler schon bei der griechischen Tragödie hätte lernen können: Ödipus hat aufgrund eines Orakels Angst, seine Mutter zu heiraten und seinen Vater zu erschlagen, und er tut alles, um das nicht zu tun. Genau deshalb aber wird er das tun. Deutlicher kann man den Teufelskreis von Angstmechanismen eigentlich gar nicht aufzeigen als in dem, was wir in der Oberstufe des Gymnasiums auf Griechisch gelesen haben. Nur wurde es uns so kaum erklärt.

Die Anwendung dieser Einsicht auf eine ganze Reihe von sozialen Phänomenen liegt sehr nahe. Warum führt man Krieg? Warum gibt es tödliche Formen der Auseinandersetzung? Warum herrscht ein Sicherheitsbedürfnis, das die Bundesrepublik Deutschland dahin bringt, über 30 Milliarden Euro pro Jahr in einer Zeit zu verpulvern, wo wir mit 40 Milliarden Euro Nettokreditaufnahme für die Zinsen-Tilgung der Altschulden – inzwischen 2,6 Billionen Euro! – unseren Haushalt gerade noch am Laufen halten können? Das alles ist wahnhaft, aber es soll uns Sicherheit schaffen gegen globalisierte Ängste. Alles, was wahnhaft ist, kann man nur verstehen auf dem Hintergrund von Angst. Und sie hat so viele Themen! Sich da hineinzuarbeiten ist ein Bemühen, das dringend erfordert ist. Ich denke, sobald der Punkt der Angst erst einmal erreicht wird, wird jedes Gespräch ernst und fruchtbar. Dann kommt etwas dabei herum. Wenn wir dahin nicht kommen, treffen wir nicht die Schicht, in der die wasserhaltigen Zonen zum Leben liegen.

Und das Thema »Kleriker und Angst«?

Bei den »KLERIKERN« hatte ich so begonnen. Ich habe da von dem Gefühl der ontologischen Unsicherheit gesprochen. Das klingt ein bisschen kompliziert, beschreibt aber etwas, das ich zu sehen glaube. In ein fertiges Amt, das mit göttlicher Bedeutung aufgeladen wird, flieht eigentlich nur jemand, der in seiner eigenen Persönlichkeit sehr unsicher ist. Das Bedürfnis, ein Amt zu bekleiden und die Garantie dabei mitzunehmen, bei Ausführung der Amtsvorschriften garantiertermaßen alles richtig zu machen, ist sehr plausibel für Menschen, die eine große Angst haben, als Personen nicht berechtigt zu sein, oder glauben, im Grunde nur alles falsch machen zu können.

Die Frage lautet dann: Wie kommt es zu dieser fundamentalen Verunsicherung dem eigenen Urteil gegenüber, den eigenen Wahrnehmungen, dem eigenen Denken gegenüber? In jedem Fall liegt es nahe, sich aus lauter Angst an ein System zu wenden, das unter dogmatischem Anspruch erklärt, dass diese und jene Auffassung eine Wahrheit ist, welche keinen Widerspruch duldet, weil sie von Gott selber stammt. Ein solches Vorgehen ist aber identisch damit, das eigene Denken, das Fragen, das Zweifeln, das Suchen aufzugeben. Man hat plötzlich eine Gewissheit, also keine Angst mehr. So im Umgang mit der Mündigkeit des eigenen Denkens. Beim *Gehorsam* dito. Es könnte ja sein, man macht etwas falsch, sobald man selber Entscheidungen trifft, sobald man Abweichungen zulässt, sobald man nicht spurt, wie es auf der Strecke liegt. Es könnte falsch sein. Und gemessen an dieser Möglichkeit ist es immer sicherer und besser, man handelt als Beamter entsprechend den Vorschriften. Man schafft sich als Person allerdings damit ab. Und so ist es nun: An all den Punkten der Idealsetzungen der katholischen Kirche für ihre Kleriker glaube ich im Hintergrund die Flucht vor sich selber als Person sehen zu können, vor der Angst, die dazugehört, ein Individuum zu sein. Das religiös entscheidende Thema wird von der Kirche geradewegs ausgeblendet! Die Angst, ein Individuum zu sein, müsste im Gegenüber des Vertrauens zu Gott beantwortet werden; das ist die ganze Thematik der Religion. Doch daran rührt man überhaupt nicht, indem man an die Stelle Gottes, der Person ist, den Kirchenapparat setzt, der die Entmündigung des Individuums ex officio, von Amts wegen, betreibt. Derlei ist illegitim, und dagegen richtet sich das Buch »KLERIKER«.

Also, ein Systemumbau der katholischen Kirche wäre gefordert, aber ist das denn denkbar?

So wenig denkbar wie seit den Tagen Friedrich Schillers. Dessen Lösung lautet in »Don Carlos« in der Rede an Erzherzog Alba, der in den Niederlanden den Katholizismus mit spanischen Stiefeln und mit viel Blut neu zu befestigen sucht gegen den Aufstand der Geusen und der protestantischen Aufständischen: »Geben Sie Gedankenfreiheit, Sire …« Das wäre die Lösung, aber sie ist für die katholische Kirche völlig undenkbar! Die Freiheit der Gedanken – nein, das geht nicht. Papst Benedikt XVI. hat uns noch im Mai 2009 wissen lassen, dass die Exegese natürlich nicht der Neugier von Privatwissenschaftlern dient, sondern dem Lehramt der katholischen Kirche unterstellt bleiben muss. Dass sie nicht privater Neugier dient, damit hat er natürlich recht. Aber dass sie dem Lehramt der Kirche unterstellt sein muss, ist absurd. Denn so verstanden müssten wir auf den Papst hören, um zu erfahren, was in der Bibel steht. Es taugt nicht die Bibel, um mal festzustellen, wo die Kirche steht, sondern umgekehrt: Die Kirche diktiert, was in der Bibel stehen darf. Es ist pervers. Und so steht es heute, 35 Jahre nach dem 2. Vatikanischen Konzil, bei dem die historisch-kritische Exegese einmal als ein Fach mit eigenen Rechten, Ansprüchen, Aufgaben ausgestattet schien. – Alles offenbar ein Irrtum!

Bereuen Sie es, je diesen Priesteramtsweg gegangen zu sein?

Ich habe eigentlich keinen Bruch erlebt. Das hört sich merkwürdig an, weil äußerlich mir scheinbar alles genommen wurde. Aber das ist nicht so. Ich wollte, noch einmal gesagt, nie eine Persönlichkeit sein, die mit bestimmten Ämtern identisch ist. Ich habe das Priesteramt in Kauf genommen, um die Dinge zu tun, die mir persönlich wichtig waren. So war das von Anfang an. Die 25 Jahre Arbeit als Priester habe ich allerdings sehr ernst genommen. Doch als der Bischof 1992 sagte: »Du darfst nicht mehr predigen, auch keine Messen mehr lesen«, dachte ich: »Das betrifft mich nicht wesentlich; ich kann doch Vorträge halten, wo ich will. Wenn ich keine Messen mehr lese, kann ich das, was ich da versucht habe, immer noch tun: Menschen in ein Feld des Vertrauens führen, in dem sie Gott finden. Dazu brauche ich jetzt die römische Kirche nicht mehr. Wenn die das nicht will, ist das ihr Problem.« Doch das erledigt sich selber: In Paderborn werden noch gerade drei Leute pro Jahr zu Priestern geweiht …

Es fehlt Ihnen nichts?

Eigentlich nicht, nein. Es mag sich sonderbar anhören. Manche dachten damals, es werde mir, wenn ich kein Dozent mehr bin, etwas weggenommen. Ich wollte aber nie mehr sein als Privatdozent. Das war mein Kierkegaard'scher Grundgedanke: Ein Professor der Theologie ist ein Verrat an der Sache Jesu. So etwas wollte ich nie. Ich wollte akademisch die Gänge aufmischen, um das deutlich zu machen. Doch als der Bischof dann sagte: »Sie sind nicht mehr Privatdozent«, bedeutete das gar nichts. Ich habe nie einen Cent dafür bekommen, Privatdozent zu sein. Mir kommt das, was ich mache, heute sogar sehr privilegiert vor, insofern ich völlig frei bin. Jeder Angestellte in irgendeinem Beruf muss den Hauptteil seiner aktiven Lebensphasen damit verbringen, irgendetwas zu machen, was er machen soll, aber vielleicht gar nicht täte, wenn er nur selber entscheiden könnte. Das ist bei mir außerordentlich anders. Ich kann von früh bis spät die Dinge tun, die ich selber für sinnvoll halte, in absoluter Selbstbestimmung. Das ist, denke ich, für die meisten beneidenswert und setzt mich auch in die Verantwortung der Wiedergutmachung. Ich kann das nur legitimieren, wenn für andere dabei etwas herumkommt.

Meine Leitfigur bleibt
Jesus von Nazareth

Und Ihre Leitfigur ist und bleibt dieser Jesus von Nazareth?

Unbedingt. Ich könnte nirgendwo sonst mich derart orientieren. Ich glaube, der Mann hat es richtig gemacht. An den entscheidenden Stellen der Infragestellungen meines Lebens lerne ich langsam – hoffentlich immer mehr –, wie recht er hatte.

Nehmen Sie ein Beispiel: Was ist mit der Kirche? Die Frage ist für mich nicht wichtig, aber alle Journalisten und Kirchenvertreter wollen wissen: »Was ist mit der Kirche?« Es gibt eigene Bewegungen: »Wir sind Kirche« oder »Kirche von unten«. Das sind rührende Bemühungen, aber mit diesen Gruppen hat bis heute noch kein deutscher Bischof gesprochen, seit 20 Jahren hat man nicht einmal den Anfang eines Gesprächs erreicht. Der Glaube jedoch herrscht immer noch: »Wir sind Kirche und wir ändern die Kirche, und nach uns kommt eine große Bewegung, die uns nachfolgt, wir sind die Avantgarde der Zukunft.« Ich habe nicht einmal politisch, wo mir die Dinge weit dringlicher sind – was ist mit Krieg und Frieden, was ist mit Gerechtigkeit, was ist mit der Umwelt, was ist mit den Tieren, was ist mit Asylanten, was ist mit der Dritten Welt? –, nicht einmal da so gedacht: »Wir müssen etwas tun, was Erfolg hat.« Der deutliche Unterschied von Politik und Religion, von Erfolgsstreben und Wahrhaftigkeit im Sein, hat mich lange Zeit gehindert, auf die Marktplätze zu gehen und zu glauben, in großen Gruppen erreichten wir etwas.

Das war ab Ende der 1960er-Jahre sehr bemerkenswert und fast verführerisch. 200 000 Leute zum Beispiel waren in Bonn und demonstrierten 1983 gegen die Dislozierung der Pershing II. Und sie glaubten alle, wir verhindern die weitere Aufrüstung, wir sind die Fahne der Zukunft gegen die atomare Rüstung, gegen die Verteilung der Trägerwaffen, wir verlangen Abrüstung und nicht Aufrüstung, wir sind für den Frieden und wollen nicht nach Vietnam, jetzt immer noch das alte Desaster. Es war scheinbar großartig, aber es arbeitete mit viel Angst – Deutschland wäre die Zielscheibe eines kommenden Atomkriegs, das war dauernd ein Hauptargument. Deutsche würden auf Deutsche schießen, auch das war ein großes Argument. Man glaubte, das Reich Gottes oder irgendetwas Ähnliches komme in Gruppen und Massen. »Wenn wir zusammenhalten und gemeinsam auftreten und uns engagieren, verändert sich die Welt.« Das aber hat sie erkennbar nicht getan. Helmut Schmidt ist heute noch, als Exbundeskanzler, stolz auf die Dislozierung der Pershing II, er hat keinen Fehler begangen, glaubt er. – Ich aber denke, es kommt nicht darauf an, ob man Erfolg hat. Wäre das der Maßstab, müsste ich eigentlich vielen, die damals voller Hoffnung waren, nicht bloß ins Stammbuch schreiben, dass sie sich geirrt haben, sondern dass sie jeden Rest von Hoffnung begraben müssten. Die Generation, die jetzt heranwächst, ist an den genannten Problemstellungen nicht mehr wesentlich interessiert, geschweige an deren Lösung.

Umso mehr habe ich gelernt, dass Jesus völlig recht hat. Es geht überhaupt nicht darum, sich strategisch oder taktisch so zu verhalten, dass kalkulierbare Erfolge zu erzielen sind. Hätte der Mann aus Nazareth das versucht, hätte er nicht in Galiläa in irgendwelchen Dörfern Kranke heilen und Abendpredigten halten sollen, er hätte nach Jerusalem gemusst, und zwar nicht am Ende seines Wirkens, als es schon zu spät war, sondern gleich am Anfang. Er hätte mit Kaiphas reden müssen, mit wem sonst? Er hätte Verbindungen schaffen müssen zum Hochpriesteradel der Sadduzäer. Aber klar, er hätte vor allem auch in den Spinnstuben der Gesetzesausleger, der Rabbinen, seine Fäden ziehen müssen. Das hat er aber alles nicht getan. Er hat gedacht, wir machen ein paar Sachen richtig, und dann überlassen wir es Gott, was dabei herumkommt. Das ist die einzige Form, ohne faule Kompromisse zu leben.

Aber war dieser Jesus von Nazareth nicht doch auch ein sehr politischer Mann?

Absolut, und zwar eben deshalb, weil er nicht politisch dachte. Er hat unglaubliche Dinge bewegt mit Riesenfolgerungen für das politische Selbstverständnis, weil er nicht politisch dachte. – Nehmen Sie die simple Frage nach der Steuermünze: Darf man dem Kaiser Steuern zahlen? Und seine Antwort ist: »Wir müssen uns um das Bild kümmern, das Gott ins Herz von Menschen geschrieben hat.« Er relativiert, was ein Kaiser ist, was Steuern sind. Diese Relativierung aller Macht der »Mächtigen« ist das Ende eines Staatsabsolutismus in jeder Form. Seine Art, mit Armen umzugehen, ist das Ende einer ganzen Wirtschaftsform, die wir heute als kapitalistisch bezeichnen, aber welche die gleichen Strukturen der Ausbeutung schon damals aufwies. Aus menschlichen Optionen, die er im Namen Gottes für unverzichtbar erklärte, schaffte Jesus eine Erfahrung, die, wenn sie ernst genommen wird, augenblicklich politisch immense Konsequenzen hat. Aber er dachte nicht nach der Art der Politiker. Das ist entscheidend. Hätte er das getan, wäre er nie in irgendeiner Weise dem ähnlich geworden, was wir heute die Gestalt Jesu nennen. Er hätte sich im Wirtschaftsstudium in irgendeiner römischen Vorstadtakademie versessen, er hätte in Antiochien oder besser noch in Alexandrien lernen müssen, wie man einen Staat organisiert, und sich mit Fragen dieser Art auseinandersetzen müssen. Er hätte wahrscheinlich zu seiner Zeit über die Kolonialpolitik des Römischen Imperiums promoviert. Er hätte über die Latifundien in Galiläa Erhebungen, soziologische Studien, erstellt. Er hätte viel zu tun gehabt. Vielleicht wäre auch einmal etwas Nützliches dabei herausgekommen. Doch dies ist viel wichtiger: Er hat ein paar Dinge gesehen, die menschlich stimmen und die *jetzt* geschehen müssen, weil wir in absehbarer Zeit nicht wissen, wer wir sein werden.

Er ist für Sie zeitlos politisch aktuell?

Absolut. Ich glaube, dass die Aussage von Helmut Schmidt völlig falsch ist: »Mit der Bergpredigt kann man nicht Politik machen« – in Ableitung der Ansichten von Max Weber, dass ein großer Unterschied sei zwischen Gesinnungsethik und Verantwortungsethik, wobei die Politiker natürlich die Verantwortung sich zusprechen. Doch diese »Verantwortung« erlaubt ihnen offenbar jede Schweinerei, jeden Massenmord, jede Lüge, jeden Massenbetrug vor jeder Wahl. Alles ist erlaubt, scheinbar, aus Verantwortung. Sie ist das Alibi der Mächtigen. Und es zeigt sich nach ganz kurzer Zeit, dass die Verantwortung, die sie wahrnehmen, ihrer Klientel natürlich entspricht, im Gesamtmaßstab aber unverantwortliche Entscheidungen produziert. Am Ende ist die Gesinnung das Einzige, was man verantworten kann. Da gibt es ein paar Wertevidenzen, die man unbedingt hätte immer schon befolgen müssen. – Nehmen Sie als Beispiel die Zerstörung der Umwelt. Es geschieht immer aus Verantwortung: Da sind Arbeitsplätze zu retten ... Die Autoindustrie ist zu retten ... Die Firmen müssen konsolidiert werden ... Das Wirtschaftswachstum muss angekurbelt werden ... Und nur eine starke Ökonomie kann überhaupt sich erlauben, der Ökologie günstig zu sein, sonst kann unser Wirtschaftssystem ja nicht auf Naturschutz hinarbeiten, wenn es nicht selber erst mal funktional ist. Jeder weiß, dass das alles Unsinn ist, lauter Ausreden und Rosstäuschereien.

Gandhi und die Bergpredigt

Für Sie ist die Bergpredigt ein konkretes politisches Programm?

Wenn man es religiös versteht. Womit ich meine, sie ist nicht fundamentalistisch zu interpretieren. Sie ist keine Ideologie zum Rechthaben für irgendeine Parteienklientel, für eine neue Jesuspartei oder so. Sie ist überhaupt in dem Sinne nicht politisch, als dass sie vom Pragmatismus des politischen Denkens her bestimmt wird. Sie geht aus von einer Reihe menschlicher Evidenzen, die sich ergeben, wenn man zum Maßstab nicht die menschliche Geschichte nimmt, sondern das, was Jesus »Gott« nennt. Wie könnte menschliches Zusammenleben aussehen, wenn es nicht geprägt ist von Angst und Gewalt? Das ist eine ganz simple Frage und hat unendlich viel mit dem zu tun, was in den Raum der Politik hineinwirkt. George Bernard Shaw hat einmal gesagt: »Ich höre jetzt seit 1900 Jahren, die Bergpredigt könne nicht funktionieren. Aber versucht es doch nur einmal mit ihr, dann können wir wirklich sagen, sie funktionierte nicht.« Ein Mann, der es versucht hat, war Mahatma Gandhi, und der stellte fest: »Sie funktioniert ganz ausgezeichnet. Man muss sie aber ernst nehmen.« Es ist möglich, mit Analphabeten die Bergpredigt zu leben, sodass es die Briten aus dem Lande fegt. Aber man muss sie ernst nehmen. Zum Beispiel Gewaltverzicht, als Prinzip. Es ist nicht möglich, gegen Gewalt aufzustehen, indem man selber Gewalt instrumentalisiert. Was gäbe ich darum, wir hätten mal irgendeinen Politiker, der etwa in Palästina diese Idee verwirklichte. Die Besetzung des Gazastreifens, die Strangulierung der Westbank wäre nicht möglich, wenn es eine gewaltfreie Art des Widerstandes gäbe, vor den Augen der Weltöffentlichkeit.

Woran scheitert so eine Gewaltlosigkeit? Warum ist Mahatma Gandhi nicht mehr aktuell?

Das ist das Eigenartige. Ich war 1970 zu Besuch in Indien, ein wunderschöner Aufenthalt, der mich viel gelehrt hat, aber auch die Enttäuschung gebracht hat, aus jeder Ecke zu hören: »Gandhi is dead.« Man hatte Goa besetzt, der Sündenfall Nehrus in der indischen Politik. Es war das erste Mal, dass ein Staat, der unter hohem moralisch-religiösem Anspruch begründet worden war von einem Heiligen, sich selber plötzlich preisgab. Indien hatte mit dem Einmarsch in das portugiesische Goa aufgehört zu sein, was es um 1950 noch unter Nehru der Weltöffentlichkeit zu sein schien: ein Transformator der Weltpolitik, der gesamten Art des Zusammenlebens. Der Gedanke war, dass die armen Länder, die Länder der sogenannten Dritten Welt, moralisch etwas dem reichen Westen zu bringen hätten, das ihm abhanden gekommen sei, und dass ein wechselseitiger Austausch stattfinden müsse, indem der spirituelle Reichtum Indiens oder Afrikas oder Lateinamerikas sich in die Industrieländer übersetzen ließe. Das wäre wunderbar geworden. – Nur ein paar Kleinigkeiten: Gandhi weigerte sich – es war noch nicht mal eine Weigerung, sondern für ihn selbstverständlich –, dass man eine Militärparade für ihn am Flughafen abnähme. Wozu der Unsinn? Leute, die dastehen, mit aufgepflanztem Bajonett – doch nicht für jemanden, der barfuß und im Lendentuch über die Gangway herunterkommt! Mit Gandhi war das nicht zu machen – ganz einfach! Er schaffte mit seinem Auftreten die Angst ab, die im ganzen Zusammenleben zwischen den Nationen herrschte. Er stellte *richtige* Fragen: Wenn das Britische Empire die ganze Welt braucht, um zu leben, wie viele Welten braucht dann Indien, um zu leben? Es war ganz einfach: Man kann nicht Rechte beanspruchen, wenn man sie anderen wegnimmt. Gandhi war brillant darin, Dinge, die Politiker tun müssen, ganz einfach zu sehen. Und er war auch die Antwort auf Ihre Frage: »Ist nicht eine ernst genommene Religion voller politischer Konsequenzen?« Das hat Gandhi unbedingt bejaht. Man kann nicht religiös sein, ohne politisch aktiv zu sein. Aber er hätte immer gesagt, man darf die religiöse Überzeugung nicht an den politischen Pragmatismus verraten.

Und er lebte aus seiner eigenen Persönlichkeit, aus seiner Identität.

Absolut. Es begann damit, dass Gandhi simpel in Südafrika seine Würde als Farbiger, als Inder, lebte. Er ließ sich nicht aus dem Zug werfen. Er ließ die Pässe verbrennen. Er wollte sagen: Wenn dieser Staat mich nicht als Mensch akzeptiert, bin ich nicht Teil dieses Staates. Ich lebe jetzt zwar hier, aber ich bin dann nicht mehr euer Staatsbürger. Wie es jetzt weitergeht, müsst ihr wissen. Verbrennt die Pässe, erklärt euch für staatenlos, definiert, was ihr wollt. Als Erstes bin ich Mensch und nicht Staatsbürger. Jedenfalls nicht in einem Staat, in dem man unterprivilegiert ist, weil man Inder oder Farbiger ist.

Er hatte keine Angst, aber er hatte, kann man sagen, so etwas wie Gottvertrauen?

Unbedingt! Er verdankte Gott das Gefühl der Würde jedes Menschen und von allem, was lebt. Er war Hindu, das darf man nicht vergessen dabei. Aber es stimmt einfach, wenn er sagt, dass er der Bergpredigt das Wichtigste verdankt. Unbedingt. Gandhi ist, glaube ich, nicht abzuleiten aus der Literatur der Veden oder der Bhagavad-Gita, die ja am Ende sogar mit der Bereitschaft zum Krieg ihr Finale findet: Arjuna muss lernen, dass es ein Gottesauftrag sein kann, den Bruderkrieg zwischen Pandavas und Kauravas zum Ende zu bringen. Im Himmel sehen sich dann alle wieder, aber erst einmal bringen sie sich auf Erden um. Man muss die Bhagavad-Gita schon mit Gandhis

Augen lesen, um Pazifist zu werden. Das ist bei der Bergpredigt zweifellos leichter.

Sie sind überzeugter, radikaler Pazifist?

Uneingeschränkt ja. Wobei das Thema viel zu weit ist, um es mit Ja oder Nein zu beantworten. Ich kann nicht leugnen, dass es Situationen gibt, in denen es von Nutzen ist, das Gewaltmonopol des Staates zum Schutz für ungeschützte und ungerechtfertigt Angegriffene gebrauchen zu können. Es war für mich lange die Frage: Kann man die Polizei mit ihrem Waffengebrauch hinnehmen? Ich glaube, dass das unvermeidbar ist in der Welt, in der wir leben. Andererseits habe ich für mich selber es stets abgelehnt, zu lernen, wie man mit Waffen umgeht. Ich habe auch noch nie eine Situation erlebt, in der das nötig gewesen wäre oder in der ich es bedauert hätte. Aber das sind mehr persönliche Dinge.

Wenn Sie fragen: »Sind Sie Pazifist?«, und ich antworte darauf mit »Ja«, so meine ich zweierlei: Keine Mutter, die heute ihr Kind großzieht, kann wünschen, dass es zu dem wird, was wir einen Soldaten nennen. Ein zivilisierter Mensch lebt von Evidenzen, von Spielregeln, von moralischen Standards, die im gesamten zivilen Leben nichts von alledem auch nur für möglich halten, was wir beim Militär zur selbstverständlichen Routine trainieren. Mord, Verrat, Häuser verbrennen, Clusterbomben – all diese Dinge sind monströs, es wären lauter verbrecherische Handlungen, geschähen sie im zivilen Leben. Genau das aber soll der 18-, 20-Jährige auf dem Kasernenhof trainieren. Dazwischen liegen Welten, die mich glauben machen, dass der Krieg, die Kriegsbereitschaft, die Rüstung, der soldatische Drill auf den Kasernenhöfen all das gefährdet, was wir Kultur und zivilisatorischen Fortschritt nennen.

Es wird immer wieder gerätselt, warum der wissenschaftliche Fortschritt, der technische Fortschritt gigantisch ist, ein Hyperbelast, der asymptotisch nach oben strebt, während in der gesamten Weltbetrachtung der moralische Fortschritt stagniert oder sogar sich rückwärtsbewegt. Mir scheint das an dieser Stelle gut begründbar: Solange wir noch Krieg als Option im Politischen offenlassen, kann es einen humanitären Fortschritt nicht geben. Es kann einen humanitären Fortschritt in der Geschichte nicht geben, solange wir jedem 18-Jährigen in jedem Staat der Welt als Normalstatus verordnen, Verhaltensweisen auf Befehl hin gedrillt zu lernen und routiniert zu exekutieren, die im Grunde der Steinzeit entstammen. Wenn es sich so darbietet, ist die Beseitigung des Militärs die wichtigste Voraussetzung, um das Zusammenleben zwischen den Nationen und den Bürgern innerhalb ihrer eigenen Staaten entsprechend unseren zivilisatorischen Grundlagen zu formen und entsprechend neu zu strukturieren.

Insofern ist der Pazifismus die Überlebensbedingung der Zukunft. Darüber lässt sich meiner Meinung nach ernsthaft nicht diskutieren. Wer das bezweifelt, dem muss man simpel sagen, dass wir in den letzten fünf Jahren unsere Militärhaushalte weltweit fast verdoppelt haben. Wir stehen heute weltweit bei Rüstungsausgaben von 1,2 tausend Milliarden Dollar pro Jahr. Das ist eine Summe, so horrend, so irrsinnig, dass man mit ihr den Begriff Angst noch einmal ganz neu definieren kann. Von den Rüstungsinvestitionen geben alleine die Vereinigten Staaten von Amerika mehr als die Hälfte aus. Sie wollen Großmacht sein und definieren Größe nicht anders als mit der maximalen Tötungskapazität in ihren Waffenarsenalen. Es ist barbarisch, es ist absolut archaisch. Kein Dschingis Khan hätte seine Größe anders definiert, als diese »Großmacht« der westlichen Wertegemeinschaft es tut. Das darf nicht die Wahrheit sein. Es ist an jeder Stelle ein Faktor der Stagnation und der Unzeitgemäßheit. Die UNO rechnet aus, dass man für 20 Milliarden, das ist ein Dreißigstel von dem, was allein die Amerikaner in einem Jahr für Rüstung ausgeben, allen Menschen global Zugang zu Trinkwasser verschaffen könnte. Man schätzt, für eine ähnliche Zahl, zwischen 18 bis 20 Milliarden, um die Auflösung der Slums rund um die Großstädte bewirken zu können. Man stelle sich vor: Bombay ohne Slums, Madras, Rio, São Paulo, Kairo, es wäre unglaublich. Das alles könnte man haben, indem man auch nur für ein Jahr wenigstens ein Dreißigstel oder Zwanzigstel der Rüstung wegnähme. Man würde das in den Rüstungszentralen kaum merken, so gigantisch sind die Beträge. Aber die Menschen würden es sofort spüren, und wir hätten etwas Wichtiges getan. Die moralischen, die wirtschaftlichen, die politischen, die kulturellen, die religiösen, die psychologischen, alle Faktoren, die ich nennen könnte, sprechen dafür, dass der Pazifismus unvermeidbar die Zukunft sein wird.

Zudem haben wir noch ein zweites Problem, das zeigt, dass die Logik der Geschichte diesen Sprung jetzt wirklich machen muss. Wir haben gelernt, als Bürger miteinander friedlich zu leben, durch Einführung des Gewaltmonopols des Staates. Das beginnt in den Stadtkulturen des antiken Sumer bis hin zu der Blockbildung des Kalten Krieges. Die Areale, in denen kein Krieg ist, wurden seit 5000 Jahren immer größer, doch an der Peripherie wurden zugleich die Zerstörungspotenziale immer größer. Der logische Schritt, der daraus folgt, ist ganz einfach: Wir entdecken uns als global vernetzte Menschheit, wir entdecken, dass wir wirtschaftlich, politisch ganz genauso zusammengehören. Also können wir den nationalstaatlichen Militärapparaten nur möglichst bald ihr Ende bescheinigen. Es ist in keiner Weise mehr sinnvoll, dass nationalstaatliche Armeen gehalten werden. Es wäre ein Gewaltmonopol einzusetzen, eine Schiedsstelle, die global verbindlich etwas zu sagen hätte im Falle unlösbarer lokaler Konflikte. Alle Kriege haben nicht so sehr mit Willkür und Sadismus zu tun als vielmehr mit Rechtsansprüchen, die auf der Verhandlungsebene nicht erledigt werden. Also braucht es eine Schiedsstelle, wie zwischen zwei Nachbarn – die haben auch nicht mit der Mistforke aufeinander loszugehen, die haben Klage zu führen bei einem ordentlichen Gericht. So etwas müsste es international geben, und es wird ja auch versucht, so etwas zu etablieren, aber es müsste sich die UNO zu diesem Zwecke ganz entsprechend ändern, und vor allem, es müssten die Mächtigen in der UNO, im Weltsicherheitsrat, an alleroberster Stelle die Vereinigten Staaten, von ihrem Großmachtgehabe und ihren Hegemonialansprüchen Abstand nehmen.

Aber ist Obama nicht ein Hoffnungsträger für Sie?

Das müssen wir abwarten. Es lässt mich sehr hoffen, was er 2009 in Kairo sagte, wenn das ernst gemeint ist: eine Zwei-Staaten-Lösung im Nahen Osten, eine Sicherheit für den Staat Israel und parallel dazu eine Gewissheit des Endes der Siedlungsbauten sowie ein Ende – das hat er nicht gesagt, es ist aber ebenso wichtig – des Freiluftgefängnisses Gaza, der ständigen Blockade. Es kommt in Gaza für 1,2 Millionen Einwohner nicht einmal Nahrung an, nicht einmal Medikamente. Das ist kein Zustand. Das hat Obama im Frühjahr 2009 auch gesagt: »Die Menschen in Gaza leben ganz erbärmlich. Das muss sich ändern.« Dass ein amerikanischer Präsident, nach dem unglaublichen Gerede seines Vorgängers acht Jahre lang, gerade dieses Thema, und zwar am Anfang seiner Amtszeit, anpackt, lässt mich hoffen, dass einer meiner Hauptwünsche ein bisschen realer würde, Frieden im Nahen Osten, aber die Probe ist noch lange nicht bestanden. Die Frage ist, wie der amerikanische Präsident die konservate Regierung Netanjahu zur Preisgabe ihrer zionistischen Maximalforderungen nötigt und wie er dem Druck der Israel-Lobby in den USA, wie dem mächtigen American Israel Public Affairs Committee (AIPAC), standhält.

Haben Sie eigentlich nie daran gedacht, stärker politisch aktiv zu werden, sich auch parteipolitisch zu engagieren, vielleicht sogar für politische Ämter zu kandidieren?

Das ist mir mehrfach angeboten worden, wenn ich ehrlich bin. Aber das ist nicht mein Fall. Es ist mir unmöglich, Wahrheiten zu fraktionieren, also in eine Partei einzutreten, deren Meinung ich dann, um Geschlossenheit innerhalb dieser Pressure Group zu demonstrieren, zu vertreten hätte. Ich finde es überhaupt bei jeder Bundestagsdebatte furchtbar, dass man nur sehen muss, welcher Parteizugehörigkeit der nächste Sprecher sein wird, und man kann sich schon im Voraus denken, was er in Antwort auf seinen Vorgänger sagen wird.

Warum kann man nicht Probleme einmal sachorientiert und problemzentriert angehen? Sagen: Dies sind die Vorteile, dies die Nachteile. Wir reden jetzt mal wirklich über eine Lösung, die es geben könnte. Wieso brauchen wir Parteien, die nur ihre Klientel vertreten und allesamt in ihren eigenen Machtspielen befangen sind? So begreife ich, dass Carl Friedrich von Weizsäcker, als er vor Jahren von Helmut Schmidt angeboten bekam, Bundespräsident zu werden, sagte, er hätte erstens nicht den Optimismus und zweitens auch nicht die Engstirnigkeit dafür. Das halte ich für eine gute Antwort.

Man lebt von der täglichen Vergebung

Kommen wir zurück auf die Theologie: Was ist für Sie das entscheidend Christliche? Können Sie das auf einen Punkt bringen?

Das glaube ich, ja. Zumindest wenn wir erst einmal sagen, was das entscheidend Christliche nicht ist. Das entscheidend Christliche ist nicht, dass man mit Berufung auf die Person und Botschaft Jesu eine neue Religionsinstitution aufbaut und sie in Konkurrenz zu anderen religiösen Institutionen missionarisch oder im Kräftespiel der Konkurrenz, der Durchsetzungsfähigkeit, zur Weltgeltung emporstilisieren möchte. Das Besondere des Christentums ist auch nicht eine besondere Lehre über Gott, so, wie wir uns als Christen glauben abgrenzen zu müssen von den Muslimen, die nicht an die Dreifaltigkeit Gottes glauben, oder so, dass wir an die Gottmenschlichkeit der Person Jesu zu glauben vorschreiben im Unterschied zu den Juden, die das nicht tun. Wohl finde ich viele, die sagen: »Aber Jesus war doch Gottes Sohn, glauben Sie das nicht?« »Aber«, frage ich dann, »was verstehen Sie darunter?« Dann hört man verworrene Erklärungen im Echo alter Mythen, die im Orient vor 2000/3000 Jahren verständlich waren, aber in keine geistige Konzeption heutiger Ausdrucks- und Denkweise passen. An keiner dieser Stellen wollte Jesus etwas anderes sein und sagen als das, was er als Jude sagen konnte und meinte sagen zu müssen. Er wollte keine neue Religion, er wollte keine neue Institution. Was er mochte, war, dass man endlich auf eine Weise die jüdische Religion so lebt, wie es die Propheten des Alten Testamentes vor Augen gestellt hatten. Israel sollte ein Modell zur Vermenschlichung der Menschheit sein. – Als Beispiel: Jesus bekommt fertig, zu sagen, der Zöllner Zachäus (19. Kapitel bei Lukas) sei ein Sohn Abrahams. Das sagt er den Pharisäern, den Auserwählten, den Abgesonderten, die erklären, ein solcher Mann sei ein Sünder. Jesus will sagen: »Wenn wir, die Kinder Abrahams, nicht lernen, wer Abraham ist – eine Integrationsgestalt der Vermenschlichung, eine Form, miteinander zu leben, die sich unterscheidet von dem Geklüngel, das wir den Heiden vielleicht vorwerfen –, so erfüllen wir nicht den Auftrag Gottes an uns. Die Menschen, die wir ›Heiden‹ nennen, haben Standesunterschiede, machen Unterschiede von Macht und Geld und Reichtum und Einfluss, aber das alles ist nicht jüdisch, das brauchen wir nicht. Wenn wir an Gott glauben, umgreift er uns alle. Dann gehört der Sünder, der Zöllner, dieser Zachäus, an allererster Stelle dazu. Er kooperiert freilich mit den Römern, aber auch das sind Menschen; und ebenso die Samaritaner – und wo hört es denn auf, dass Menschen Menschen sind? Das sollten wir Juden die Menschheit lehren. Ein Modell von Menschlichkeit sollten wir anbieten, das alle verstehen, die am Boden liegen.«

Das wirklich Christliche ist mithin, zu begreifen, dass Menschen all das nicht haben, was im bürgerlichen Verstand geltend gemacht wird: Wir haben Ansprüche, wir haben Besitz, wir haben Rechte, die wir geltend machen können. Auch moralisch haben wir Verdienste, die verdienen, belobigt zu werden. Wir haben Titel, die wir bei Gericht einklagen können; wir haben lauter famose Illusionen. Ich glaube, eine Hauptentdeckung Jesu ist, dass uns buchstäblich gar nichts gehört, dass alles, was wir sind, ein Geschenk ist, das wir als Leihgabe zum Weitergeben bekommen haben.

Vielleicht musste ich wirklich erst 60 Jahre und älter werden, um zu begreifen, dass dieser ganz einfache Grundsatz derjenige ist, der alles verständlich macht, was Jesus im Neuen Testament sagt. – Nehmen wir die Debatten, die jetzt rund um den Globus gehen: »Der hat noch einen Arbeitsplatz, der aber ist arbeitslos, der ist nur Sozialhilfeempfänger, Hartz-IV-Empfänger, und dem geschieht wahrscheinlich recht, weil er nicht arbeitet. Ich aber arbeite, ich halte meinen Arbeitsplatz.« Jeder weiß, dass es mehr Glück ist als Verdienst, wenn jemand gerade noch bei Opel arbeiten darf. Es ist wirklich nicht seine wohlerworbene Arbeitsstelle, auf die er Anspruch hätte. Er ist noch gesund, er kann noch arbeiten. Aber bereits durch die Tür hinaus kann es ihm vollkommen anders ergehen. – Verdeutlichen wir es uns so: Jemand geht durch die Straße und trifft einen Bettler, der da sitzt. Nun kann er sagen: «Der Kerl hat schon in der Schule nicht aufgepasst, der säuft, wie man ja sieht, der geht mit einem Hund besser um als mit seiner Frau. Was kümmert es mich! Außerdem stinkt er und ist schmutzig.« Aber da, wo der Bettler sitzt, könnte man selber sitzen. Es hätte nur ein bisschen anders im Leben kommen müssen. Zu sehen, wie grundbedürftig, wie arm, wie ganz buchstäblich armselig die Menschen sind und des Erbarmens bedürftig, das ist die Evidenz, von der Jesus lebt. Das ist keine neue Religion, aber es vertieft alles, was alle Religionen zu sagen haben, indem der Blick auf die menschliche Wirklichkeit vertieft wird.

Und jetzt das Wichtigste. Wir haben vorhin angedeutet: Es ist nicht möglich, Menschen zu verurteilen oder zu beurteilen auch nur nach dem, was sie tun – gut und böse, richtig oder falsch; immer sind wir dabei anklagend, geben wir uns moralisch, denn, so sagen wir, die Menschen sind ja frei, und sie kennen das Gute und sie können das Gute tun und sie müssen also auch das Gute tun. Wenn aber die Frage lautet: Wie verstehen wir denn die Menschen, die so anders handeln, als sie eigentlich gewollt haben? Was geht in ihnen vor sich? Warum machen sie so viel falsch?, so entdeckt man plötzlich, dass Menschen etwas ganz anderes brauchen als die Ansprache auf all ihre Fertigkeiten und ihre Fähigkeiten. Nicht einmal die Macht, zu entscheiden, ob wir gut oder böse sind, haben wir so ohne Weiteres in der Hand. Das Einzige, was wir benötigen und den anderen bringen könnten, wäre, im Wissen um die eigene Gebrechlichkeit und Zerbrechlichkeit, ein Stück Mitempfinden, Verstehen, Güte und Geduld. Das sind die Elemente, von denen Jesus sein ganzes Gottesverständnis und Menschenbild ableitet.

Ich nehme ein kleines Beispiel: Im 5. Kapitel bei Lukas trifft Jesus Leute, die später seine Jünger sind, nach einer ergebnislos beim Fischfang zugebrachten Nacht. Sie waren die ganze Zeit unterwegs auf dem See Genezareth, und es hat keinen Ertrag gebracht. Jesus indessen sagt, sie sollten es am hellen Tage noch einmal versuchen, was unvernünftig ist: Fische fängt man nicht am Tage. Aber die Leute tun es, und sie kommen zurück, und die Netze sind gefüllt. In dem Moment, erzählt die Legende, fällt Petrus nieder und bittet Jesus, er solle von ihm weggehen. Er, Petrus, sei nur ein sündiger Mensch. Das Paradoxe ist, dass Jesus dieses Bekenntnis der Gebrochenheit eines Menschen zur Grundlage der ersten Berufung eines Menschen nimmt: »Du wirst Menschenfischer werden«, sagt er. Ich übersetze es damit: »Du hast zum ersten Mal von dir und deiner Zerbrechlichkeit so viel begriffen, dass ich dir zutraue, andere Menschen fortan in meinem Sinne zu verstehen. Du hast den ganzen Hochmut hinter dir. Du weißt, wie es geht. Das richtige Handwerk, die Tüchtigkeit, die moralische Konsistenz – alles das ist so fragwürdig; doch diese Erfahrung jetzt ist es, die ich zur Grundlage mache.« Da fängt ein Neues an. – Nebenbei gesagt: Wie man darauf ein Petrus-Amt gründen kann in Unfehlbarkeit, mit einer Tiara, die Himmel, Erde und die Stadt Rom darstellt, erscheint mir als eine totale Verfälschung des Gemeinten. – Übrigens geht es so weiter: Derselbe Petrus wird noch einmal vorgeführt. Im 22. Kapitel bei Lukas, da treffen wir ihn wieder. Und Jesus erklärt, aus Angst werden alle ihn verraten. Wohl, sie haben noch Großmachtträume: Wenn das Reich Gottes kommt, auf welcher Ebene werden sie dann als Regenten fungieren? Sie haben lauter Illusionen. Aber Jesus sieht kommen, was wirklich passiert. Er sieht vor allem, dass die Jünger aus lauter Angst verraten werden, was sie eben noch als heilig beteuern. Da kommt Petrus und erklärt: »Das kann für alle anderen gelten, nicht für mich. Ich folge dir in Tod und Gefangenschaft, ich.« Und Jesus erklärt ihm: »Der Hahn wird heute Nacht nicht dreimal krähen, dann wirst du mich dreimal verraten.«

Geschichten wie diese sind ungeheuerlich. Natürlich sind das Legenden. Aber es entspricht so sehr der Wirklichkeit Jesu. Die Zerbrochenheit der Menschen ist ihm so offensichtlich. Die Frage stellt sich daher, wie man mit diesen Menschen lebt. Brauchbar, um in seinem Sinne seine Sache zu verkünden, sind einzig diejenigen, die das durch persönliches Erleben begriffen haben.

Das ist das wirklich Spezifische am »Christentum«. Man lebt von der täglichen Vergebung, oder, theologisch ausgelegt, von der Güte, von der Begleitung Gottes. Das steht so in keiner anderen Religion. Das Judentum an sich versteht sich von den Gesetzen des Moses her. Jesus leugnet sie nicht, aber die Erfüllungsbasis für alle Gesetze muss woanders liegen als in den Gesetzen. Martin Luther wird es 1520 sehr schön in dem Traktat von der »Freiheit eines Christenmenschen« schreiben: »Alle Gesetze sagen dir doch nur, was du tun sollst. Sie geben dir aber nicht die Kraft dazu.« Das ist in einem Satz völlig korrekt die ganze Botschaft Jesu. Wo lernen Menschen die Güte, die sie brauchen, um gut zu sein? Wo gibt es Orte, an denen man sie leben lässt, sodass ihre Persönlichkeit sich zusammenschließt? Wie lernen sie, von der Angst Abstand zu nehmen und sie zu überlieben oder zu überreifen durch bessere Erfahrungen, die ihnen geschenkt werden und die sie weiterschenken können? Alles, was sie sind, verdanken sie nicht sich selber. Es ist ein Leihgut. – In den Gleichnissen Jesu spielt das eine Riesenrolle: Was immer wir sind und besitzen, es sind anvertraute Güter. Wenn es ganz arg kommt, erzählt Jesus, um das zu verdeutlichen, Geschichten fast schon im Grotesken, wie zum Beispiel in Lukas 12 die von einem Bauern, der reich die Ernte auf dem Halm stehen sieht und das tut, was wir von ihm als Unternehmer uns nur wünschen würden: Er tätigt Risikoinvestitionen. Er reißt seine Scheune ab, er baut größer, Erweiterungsinvestitionen tätigt er, und er hat es geschafft: Die Ernte ist im Hause, in den Stallungen. Nun soll das Leben anfangen. Doch Jesus sagt: »Du Narr! Heute Nacht noch wirst du sterben.« Es ist nicht möglich, so zu leben, als wenn das Leben uns gehörte. Es gehört uns nichts, auch nicht die einge-brachte Ernte. Das ganze Lebenskonzept, zu dem unsere bürgerliche Welt uns verleitet, ist ein Trug und Betrug. Insofern ist es schlimm, dass die Kirche, die so tut, wie wenn sie Jesus weitergäbe, darin flei-ßig mitmacht: Sie lehrt zwar die »Erlösung«, doch praktisch verwal-tet sie nichts als den bürgerlichen Moralismus.

Aber dennoch, das Christentum ist für Sie eine einzigartige Religion?

Die menschliche Haltung Jesu ist einzigartig. Ich kenne keine Paral-lele zu ihm, ausgenommen vielleicht den Buddha, der in manchem ihm ähnlich war, sonst niemanden. Es gibt in der Religionsgeschichte für mich keine Gestalt, die in diese Tiefe hineindringt wie Jesus von Nazareth. Der Buddha ist Jesus ähnlich in der Analyse, in der ratio-nalen Bearbeitung des Problems. Der Buddha kann sagen, es gibt Gut und Böse, aber beides hat Ursachen. Auch der Buddha will im Grunde den Blick auf den Menschen mit den Augen eines Arztes, eines Therapeuten, richten. Man soll nicht die Symptome weg-schimpfen oder wegmoralisieren, sondern den Ursachen nachgehen. So findet er eine ganze Menge, ein ganzes Getriebe, das aus Unwis-senheit unendliche Folgerungen für die Menschen nach sich zieht, wie das Haften an den Dingen, wie die üblichen Fehlidentifikationen, so würden wir heute sagen, nebst all den falschen Ansprüchen, die sich daraus ergeben, Illusionen aller Art. All das kann man auflösen, lehrt der Buddha, und dann Frieden haben. Für Jesus ist das Problem des menschlichen Daseins durchaus vergleichbar, doch es stellt sich ihm ungleich dramatischer, indem er von den Ängsten der Person ausgeht. Das ist etwas, das der Buddha so nicht kennt, jedenfalls steht es in den Texten nirgendwo. Buddha kann sich am Ende ins Univer-sum auflösen. Jesus kann die Angst, die er als Problem entdeckt, nur lösen, indem er dem Individuum hilft, sich selber in aller Ausgesetzt-heit inmitten des Universums in den Händen Gottes zu bergen. Da liegt denn auch ein entscheidender Unterschied zwischen diesen bei-den Religionen, die menschliche Haltung aber ist einander sehr ver-

wandt. Die Güte, von der Jesus lebt, ist in ihrer personalen Zuge-
wandtheit einzigartig. Ich kenne niemanden, der der menschlichen
Verlorenheit so nachgegangen wäre. Der Buddha hat gelernt, als Königssohn zum Bettler zu werden, um am Ende ein Mönch zu sein.
Das beschreibt in drei Stadien den Weg des Buddha. Jesus hat gelernt,
in jedem Bettler den Königssohn zu entdecken und ihm zu sagen:
»Du bist ein Sohn, eine Tochter des Allerhöchsten.« Mitten im
Schlamm die Perlen zu finden, die man für gewöhnlich übersieht, das
ist ein ganz anderer Weg. Jesus war sozial nicht der Unterschicht zu-
zuordnen, wie manche Theologen gerne sagen, um im Erbe revolu-
tionärer Programme Jesus zur Leitfigur zu stilisieren. Er war Mittel-
standsbürger, Sohn eines Handwerkers, ihm ging es von daher gar
nicht schlecht. Aber er hat nicht daran geglaubt, dass die bürgerliche
Welt beizubehalten wäre – sie ist außerstande, die innere wie äußere
Not von Menschen zu begreifen. In religiösem Sinne war Jesus revolutionär in bezug auf die gesamte menschliche Geschichte mit all
ihren archaischen Motiven, Zielsetzungen und Praktiken – die politischen Konsequenzen ergeben sich daraus von selbst.

Jesus – Sohn Gottes?

Jesus war und ist für Sie Sohn Gottes und Messias?

Das ist eine spannende Frage, weil wir uns mit fertigen Begriffen selbst im Wege stehen. Das geht durch die ganze Theologie. Es nimmt den Anfang schon im Neuen Testament. Im 8. Kapitel bei Markus etwa fragt Jesus seine eigenen Jünger: »Für wen halten die Menschen mich, den Menschensohn?« Petrus sagt: »Für den Messias.« Doch Jesus verbietet ihm, das zu sagen, weil unter »Messias« das verstanden wird, was in seinen Tagen sehnlichst herbeigewünscht wird: Die pharisäischen Psalmen Salomos zum Beispiel sehen vor sich, wie der Messias kommen wird, die Feinde Israels zu zerschmettern. Selbst aus dem Munde Mariens hört man in der lukanischen Kindheitsgeschichte, im »Magnifikat«, solche Worte: »Die Mächtigen stürzt er vom Thron.« Das muss man erst mal wörtlich so ausgesprochen hören. Da soll – entsprechend diesem zum Teil wohl makkabäischen Kampflied – ein Messias kommen, der das Horn des Heils für sein Volk aufrichtet. Das ist national-egoistisch, chauvinistisch. Da geht es um das davidische Großreich, in Macht und in Pracht. Da geht es darum, endlich die Römer aus dem Land zu jagen. Und wenn so einer kommt, der mit dem Stößel dreinhaut und zermalmt, dann wäre es der Messias. – Dass und wie da der Messiastitel gemeint ist, kann jeder sehen. Nach dem Desaster des Jahres 70, als Jerusalem unter dem Ansturm der römischen Legionen des Generals Titus in Flammen aufgeht, auch der Tempel, hört die Hoffnung auf einen Messias nicht auf. Unter Hadrian, Anfang des 2. Jahrhunderts, beginnt der Bar-Kochba-Aufstand. »Bar Kosiba«, »Sohn der Lüge«, nennen Gegner den letzten »König« des alten Israels, weil sie sich enttäuscht fühlen. Doch Rabbi Akiba, einer der größten Gesetzesgelehrten der Zeit, hört bei seinem Namen das Wort »Bar Kochba«, »der Sohn des Sterns«, und er vernimmt darin eine alte Verheißung; »Ein Stern wird aufgehen aus Juda.« Bar Kochba ist in seinen Augen der Messias. Das sagt der damals angesehenste Rabbi, nicht irgendeiner. Das ist der Kern des Glaubens auch noch Anfang des 2. Jahrhunderts: Jetzt endlich wird Gott gegen die Römer das Horn des Heils aufrichten. Man prägt eigene Münzen, man spricht wieder Hebräisch, man hat seine Identität im Vertrauen auf Gott. Es ist unerhört. Bar Kochba hat nie den Anspruch erhoben, dass er ein Sohn Davids aus biologischer Linie ist, wie es zum Messias gehören müsste – »Davids Sohn« und »Messias« sind eigentlich nur zwei Begriffe für ein und dasselbe; der Messias ist also der wiedergekommene David, glaubt man. Trotzdem ist Bar Kochba der Messias unter einer Bedingung, die sich jetzt erweisen muss: ob er imstande ist, die Römer zu vertreiben. Als sich zeigte, dass er das nicht konnte – unter Hadrian wird man Salz über die Heilige Stadt streuen und die Juden in die Diaspora verschleppen, das erste antijüdische Pogrom der Geschichte, die traurigste Bilanz des Ganzen –, war klar, dass er der ersehnte Messias nicht war.

An dieser Stelle muss man die Botschaft Jesu davon klar absetzen. Ich glaube nicht, dass das nur eine geschichtliche Manipulation der Evangelisten darstellt, dass sie Jesus aus dem politischen Streit oder aus dem antirömischen Gezänk heraushalten wollten. Ich glaube, es gehört genuin zur Botschaft Jesu, auf jegliche Gewaltanwendung zu verzichten. Zu Jesu Botschaft gehören die Versöhnung und der Friede, einfach deswegen, weil er den gesamten nationalpolitischen Inhalt der Gottesbotschaft ablehnt. Man kann ihm zu Recht vorwerfen, was der jüdische Theologe Joseph Klausner 1947 schon schrieb: »Man kann mit Jesus keinen Staat machen.« Das ist wahr. Jesus unterstützt all das nicht, womit eine bürgerliche Welt sich etablieren könnte. Gerichte: Er erklärt: »Geht gar nicht dahin, versöhnt euch untereinander.« Wirtschaft: Er sagt: »Verzichtet auf das Geld, und wenn ihr zu viel habt, gebt es an die, die es brauchen.« Ehe und Familie: Er erklärt: »Wer mir zuhört und den Willen Gottes tut, der steht mir weit näher als alle Blutsverwandtschaft.« Alles, worauf die bürgerliche Welt sich gründet, womit man Staat machen könnte, wird im Sinne Jesu zugunsten einer universalisierten Form von Menschlichkeit überflüssig. Jemand, der keinen Staat machen kann, kann auch keinen Krieg machen. Zu Jesu Botschaft gehört elementar der Frieden. Das ist kein moralisches Superadditum, etwas, das noch hinzukäme, sondern es ist essenziell in allem gegenwärtig, es gehört zu der Art, wie Jesus denkt. Wer sich an den Menschen orientiert, der leidet an ihrem Leid und der kann nicht über Leidende hinweggehen. Es ist nicht möglich. Sobald man beginnt, mit den Augen Jesu zu sehen und in seiner Art zu denken, ist Krieg eine Handlungsunmöglichkeit. Also kann es für Jesus auch keinen Messias geben, wie er in seinen Tagen herbeigesehnt wurde. In »JESUS VON NAZARETH – BEFREIUNG ZUM FRIEDEN« habe ich versucht, das darzustellen.

Es gibt eine ganz dramatische Szene, in der das Lukasevangelium das verdeutlicht, ohne dass in den Kommentaren dazu das Desaster genau beschrieben würde. Jeder kennt die Stelle im 2. Kapitel des Lukasevangeliums, wie bei der Geburt Jesu die Engel über den Fluren von Bethlehem die Ankunft des Messias verkünden: »Großes Heil ist erschienen heute, der Heiland ist geboren, Christus, der Herr.« Und der Anfang der Engelbotschaft lautet: »Herrlichkeit Gott in den Höhen und Frieden auf Erden den Menschen ...« Jetzt ist die Frage, wie man den Satz weiterübersetzt. Ich sage vereinfachend: »Menschen – die an Gottes Gnade glauben können.« Denn nur die sind friedensfähig. Entscheidend wird dann das 19. Kapitel bei Lukas: Da zieht Jesus in Jerusalem ein. Das ist eigentlich seine Inthronisation zum »Christus«. Jetzt müsste sich zeigen, wie er als Messias, als Erfüller göttlicher Verheißungen, sich selbst dem Volke darstellt. Doch das Erste, was er tut: Er stellt ein Kontrastprogramm dazu her. Es gibt im Buche Sacharja, bei Deuterosacharja, um genau zu sein, im 9. Kapitel, eine Stelle, die dort eingeschaltet ist. Der Prophet Sacharja kann wenig später ganz schlimme militaristische Visionen haben. Aber diese Stelle redet davon, dass der Erwählte Gottes kommen wird, indem er »demütig« Einzug hält – besser könnte man auch übersetzen: völlig wehrlos, ohne Machtanspruch – auf einem Esel. Das genau ist das Kontrastprogramm zu einem Mann, der hoch zu Ross, triumphal vorweg zu den einziehenden Legionen seinen Besitz über die Heilige Stadt und den kultischen Zentralplatz, den Tempel, kenntlich machen will. Lukas lässt mit Bedacht sprechen, was schon bei Markus steht: Die Menge akklamiert Jesus mit den Worten: »Herrlichkeit Gott in der Höhe.« Und jetzt müsste es weitergehen wie auf den Fluren Bethlehems: »Und Frieden auf Erden den Menschen.« Die aber in Jerusalem sprechen: »Herrlichkeit Gott in den Höhen und Frieden im Himmel.« Das soll heißen: Das ganze Programm Jesu wird hier zur reinen Utopie. Der Mann, der den Frieden bringen will, weil er auf andere Weise Messias ist als vorgestellt, wird gepriesen auf einer Ebene, die real nichts bedeutet. Jesu Frieden als Utopie.

Diese Art des Messiasbekenntnisses wirkt wie die Vorwegnahme des ganzen Kirchenchristentums und seiner ganzen Christologie. Dass das so zu verstehen ist, sieht man sogleich. Jesus bricht in Tränen aus über Jerusalem und schildert ihm seine Zukunft: »Es werden Heere dich belagern …« Bei Flavius Josephus kann man später lesen, wie das im Jahre 70 sich gestalten wird. Es wird im Umkreis von 20 Kilometern keinen Baum mehr geben, der nicht zum Kreuz würde. Das konnte Jesus im Detail so nicht sehen, wie Lukas es ihm später in den Mund legte, aber hier wird eine Wahl getroffen zwischen der Botschaft des Friedens mit ihrer völligen Uminterpretation von Königtum, Größe, Messianität, und dem alten Verständnis eines »Messias«, das immer wieder nur in Vernichtung enden kann.

Man kann also nur sagen: Jesus ist der Messias, indem er aufhörte,

Messias zu sein. Es kann ihn als König glauben, der weiß, dass es gar keine Könige gibt. Wer sagt: »Ich lerne von Jesus ein Entscheidendes für die Art, Mensch zu sein, ich glaube ihm, dass er recht hat: Frieden kommt nicht durch Gewalt, Versöhnung der Menschen kommt nicht durch Höchstrüstung und aus dem Status der Stärke heraus.« Wer so denkt und spricht, wer erklärt: Gemeinsamkeit unter Menschen kann nicht das Resultat der geschürten Paranoia, der Angst aller vor allen, sein, der kann sagen: »Für mich ist Jesus mehr als jeder König, er ist der Messias, der einzig wahre König.« Aber auch das sind alles noch Sprachbilder, die in eine demokratische Zeit gar nicht mehr hineinpassen. Man müsste sagen: »Jesus ist der Konzentrationspunkt von dem, was mir als menschlich relevant gilt.« So wäre zu sagen: »Er ist Christus.« Es bedeutete: »Wann immer ich mich frage, was ich tun wollte und sollte, habe ich eine wesentliche Orientierung an ihm.« Für jemanden, der so spricht, ist Jesus der König. Und so steht es auch in den Texten, etwa in Matthäus 25: Die Frage ist am Jüngsten Tage: Wie bekennst du dich zum Menschensohn, zur Menschlichkeit? Das wird entscheidend sein.

Mit dem Titel »Gottessohn« ist es ganz ähnlich. Im Erbe des Alten Ägyptens bezeichnet man damit den Pharao, der mit seiner Thronbesteigung zum »Sohn« des Sonnengottes wird und im Tode an den Thron des Gottes versetzt wird. Für den Juden Jesus waren solche Vorstellungen Gotteslästerungen, und er hätte nie gewollt und akzeptiert, mit solchen Begriffen in Verbindung gebracht zu werden; doch wer durch Jesus zu glauben lernt an die Liebe, die Gott ist, an die Unzerstörbarkeit des Lebens in den Händen Gottes, wenn Jesus *alles* ist, der kann, im Bild gesprochen, sagen: »Er ist der ›Sohn Gottes‹; denn er ist nicht von Menschen, nur von Gott her zu verstehen; er ist der absolute Halt und Grund meiner gesamten Existenz.« Oberhalb solcher Erfahrungen und Aussagen lässt sich Jesus als »Sohn Gottes« nicht erkennen und nicht bekennen.

Kreuz und Auferstehung

Und welche Bedeutung haben in diesem Zusammenhang dann für Sie persönlich Kreuz und Auferstehung?

Auch das ist anders, als es gelehrt wird. Ich höre gerade im Oktober 2009, dass man einen Muslim von einer Preisverleihung zu der Versöhnung im Dialog zwischen den Religionen ausgeschlossen hat, weil er ehrlicherweise nicht versteht, dass die Kreuzigung Jesu ein Akt dessen sein kann, was Gott gewollt hätte. Der ehemalige Vorsitzende der Katholischen Bischofskonferenz, Kardinal Lehmann, erklärt, dass so einer nicht für den interreligiösen Dialog preiswürdig sein kann. Dann wäre ich es wohl auch nicht, will ich gleich sagen. Denn so ist die Sache Jesu nicht zu verstehen, und so hat es Jesus selber nie verstanden. Jesus hat die Vorstellung insgesamt abgelehnt, dass man Priester brauche, die Opfer darbringen, um Gott mit der Schuld der Menschen zu versöhnen. Es ist eine Vorstellung, mit welcher die Priesterschaft Macht und Einfluss gewinnt, indem sie endlos Tiere in heiligen Riten schlachtet. In der Pessach-Zeit etwa sind das über 15 000 Tiere. Jerusalem war in jenen Tagen das Wirtschaftszentrum. Der Tempel war als Erstes eine riesige Bank, ein riesiger Durchfluss von allen möglichen Mitteln, ein Wirtschaftsimperium, das religiös von den Hohenpriestern gehalten wurde. Jesus will das alles nicht, er will nicht, dass man Gott in Geld ummünzt. Doch der Opferdienst trägt gerade mit dazu bei. Jemand, der so denkt, wie Jesus es tut, kann sich überhaupt nicht vorgestellt haben, dass er mit seinem Tod Gott für die Menschen umstimmen könnte. Dieser Gedanke kann nur priesterlichem Denken entstammen, das später über die Karfreitagsereignisse hinweggeht und anhand alttestamentlicher Texte die Ereignisse am Ende Jesu zu deuten versucht. So aber kann ursprünglich nicht die Botschaft Jesu gelautet haben. Jeder Exeget wird sagen: »Das hat sie so auch nicht.« Das ist das eine. – Doch nun zum anderen: Es ist mir schwer begreifbar, warum wir immer wieder das Kreuz brauchen. Es ist derzeit eine heftige Auseinandersetzung, ob das Kreuz in die Kindergärten, in die Schulstuben, in die Gerichtssäle, ob es sogar in den Bundestag gehört. Nach meiner Meinung gehört das Kreuz an all die Orte, die wir gerade genannt haben, überhaupt nicht hin. Kinder brauchen nicht den Anblick eines nackten, gequälten Mannes im Vollzug einer Tortur, die sich heute niemand mehr ausdenken würde. Nicht einmal in den schlimmsten Fantasien käme man darauf, einen Menschen derart zu Tode zu foltern. Das Kreuz gehört von daher in ein Museum der Terrorgeschichte, der Foltergeschichte, der Unmenschlichkeit. Da kann man dann sehen, wie in Rom vor 2000 Jahren standardisiert Rebellen, Aufrührer, unliebsame Leute zu Tode gequält wurden.

Ich habe übrigens immer gedacht, es sei dies das Maximum, was man Menschen zumuten kann. Cicero selber hat so geschrieben: »Das Kreuz ist die schlimmste Form der Menschenquälerei.« Das war schon Jahrzehnte vor Christus. Im Anblick etwa der Niederschlagung des Spartakus-Aufstandes durch den korrupten, reichen Crassus war die Via Appia flankiert mit Kreuzen – mit ermordeten Sklaven, die nichts weiter sein wollten als Menschen. Ich weiß heute, dass es weit Schlimmeres gab und gibt, das ich gar nicht aussprechen möchte. Ich brauche zur Kreuzigung nur ein paar Fakten zu nennen: Die Kreuzigung war den Römern deshalb schon genehm, weil sie so lange dauerte. Ein kleines Detail: Die Qual, die man an jeder Kruzifixdarstellung beobachten kann, ist furchtbar, aber das Wichtigste wird in aller

Regel nicht dargestellt. Das war ein kleiner Balken, auf dem man sich mit dem Gesäß, dem Schritt, aufstützen konnte. Das geschah im Reflex, um noch Luft zu bekommen, um gegen das Absacken des Blutes noch Halt zu finden, und er wurde immer wieder von den Gekreuzigten genutzt. Das aber verlängerte den Todeskampf. Und der sollte möglichst lange dauern mit all dem, was dazugehört. – Je mehr wir von derlei Einzelheiten erwähnen würden, desto stärker wäre es, dass das Kreuz in keiner Weise irgendetwas Gutes an sich hat, dass es nie im Sinne irgendeines Gottes liegen kann, dass sich so etwas aufführt. Das Einzige, was sich gebührt, ist ein schreiender Protest dagegen. An jedem Ort der Welt, wo so etwas üblich wäre, müssten sich die Menschenrechtskommissionen sofort mit einem derartigen Verbrechen beschäftigen. So etwas hat nicht vorzukommen, und das ist nicht erst unsere heutige Meinung, das hätten auch schon die Menschen im Römischen Reich sehen können. Das war auch die Meinung Jesu, ohne Frage.

Wie also steht man zum Kreuz? Mir scheint, dass Jesus hat kommen sehen, wie man auf seine Botschaft reagieren wird. Er war kein Ignorant, er kannte das mosaische Gesetz. Er wusste, was darauf steht, wenn man die Anklage gewärtigen muss, der Teufelspraktik verdächtigt zu werden. So steht das ja schon in Markus Kapitel 3: »Er treibt mit dem Obersten der Satane die Teufel aus.« Er heilt zwar Menschen, er macht gesund, aber im Namen Satans. So, in der Tat, muss es einer Religion erscheinen, welche die Menschen bis ins Geistige hinein krank macht. Das muss ein Gegengott sein, wer da heilend sein will. Er macht notwendigerweise aufrührerisch gegen die Schriftgelehrten. Bei vielen Wundern, die Jesus wirkt, kann man sehen, dass er erst einmal die Religion heilen muss, die die Patienten in sich tragen. Im Hintergrund stehen stets die Schriftgelehrten, die nicht wollen, dass zum Beispiel am Sabbat geheilt wird, die nicht wollen, dass Besessene auf diese Art geheilt werden oder dass man Leuten die Hände auflegt, die man gar nicht berühren darf, weil sie Lepra haben. Es gibt für alles Gesetze, und Jesus überschreitet sie, um mit Menschen therapeutisch in Kontakt zu kommen. Er ist also erwiesenermaßen ein Satanspraktiker. Er ist zudem ein Lügenprophet, weil er von Gott auf eine Weise redet, die das Gesetz in der Interpretation der Schriftgelehrten verletzt. Er ist also ein Pseudoprophet. Er rebelliert gegen die anerkannten Autoritäten: gegen die Hohenpriester und Schriftgelehrten. Auf all das steht in einer ganzen Reihe von Paragrafen der mosaischen Gesetze, wie man dagegen vorzugehen hat: Darauf steht die Steinigung. – Was im Gesetz des Moses natürlich nicht steht, ist die Hinrichtungsart der Kreuzigung. Es ist nicht richtig, dass die jüdische Gerichtsbarkeit in den Tagen Jesu keine Macht hatte, Todesurteile zu fällen. Johannes der Täufer etwa wurde von Herodes Antipas ermordet. Das war möglich, und so etwas hätte Jesus allemal gewärtigen müssen. Ich vermute aber, es hat ihm nichts ausgemacht. Es gibt eine Stelle im Lukasevangelium, da warnen die Pharisäer Jesus eben vor Herodes. Ich nehme an, sie wollen ihn irgendwie irritieren und vom Weg abbringen, indem sie drohend mitteilen, Herodes hat sein Augenmerk auf dich. Doch Jesu Antwort lautet: »Ich predige und heile heute und morgen, sagt das dem Fuchs.« Will sagen: »Wir sind hier nicht im Hühnerstall. Herodes mag ein Fuchs sein, aber mich betrifft das nicht. Ich mache die Dinge weiter, die mir wichtig sind. Er kann dazu befinden, was er möchte, das ist seine Sache. Ich aber muss befinden, was ich für wichtig halte. Und davon werde ich mich nicht abbringen lassen.«

So wird Jesus gedacht haben bis zum Ende. Seine Sache ist, zu tun, was er für wahr hält, jene aber müssen tun, was sie für richtig halten. Dass speziell die Kreuzigung sein Schicksal sein werde, wird er nicht gewusst haben. Ich glaube aber, dass er hat vorhersehen können, wie man sein Sprechen von Gott als Lästerung Gottes verstehen kann; wie man sein Eintreten für eine Gemeinsamkeit aller Menschen als Rebellion gegen Rom umstilisieren kann. Es sind lauter Verformungen. Und was Jesus sich unbedingt hat vorstellen müssen, ist die Tatsache, dass er den religiösen Instanzen in Jerusalem mit seiner ganzen Person quer kommt und dass die darauf reagieren werden – spätestens von der Szene der sogenannten Tempelreinigung an. Die war ein Aufstand gegen die gesamte Mechanik, mit der man Angst

vor Gott in Priestergeld umprägt. Solange die Menschen Opfer darbringen müssen, braucht man den ganzen Apparat in den Hannas-
Hallen, da steht der Tempel mit all seinen Einnahmemöglichkeiten
im Zentrum der jüdischen Frömmigkeit, auch in der Diaspora. Das
alles ist nur aufrechtzuerhalten, wenn es Priester und Opferkulte
gibt. Wenn Jesus in dieses Getriebe eingreift, und das hat er historisch
mit der »Tempelreinigung« getan, setzt er den ganzen Betrieb außer
Kraft. Dass das nicht harmlos abgeht, muss er gewusst haben. Seine
Wut war denn auch stark genug, jede Vorsicht fahren zu lassen. Da
hat er draufgehauen, wird uns erzählt.

Also, er war in gewissem Sinne … radikal?

In diesem Punkte, der Gott betraf, war er radikal. Ich denke, da war
er unerschrocken. Man ist exegetisch geneigt, zu sagen, an dieser
Stelle, in Lukas 19, in der Szene der Tempelreinigung, greife Jesus ein
Wort aus Jeremia 7 auf. Das stimmt: 600 Jahre vorher hat ein wichtiger Prophet in Jerusalem den ganzen Tempelkult genauso angegrif-
fen; er rhapsodierte es ironisch vor: »Der Tempel des Herrn, der Tempel des Herrn ist hier. Eine Räuberhöhle ist dies!« Jeremia will sagen:
»Dies ist kein Gottesdienst, dies ist Verrat an Gott.« Jesus aber zitiert
Jeremia nicht schriftgelehrt, er lebt ihn ganz einfach. So nahe steht
ihm dieser Prophet. Man kann nicht einmal sagen, er aktualisiert ihn.
Er ist völlig identisch mit ihm. Nur, dass die Thematik noch eine andere ist. Jeremia regt sich darüber auf, dass man im Tempel Jahwes
alle möglichen kanaanaischen Riten untergeschmuggelt hat. Man
weiß nicht mehr, was das ist, es ist jedenfalls nicht das, was Moses
sich am Sinai unter ritueller Gottesverehrung im Rahmen des Jahwe-
kultes vorstellte. Für Jesus ist das Problem ein ganz anderes; nicht,
dass man den Fruchtbarkeitskult Kanaans so wunderbar in die Geld-
geschäfte eingefügt hat, dass gar kein Unterschied mehr besteht zwischen dem Gott Israels und dem Gott des Agrarlandes; man nennt
das Jahwe, aber es ist doch sachidentisch mit dem, was man unter
dem Baal auch hätte haben können. Für Jesus geht es nicht um die-

sen oder jenen Kultus, sondern um die priesterverwaltete Angst in allen Kulthandlungen. Ich halte es für das Entscheidende, dass Jesus all diese Auseinandersetzungen in seinen Tagen bis ins Lebensbedrohliche für sich selber, ohne zu zögern, voranschiebt. Und das muss er tun, um die Entscheidung zwischen einer Religion der Angst mit allem Zubehör an Außenlenkung, Priesterdienst und Amtsverwaltung und einer Frömmigkeitshaltung des Vertrauens in Freiheit, Gottunmittelbarkeit und persönlich gelebter Existenz auf Sein oder Nichtsein bewusst zu machen.

Ich denke nicht, dass man sagen könnte, Jesus habe durch den Tod am Kreuz Gott mit den Menschen versöhnt. Im Gegenteil: Jesus hat geglaubt, dass Gott die Menschen suchen geht, die sich verloren haben, dass er ihnen vergibt, wenn sie sich in Unordnung befinden, dass er niemanden verstößt, sondern einlädt. So hat er selber Umgang mit den Menschen gepflegt. Gott muss nicht versöhnt werden. Das Problem ist, wie die Menschen die Versöhnung glauben können, die Gott ihnen ermöglicht. Nicht Gott war für Jesus das Problem, sondern die Menschen in ihrer Angst oder Rechthaberei oder ihrer Fraktionsmentalität. Dass er diese Auseinandersetzungen nicht gescheut hat, ist die wirkliche Botschaft. Es ist möglich, Dinge zu tun, die außerhalb jeder Erfolgschance bleiben, auf die das sichere Scheitern steht, die sogar von allen verurteilt werden, die im Raum von Religion und Politik die Schätzung der Öffentlichkeit, die politisch korrekte Meinung repräsentieren, die Rechtsgültigkeit für sich in Anspruch nehmen. Es ist möglich, nach relativ kurzer Zeit mit den schlimmsten Vorwürfen bedacht in den Tod geschickt zu werden, nur weil man die Wahrheit lebt und sagt.

Man stelle sich nur die Szene auf Golgatha vor, wo die Soldateska ihre Pflicht tut und ihren Routinesadismus abliefert, wo sie wahrscheinlich noch das Schauspiel für sich selber genießt, wo die Hohenpriester dastehen und mit dem Gotteswort in den Händen auf die Bibelstelle »Verflucht ist, was am Holze hängt« hinweisen, sie haben vermeintlich alles richtig gemacht; wo das Volk dabeisteht und begaffend seine Befriedigung hat in der abschreckenden Wirkung dieser

Horrorjustiz, und wo nur eine kleine Gruppe von aufgelösten, hilflosen, weinenden Frauen dasteht, die sich um alles betrogen fühlen, woran sie mal geglaubt haben. Und nun: Selbst diese unglaublichen Szenen können das Zeugnis sein für etwas, das stimmt und das vielleicht nur so in diese Welt kommen kann. Wenn das die Botschaft des Kreuzes ist, ist sie ermutigend. Dann muss das notfalls sein. Kein Mensch kann sich das wünschen, aber die paar Evidenzen, die menschlich gelten, müssen durchgetragen werden, egal wohin das führt. Das ist Jesu Meinung. Das zeigt sich im Kreuz.

Deshalb gibt es auch kein Kreuz in diesem Sinne ohne die Hoffnung auf Auferstehung. Eine meiner Lieblingsstellen in der ganzen Bibel steht im 23. Kapitel bei Lukas. Als Jesus stirbt, lässt der Evangelist Jesus ein Wort sprechen, das vom Text der anderen Evangelisten abweicht. Die lassen Jesus den Psalm 22 zitieren: »Mein Gott, warum hast du mich verlassen?« Markus zitiert es sogar auf Aramäisch: »Eli, Eli, lama sabachtanni.« Und fast alle Predigten erläutern, dass Jesus offenbar in diesem Augenblick in die Krise sogar seines Gottvertrauens, in die letzte Einsamkeit gedrängt worden ist. Doch keiner der Evangelisten will das sagen. Jesus betet den Psalm 22, wollen sie alle sagen, und der Psalm endet mit der Zuversicht, dass Gott seinen Getreuen rettet und dass sein Reich kommt. Die Evangelisten wollen sagen: Das Sterben Jesu war wie ein sich erfüllendes Gebet. Sie denken überhaupt nicht daran, dass Gott Jesus fremd geworden sei. Was sie schildern, ist, wie fremd Jesus die Menschen werden, die sich so schwertun, die Wahrheit, die sie alle kennen könnten, sich selber zuzugeben. Das ist Jesu Problem – der unglaubliche Abstand zwischen dem Kreuz und diesem sadistisch organisierten Mob gewissermaßen, während Gott ihm nahe ist. Für ihn hat er all das riskiert, im Gefühl, dass es sich lohnt und dazu gar keine menschenwürdige Alternative gibt. Lukas lässt gleichwohl diesen 22. Psalm beiseite und legt gewissermaßen ganz unmissverständlich Jesus den Psalm 31 in den Mund. Da steht im Gebetbuch Israels: »In deine Hände gebe ich mich« – »meinen Geist« wörtlich, meine Person. Und Lukas fügt sogar noch den Anfang des Vaterunser an dieser Stelle hinzu, der im Psalm so nicht dasteht. Jesus, schreibt er, habe sein letztes Gebet eingeleitet mit der Anrede »Vater, in deine Hände gebe ich mich ganz und gar«. Was für Lukas nur heißen kann: »Was jetzt wird, muss ich nicht mehr wissen. Ich kann noch nicht mal wissen, wie es war, was da gewesen ist, was ich versucht habe. Ich kann nur sagen, es steht bei dir.« Das allerdings ist Ausdruck der ganzen Handlung Jesu. Er kennt überhaupt kein Kalkül für Erfolg. Es ist durchaus keine triumphale Sicherheit im Sinne von »Ich habe alles richtig gemacht«. Es ist vielmehr die letzte Auskunft: »Alles, was ich bin, was ich versucht habe, was ich getan habe, was ich gesagt habe, steht bei dir. Davon nahm es den Ausgang, das möchte ich hoffen. Dahin soll es zurückgehen, das möchte ich glauben. Das ist das Letzte, was ich sagen kann.«

Auferstehung ist genau dies: zu wissen, dass unser ganzes Dasein im Leben und im Sterben bei Gott steht. Man kann nicht sagen: Hier ist Jesus gestorben, und da ist er auferstanden, und dazwischen ist ein leeres Grab oder dazwischen sind mindestens zwei Tage der Suchwanderung von verzweifelten Frauen. Es ist die gleiche Evidenz: Wer so in Gott hinein stirbt, kann nicht sterben. Das widerlegt den Tod, und das widerlegt insbesondere die Allmacht derer, die glaubten, in ihrer Fähigkeit zum Töten irgendwas totmachen zu können. Die Legende bei Matthäus erzählt ja, wie diese Leute so tüchtig waren, dass sie sogar das Grab versiegeln wollten, nur weil Jesus ihnen schon zu Lebtagen bescheinigt hatte, dass sie überhaupt nichts weiter seien als getünchte Gräber. Auf solche Äußerungen steht allemal die Todesstrafe. Aber die Person, die Botschaft Jesu lässt sich nicht einsperren. Hier ist die wunderbare Möglichkeit zu entdecken, dass jedes Wort Jesu stimmt. Der Engel am Grabe bei Matthäus wird den Frauen sagen: »Geht hinüber. Er ist euch vorausgegangen nach Galiläa.« Das ist das ganze Christentum: Wo Jesus voraus war, dem nachzugehen. Es sind keine fremden Worte, die man ihm nachträglich zuschreiben müsste, es sind seine Worte vom See Genezareth. Wer das tut, wird entdecken, dass Jesus ihm unterwegs schon entgegenkommt. Und so erfährt man Auferstehung.

Und das ist keine hohe Theologie, sondern das ist eine Art Predigt und Auslegung und Verständlichmachung, die Sie den Menschen übermitteln wollen?

Ich möchte hoffen, selber so zu leben bis zum Ende. Ich denke, es lohnt sich, in dieser Perspektive zu leben, egal wie lange es dauert. Es ist mein Wunsch, dass es so wäre, wenn es so weit ist. Ja. Und ich stelle fest, dass es so geht. Klar, ich vermag Menschen nicht zu trösten gegen den Tod, das kann ich nicht. Dass es sehr schmerzhaft ist, wenn Liebende auseinandergerissen werden, erlebe ich nur allzu häufig und kann es mir selber vorstellen. Aber, dass es sich trotz allem findet und zusammenfügt, dafür halte ich die Religion für zuständig und die ganze Botschaft Jesu für nötig. Und ich sehe am Beispiel des Mannes aus Nazareth, dass es sich lohnt, so zu leben.

Das ist Ihre eigene, konkrete Lebenserfahrung?

Ja. So möchte ich leben, und ich habe bisher immer entdeckt, dass es sich bestätigt. So ist es richtig.

Gibt es in Ihrem Leben einen Punkt, wo das in dieser Radikalität umgeschlagen ist?

Ich hab gelernt, an vielem zu zweifeln – an der Gültigkeit der Gesetze zum Beispiel; da finde ich eine wichtige Bestätigung bei Jesus. Alle Gesetze können nur relativ sein und müssen sich messen lassen an der konkret gelebten Menschlichkeit im Augenblick. Ich hab gelernt, an sämtlichen Institutionen zu zweifeln, und finde mich wieder bestätigt bei Jesus. Die alle sind fragwürdig, schon weil es menschliche Institutionen sind. Gott muss sich nicht vertreten lassen, er kann im Herzen der Menschen reden. Ich habe an einer Fülle von Selbstverständlichkeiten vor allem der bürgerlichen Welt zu zweifeln gelernt. Und wieder finde ich mich bei Jesus bestätigt. Geld und Macht und Würde und Ansehen und Kleider und Stil – all diese Dinge sind im

Grunde lächerlich. Das alles sind Dinge, bei denen die Zweifel augenblicklich nur die Vorhänge beiseiteschieben, um ein Stück Wirklichkeit besser zu sehen.

Aber dann gibt es auch eine Menge von Zweifeln, die über das Weltbild des Neuen Testamentes hinausgehen, wo es keine unmittelbare Antwort gibt, und die sind sehr tief und sehr alt. Fast immer haben sie zu tun mit Entdeckungen, mit Fragen, die schon aus der griechischen Philosophie und aus der abendländischen Naturphilosophie und Naturwissenschaft stammen. Das sind Perspektiven auf eine Wirklichkeit, die religiös schwer zu integrieren sind, eigentlich gar nicht. Folgt man denen aber, beginnt eine Art von Erdbeben, weil all die Selbstverständlichkeiten, die ich religiös zu leben versuche, in diesem Raum mehr als fraglich scheinen, ja überhaupt keine Rechtfertigung zu besitzen scheinen. Und dieser Dialog ist mindestens so spannend wie in Dostojewskis »Brüder Karamasow« die Gespräche zwischen Aljoscha und Iwan. Aber das ist ein neues Thema.

Gott ist anders

Was ist für Sie das eigentlich Religiöse am Christentum? Bringen Sie das doch noch einmal auf den Punkt.

Im Unterschied zum Judentum, aus dem die Botschaft Jesu stammt, oder zum Islam, der sich auf die Bibel und das Christentum mittelbar beruft, hat Jesus die menschliche Existenz nicht mehr auf die Befolgung von Gesetzen, Ritualien, institutionellen Gefügen setzen wollen, sondern zentral in eine Haltung des Vertrauens. Menschen sind nicht erst berechtigt zu leben, weil sie bestimmten Satzungen entsprechen, weil sie sich moralisch korrekt verhalten oder weil sie im Sinne der Staatsorgane unauffällig bleiben. Die Not der Menschen ist viel tiefer.

Das Christentum selber in der Kirchendogmatik wird begriffen als Erlösungsreligion. Das ist ein gutes Wort, wenn man nur wüsste, wovon die Erlösung stattfinden soll. Der Kommentar heißt für gewöhnlich: »von der Erbsünde«. Dann sind wir wieder bei den »Strukturen des Bösen« und bei den Anfängen meiner literarischen Arbeit. Ich verstehe unter Erbsünde, dass Menschen vor lauter Angst, die dazugehört, dass sie Menschen sind, dass sie Bewusstsein haben, dass sie Individuen sind, dass sie ihre Freiheit ahnen, aber auch vertun können, sich gedrängt fühlen, eine Grundlage für ihre Existenz zu finden, sich also selber zu erschaffen. In der biblischen Ausdrucksweise: Sie müssen gegen den Staub, der sie sind, anarbeiten und etwas Absolutes aus sich machen, sie müssen wie Gott sein wollen. Man könnte wissen, dass das nicht geht, aber aus lauter Angst wird man genau das versuchen.

Nehmen wir noch einmal diese Texte aus den Anfangsseiten der Bibel, um die Situation von Menschen, die wie Gott sein müssen, die selber absolut sein wollen, besser zu begreifen. Dass Menschen zueinander gehören, kann wunderschön sein, ein Augenblick des Glücks, wie es am Ende der Paradieserzählung geschildert wird: »Sie sind nackt, und sie brauchen sich nicht voreinander zu schämen.« Das kann ein ekstatisches Erlebnis sein, wie wenn man aus einem Wunschtraum erwacht, den anderen zu finden und als beglückende Gegenwart in sein Leben hineinzunehmen. Aber all das ist vollkommen anders, wenn der gleiche Zustand in Angst erfahren werden muss. Dann ist die Nähe des sonst wünschenswerten Anderen eine Gefahr, dann ist die Blöße, die man sich geben könnte, die Bedrohung; die Augen, mit denen der andere mich anschaut, in seiner kritischen, vernichtenden Attitüde, bedeuten dann eine Gefährdung meiner ganzen Selbstidentität. Es genügt ein kleines Wort, und es stellt alles in Frage, was ich eben noch glaubte mir aufgebaut zu haben. Das menschliche Leben selber kann auf diese Weise die Hölle sein, wenn Menschen in Angst voreinander zusammengepresst sind. Dann ist Nacktsein das Schlimmste, was passieren kann, eine reine Bloßstellung. Es gibt keinen Schutz mehr. Also wird man versuchen, den anderen irgendwie hinters Licht zu führen. In der Bibel heißt es: »Sie machen Feigenlaub zu Kleidern.« Man kann auch sagen: Sie brauchen Eichenlaub und Schwerter oder einen Haufen Titel oder ihren Gehaltsauszug – irgendetwas zum Vorführen, damit sie sich doch noch als liebenswert akzeptiert fühlen können. Die Welt wird dabei immer künstlicher, aus lauter Angst, dass man nicht gut genug ist, wie man ist.

Aus dieser Bedrohtheit verformt sich die ganze Existenz des Menschen. Man muss dauernd etwas anderes darstellen, als man selber ist. Man muss nach außen etwas repräsentieren, von dem man genau weiß, dass es nicht zutrifft. Es ist ein Leben, wie wenn es eine Vakuumpumpe wäre: Es wird dauernd etwas geleistet, das innerlich immer hohler macht. Der Druck wächst ständig bis zum Platzen, während es nach außen hin eine gigantische Leistung zu werden verspricht.

Aus all dem müsste Erlösung sein.

Ich gebe diese paar Beispiele nur, um zu sagen: Die Ehekrisen, die daraus hervorgehen, der Herzinfarkt, der dadurch möglich wird, die Daseinslüge, die damit einherwandelt, haben noch lange nichts mit dem zu tun, was man Gesetzesübertretungen nennt oder was man im kirchlichen Sinne als Sünde definieren würde. Doch klar ist, dass man in diesem Kessel der Angst und des Zwangs zum Absoluten nichts mehr richtig machen kann. In gewissem Sinne lügt man schon ständig, ehe man lügt, mordet man längst, ehe man sich oder andere umbringt, bricht man die Ehe, noch ehe man gelernt hat, richtig zu lieben. Es stimmt nichts. Auf diesem Getriebe einer Wanderdüne der Brüchigkeit und der Hohlheit kann man keine festen Gebäude errichten. Da müsste jetzt bis in die Basis hinein Angst beruhigt werden. So sehe ich das Spezifische an der Botschaft Jesu.

Oder wenn Sie fragen: »Was sollte Religion sein im Sinne Jesu?« Ich sehe darin den Versuch, Menschen bei der Hand zu nehmen und sie zurückzubegleiten in das verlorene Paradies der Welt, in einen Garten des Glücks, wie die Erde sein könnte, erlebten wir sie in Vertrauen, statt in Angst. In den biblischen Bildern steht da ein Baum in der Mitte des Gartens, eine innere Achse, ein Baum, der die Zweige breitet wie eine Mutter die Hände über ihre Kinder oder wie Gott über seine Söhne und Töchter. Alles hat einen geordneten Mittelpunkt. Die ganze Exzentrik der Angst, die zentrifugale Kraft dieser Schleuderbewegung nach draußen, kommt zur Ruhe. Das ist es, was Jesus wollte. Und vor allem: Es ist dazu nötig, das Bild Gottes zu entängstigen. Am Ende der Paradieserzählung nehmen die Menschen, erklärt der Jahwist im 3. Kapitel der Genesis, Gott nur noch wahr mit Blick auf die Kerube, die am Paradieseseingang mit einem Flammenschwert dastehen. Soll heißen: Wenn die Menschen voller Sehnsucht zurückschauen, im Gefühl, es stimmt nichts, es müsste anders sein, es ist so deutlich, wie man richtig leben könnte, aber es ist wie verloren, man findet den Zugang dahin nicht – dann wird immer wieder das Bild jenes Gottes hinter dem Flammenschwert auftauchen, ein richtender Gott, ein strafender Gott, ein gestrenger Gott, einer, der den Menschen verstößt und immer wieder von sich wegtreibt. Hinter dieses Bild, das die Schriftgelehrten verwalten, das die Religionen institutionalisieren, das die Priester ritualisieren, hinter diese Visage eines strafenden Gottes wollte Jesus offenbar die ganze Menschheit führen und sagen: »So ist Gott nicht. Gott als Vater oder Mutter ist so nicht. So nehmt ihr ihn aus lauter Angst wahr, aber Gott verdient diese Angst nicht. Gott wird niemanden verurteilen.«

Das ist für mich die ganze Botschaft des Jesus von Nazareth. In einer Legende ist das sehr schön ausgesprochen, im 3. Kapitel bei Lukas, in der Taufszene. Jesus muss der Legende nach wirklich geglaubt haben, was sein Verwandter am Jordan, Johannes der Täufer, predigte: Gott steht jetzt zum Gericht bereit, und nur wer Buße tut, wer im letzten Moment umkehrt, kann noch gerettet werden. Offenbar hat Jesus diese Botschaft für richtig befunden. Da ist endlich ein Mann, der mit seiner Existenz geradesteht für seine Haltung vor Gott und den Menschen, am Tempel vorbei, ohne die Priester. Auf die Existenz kommt es an. »Glaubt doch nicht, ihr könntet gerettet werden, indem ihr sagt: ›Wir sind Kinder Abrahams‹«, fährt Johannes der Täufer seine Hörer an. »Aus diesen Steinen hier kann Gott Kinder Abrahams erschaffen. Wie ihr lebt, das ist entscheidend.« Und schon steht in seinen Augen der Messias da mit dem Dreschflegel auf der Tenne. Als aber Jesus sich taufen lässt, erklärt die Legende, habe der Himmel sich vor seinen Augen geöffnet und eine Stimme habe ihm gesagt: »Du bist doch mein Sohn.« Ich denke, das verändert die ganze Wahrnehmung. Johannes hat recht, und Gott müsste mit den Menschen so umgehen, wie er es schildert. Aber kein Mensch kann damit leben. Die Umkehr, die Jesus möchte, ist eine ganz andere: von der Angst weg ins Vertrauen. Das wäre die Rettung. – Es gibt ein Bild, das mich einmal sehr fasziniert hat, ein bisschen grausam, aber hilfreich zum Verstehen. Georges Bernanos war eine Zeit lang einer meiner Lieblingsautoren, und der hat im Nachtrag zur »Sonne Satans« – »Sous le soleil de Satan« – die neue Geschichte der Mouchette geschrieben, in der ein Mädchen mit dämonischer Verführungskraft Menschen in die Sünde, ins Verbrechen führt. Verfilmt hat das Bresson, ein französischer genialer Regisseur. Bresson hat die neue Geschichte der Mouchette in ein Sinnbild gekleidet, das ihr Wesen, ihre Dämonie begreifbar macht: Auf einer Lichtung hat ein Rebhuhn sich in der Drahtschlinge eines Wilderers verfangen, und man sieht, wie es an der Schlaufe zerrt, aus der es entkommen möchte. Aber je mehr es das versucht, je mehr es scharrt, mit den Flügeln schlägt, zieht die Schlinge sich nur noch fester zusammen. In diesem Moment kommt der Wilderer zu seiner Beute, und das Tier zieht sich zu Tode. Eine grässliche Szene. Was aber Bresson damit sagen will, ist eigentlich dies: Die Menschen zappeln in den Schlaufen, die ihnen gelegt wurden, mit einer tödlichen Angst, sie möchten eine Freiheit, an der sie zugrunde gehen, weil es für sie kein eigenes Entrinnen gibt. Überträgt man dieses Problem einmal auf die Botschaft Jesu, so müsste man sagen: Es ist klar zu erkennen: Dieses Rebhuhn kann sich nicht befreien. Das, was Johannes sagt, »Ihr müsst aber aus der Schlaufe raus«, ist an sich goldrichtig, das will jeder, aber es geht nicht mit Willen und Anstrengung. Das Unglaubliche müsste geschehen: Das Rebhuhn müsste glauben, dass der Wilderer kommt, um es aus der Schlinge zu holen. Dieses schier Unmögliche müsste es glauben. Es wäre das erste Mal, dass jemand kommt, der die Schlinge löst. Das Angstobjekt selber käme zur Befreiung – das ist die Paradoxität der ganzen Botschaft Jesu. Er bringt Gott in die menschliche Geschichte zurück als jene Größe, vor der man nicht mehr fliehen muss.

Ein Gott ohne Angst.

Ohne Angst. Aber nachdem alle Religion sich in der Angsterwartung jenseits von Eden etabliert hat, ist dies eine Botschaft quer durch alle

Religionen. Alle Religionen leben den Status von Kain und Abel, die als Erstes opfern und sich totschlagen.

Wie jemand lebt, das ist entscheidend, haben Sie gesagt. Ist es in diesem Zusammenhang sinnvoll, zu fragen: Wie stehe ich als Mensch, als Person, vor den Augen Gottes, meines Schöpfers?

Das ist absolut sinnvoll. Wobei die Frage nach dem »Schöpfer« schon wieder diskutierbar ist und erklärt werden will. Ich denke, jeder ist sich darüber im Klaren, dass er das Kind von Vater und Mutter ist. Wenn er trotzdem sagt, er sei ein Geschöpf Gottes, will er sich ja nicht seine biologische Herkunft erklären und genauso wenig die biologische Herkunft der ganzen Menschheit in der Evolution der letzten 50 Millionen Jahre von den Tupaiden über die Primaten bis hin zum Ardipithecus. Ich glaube nicht, dass der Schöpfungsgedanke etwas mit paläontologischen Stationen zu tun hat, wohl aber mit der Sinndeutung unseres Lebens.

Verdeutlichen wir es einmal so: Wenn wir lediglich sagen könnten, wir seien die Kinder von Vater und Mutter, so umschrieben wir damit eine Reihe von Festlegungen: Die Genetik macht riesige Fortschritte, und wir sind erschrocken, festzustellen, wie enorm die Macht der Gene ist. Sie kann über vielerlei Krankheiten, aber auch über vielerlei Chancen im Leben entscheiden. Wir hätten vor Jahren noch nicht geglaubt, dass wir nachweisen könnten, in welchem Umfang wir durch unser Erbgut geprägt sind. Wenn zum Beispiel feststeht, dass bis zu 60 Prozent die schlimmste psychiatrische Erkrankung, die Schizophrenie, genetisch bedingt ist, dann sind in gehörigem Maße die Gene unser Schicksal, zumindest schon einmal für 60 oder 50 Prozent. Dabei wissen gerade die Genetiker, dass Kind von Vater und Mutter zu sein natürlich nicht nur bedeutet, dass sie uns die Gene mitgegeben haben. Die Genetik liefert ja keine Blaupause, sondern schon die Gehirnentwicklung des Embryos ist eine Epigenese zu den Voraussetzungen, die genetisch vorliegen, die jetzt durch viele zusätzliche Entwicklungsbedingungen geformt werden. Und weiteres kommt hinzu, das allmächtig wäre, blieben wir nur die Kinder unserer Eltern. Nach der Geburt ist der Einfluss der Mutter, des Vaters, der erziehenden Personen, des Milieus von überragender Bedeutung. An der Stelle wird bleibend die Psychoanalyse ihre Bestätigung erfahren: Die ersten Wochen, Lebensmonate und -jahre sind in dem Sinne schicksalsbestimmend, als sie die Fahrtrichtung festlegen. Es ist auf dem gebahnten Gleise wirklich nur möglich, irgendwann in München anzukommen. Danach kann es dann noch weiterfahren nach Mailand oder Venedig. Aber die vorgegebene Strecke führt ganz sicher nicht nach Warschau oder nach Paris.

Damit haben wir eine zweite Komponente für das, was es bedeutet, Kind von Vater und Mutter zu sein, die heißt: Ich bin geprägt durch meine Kindheit und durch die Einflüsse der Erziehung. Die Eltern standen dabei wieder nicht alleine, sondern sie taten das Beste, was sie konnten, aber in einem kulturell vorgegebenen Rahmen. Sie lebten in einem Milieu, auf das sie reagierten, und sie hatten deshalb bestimmte Vorstellungen, was aus ihren Kindern werden sollte. Soziologie spielt eine große Rolle. – Das alles kann man jetzt zusammennehmen und definiert sich selber als Produkt. Da gibt es eigentlich keine Verantwortung, außer dass man auf der Strecke vom Bahnhof aus weiterfährt, an dem man abgeliefert wurde.

Verantwortung vor Gott indessen heißt: Ich kann und darf mich orientieren nach eigenen Zielvorstellungen. Es ist nicht mehr möglich, mit dem Schild »Kind von Vater und Mutter« durch die Straßen zu marschieren und zu sagen: »Das ist die Erklärung für meine Person.« Die Person beginnt damit, dass eine eigene Kompetenz ins Leben tritt, dass eigene Entwürfe, Sinnsuche, Sinnantworten sich formulieren. Das hat jetzt damit zu tun, zu glauben, dass es einen Hintergrund gibt, den man traditionellerweise als den Gott der Schöpfung bezeichnen kann.

Man kann es auch noch viel radikaler sagen. Rein biologisch sind wir nichts weiter als Übergangswesen im Strom der Evolution, eine verdichtete Stelle von zusammengeballter Energie, in Strukturen, die für ganz kurze Zeit gefunden wurden und in ganz kurzer Zeit sich wieder auflösen – wie eine Welle im Ozean, nichts, was Bestand hat, und das im Übrigen nach dem Energieerhaltungssatz zu null verrechnet wird. Das Weltall wird weder durch unsere Geburt einen Gewinn haben, noch wird es einen Verlust haben, wenn wir sterben. Die Energie bleibt in ihrer Menge im Universum erhalten, wie sie ist. Der Rest sind Spielarten ihrer Organisationsformen. Wenn wir uns in dieser Weise betrachten, verstehen wir den Satz aus der Genesis wohl als sehr ausdrucksvoll, dass Gott Staub der Erde nahm und den Menschen daraus formte. Denn wäre es nicht die Hand Gottes, von der wir denken könnten, geformt zu sein, so bliebe nur die Aussage, dass wir Staub der Erde sind, also genauso vergänglich, genauso amorph, im Grunde haltlos – da geht der Wind darüber und es ist wie nicht gewesen, Spuren im Sand am Ufersaum des Universums, die bei der nächsten Flut schon wieder weggenommen werden. Wenn jemand sagt: »Ich denke so nicht, ich denke meine Existenz nicht rein durch die immanenten Parameter und Kausalzusammenhänge«, dann entwirft er seine Persönlichkeit demgegenüber in einer anderen Perspektive. Diese Perspektive hat ganz und gar zu tun mit der Art, wie jemand sich selbst als Mensch versteht, woraufhin er wesentlich lebt. Und so kommt der Gedanke der »Schöpfung« ins Spiel.

Sagen wir es noch deutlicher: Gäbe es nur die biologische Lebensinterpretation, so wäre es absolut vernünftig, im Rahmen des Darwinismus oder des Sozialdarwinismus den Kampf ums Dasein als Selbstverständlichkeit zu instrumentalisieren und zu exekutieren. – Nehmen wir ein kleines Beispiel: Die Evolution hat vor 345 Millionen Jahren gelernt – ein unglaublicher Zeitraum –, mühsam vom Wasser aufs Land zu gehen. Fische waren es, die das langsam versuchten. Sie haben achtzehige, händeähnliche Gebilde geschaffen, um in einem mangrovenähnlichen Wassergebiet sich ein bisschen verstecken zu können vor großen Räubern. Diese Pfötchen taugen noch lange nicht, um darauf zu gehen, sie sind noch seitwärts gerichtet wie später bei den Reptilien. Zig Millionen Jahre gehen so dahin, bis langsam aus dem Versteckspiel in den Lagunen, weil immer wieder großflächige Austrocknungen sich ereignen und immer wieder Tiere sterben, die Lungenatmung zum Vorteil wird, zunächst parallel zur Kiemenatmung, am Ende bleibt nur noch die Lungenatmung. Langsam quält sich so das Leben aufs Festland. Endlich haben wir Lebewesen, die neben den Insekten den zweiten Teil der Welt erobern. Dann, im Perm, vor 250 Millionen Jahren geschieht irgendetwas, ein Meteoriteneinschlag womöglich, und 95 Prozent der ganzen Fauna im Meer und 65 Prozent auf dem Lande werden ohne jede Rücksicht wieder zurückgenommen. Das Erdaltertum endet in einer Katastrophe. So aber ist die Evolution. Man könnte denken: Kein Bedauern, dann ist eine bestimmte Form zu leben halt ausgestorben, irgendetwas wird schon wieder danach kommen. Es ist ja immer weitergegangen. Vielleicht aber geht es eines Tages auch gar nicht weiter auf dem Planeten Erde, auch damit wird man rechnen müssen, sogar ganz bestimmt. Irgendwann wird es die Sonne nicht mehr geben. Nur: Wofür regen wir uns auf? Nennen wir es geologisch oder kosmologisch kreative Vernichtung! Dieses für mein Begreifen entsetzliche Bild reiner Naturbetrachtung ändert sich erst, wenn wir uns von Gott her interpretieren und im Hintergrund einen Willen glauben, der jedes einzelne Wesen umgreift als berechtigt, als erwünscht, als gemocht. Da treten wir in einen Raum ein, den wir eigentlich nur erfahren, wenn wir irgendetwas lieb gewinnen. Das ist es, was wir »Schöpfung« nennen.

Manchmal rede ich mit Leuten, die sagen, sie glauben nicht an Gott. Aber schaut man genau hin, verbinden sie mit ihrem Leben keinerlei Sinn. Sie fühlen sich allein. Ihre Enkelin kommt nicht zu Besuch, auch Weihnachten nicht, ihr Mann ist gestorben, ihr Hund – ihr Hund! Der Hund guckte einen so treu an, und man wusste, jetzt ist es 8.30 Uhr und man muss auf die Straße. Ob so etwas Sinn macht oder nicht, kann man nicht diskutieren. Der Sinn ergibt sich, weil die alte Frau ihren alten Hund lieb hat, aber sie musste erleben, dass er sogar noch früher starb als sie selber. Solange er lebte und schnaufte und atmete und die Beine bewegte und sich über die Straße schleppte, verdiente er, gefüttert zu werden, gepflegt zu werden, gestreichelt zu werden. Die Frau würde schreien vor Zorn und Hilflosigkeit, käme ein Darwinist daher, der ihr erklären würde, dieser Hund gehöre im Grunde zur Jagdbeute von Füchsen und Habichten freigegeben; in keiner freien Wildbahn habe doch ein solches Tier noch ein Existenzrecht. Sie würde sagen: »Das ist mein Hund.« Das »mein« allerdings kann sie vergessen. Der Hund gehört ihr nicht. Der Hund lebt in seiner Welt, und sie ist einzig dessen Zeuge, mehr nicht. Besitz ist auf den Hund nicht anzumelden – außer bei der Steuerbehörde. Aber der Hund ist froh bei seinem Frauchen und diese bei ihm.

Das ist nur ein kleines Beispiel, das zeigt, dass das, was wir mit Sinn verbinden, einen Erfahrungsraum der Liebe umschreibt. Das ist es eigentlich, was wir mit Schöpfung umschreiben: Die Dinge, die es gibt, verdienen, geliebt zu werden. Und wenn man in diesen Raum der Liebe eintritt, erlebt man das, was man Gott nennt. Plötzlich hat man völlig andere Handlungsanweisungen, völlig andere Evidenzen für das, was man tun sollte. Das ganze Gefüge, das die Natur uns sonst aufträgt, ist das Nebensächliche. So mag sie funktionieren, aber so dürfen wir nicht handeln, das ist klar. So macht es die Natur. Aber wir Menschen haben dazu keinerlei Erlaubnis. Dass man so handeln würde wie die Natur, wäre der Rückfall in die Barbarei. Und diese Evidenz ist der Schöpfungsglaube, der uns sagt: Alles, was existiert, ist überhaupt nur denkbar in einem Raum der Wahrnehmung von Liebe. An Gott glauben wir einzig, wenn und weil wir etwas lieben; daraus ergeben sich Sinnevidenzen, Perspektiven von Hoffnung, Beziehungen des Vertrauens, und darin zu leben heißt, an Gott zu glauben.

Die Bibel und die moderne Literatur

Ein wichtiges Anliegen ist Ihnen die Sprache, die Vermittlung der Heiligen Schrift in die Gegenwart. Wie lässt sich etwas, was in einer vergangenen Zeit gelebt und gesagt wurde, verbindlich in unsere Zeit stellen?

Damit berühren Sie ein Hauptproblem der zwei Bände »TIEFENPSYCHOLOGIE UND EXEGESE«. Die Auslegung der Bibel, die auf den Lehrstühlen vorherrscht, ist historisch-kritisch. Das heißt: Sie bindet sich an die Sprache Kanaans vor 2000 Jahren, und sie braucht ein riesiges Machtgefälle, um überhaupt noch durch die Medien gepumpt zu werden. Sie ist alles andere als selbstverständlich. Sie ist abgeleitet, sie wird als entfremdend empfunden; man muss eine Fülle fremder Vokabeln lernen, die im normalen Umgang nicht mehr vorkommen. Dazu zählen zentrale Begriffe, wie etwa das Wort »Sünde«. Oder »Gnade«. Worte, die wir schon benutzt haben und die immer wieder Missverständnisse schaffen. Mir ist es sehr wichtig, von der Dichtung her, von großen Literaten her, die Bibel weiterzuerzählen. – Manchmal war das sogar die Zielsetzung der Autoren selber. Herman Melville zum Beispiel, der Autor von »Moby Dick«, wollte natürlich in seinen Romanen die Bibel weitererzählen. Er las die Bibel als Roman, und er fand: Ordentliche Romane müssten das Niveau der Bibel erreichen, sonst sei es ihrer nicht würdig. Da ist was dran. Oder Dostojewski! Er ist für mich ein ganz wichtiger Interpret der Bibel geworden, der größte in meinen Augen sogar. Aber alle Dichter versuchen, aus der Welt, in der sie selber leben, auf die Menschen hin, mit denen sie leben, Gültiges zu formulieren, Wahrheiten zu finden, die sich dann freilich für alle Menschen freisetzen können. Es ist dann nicht mehr wichtig, ob jemand Russe oder Amerikaner oder Deutscher ist. Universell sind die Wahrheiten, die dann gefunden werden.

Ähnliches geschieht auch in der Bibel selbst. Die Gleichnisse Jesu zum Beispiel sind die Geschichten einer Persönlichkeit, in deren Leben Dichtung und Existenz identisch geworden sind, und solche Erzählungen kann man nur lebendig zu lebenden Menschen reden. Mit anderen Worten: Man müsste etwa die Geschichte von Abraham und seiner eifersüchtigen, mörderischen Frau Sarah so erzählen, dass sie in unseren Tagen vorkäme, die Geschichte von Joseph und seinen Brüdern so, dass sie heute vorkäme. Das wäre viel mehr, als Thomas Mann es in seinem Joseph-Roman versucht hat. Er kleidete die biblische Darstellung in eine hebräisch-altägyptische Kulturbetrachtung, sie ist aber Gegenwart. Thomas Mann schrieb den Joseph-Roman in der Zeit zwischen Erstem und Zweitem Weltkrieg, doch davon steht kein Wort in diesem großen literarischen Kunstwerk. Das aber wäre dringend nötig, um an die religiöse Dimension heranzukommen.

Zu diesem Zweck muss man sich erlauben, die gleichen Begriffe neu zu interpretieren und auch in neue Worte zu bringen. Von *Gnade* zum Beispiel kann man nicht reden, ohne die Assoziation zu wecken, dass jemand als Hochherrschaftlicher, als in Gottesgnadentum Befindlicher, sich zu seinen Untertanen herabbeugt. Man muss sich das nur so vorstellen: Gottesgnadentum führt sich da auf quer durch die Geschichte der Fürsten, der Päpste, und es bringt ein Missverständnis vor allem mit sich. Denn gemeint ist genau das Gegenteil: das Mündigwerden von Menschen im Mut zur eigenen Kompetenz in ihrem Leben, das Ende von Blindheit, Verkrümmtheit und Gelähmtheit, von Verstummen aus Angst. Wenn wir das Gnade nennen, müssten wir das Wort übersetzen mit Zuwendung, die den anderen unbedingt umgreift. Gnade bedeutet: »Ich möchte, dass du bist. Es gibt nichts

Besseres, und wir müssen es freisetzen. Wir dürfen endlich anfangen, das, was du bist, zu schätzen. Also: Erzähl mir deine Geschichte, alles, was darin vorkommt, es hat seinen Ort, und es wird sich sogar reinigen und läutern, wenn du davon sprichst, so wie im Frühling aus den Zweigen einer Kastanie etwas Wunderbares als Blüte, wie ein leuchtender Kandelaber, zum Vorschein kommt.« Wenn das »Gnade« ist, ist es so schön wie die Sonnenstrahlen im März. Aber dann darf man es nicht Gnade nennen, sondern man muss es vielleicht als vorurteilsfreie oder bedingungsfreie Akzeptanz bezeichnen. Man geht auf den anderen zu, ohne Vorurteile, ohne Wertungen, ohne Schablonen, ohne fixierte Einordnungen. Man will ihn als Menschen sehen. Dann wäre Gnade lediglich eine andere Form der praktischen Übung, Verstehen zu ermöglichen. Also sollten wir doch gleich sagen, wir reden nicht von Gnade, sondern davon, dass Gott zu uns steht und dass er bereitsteht, uns zu verstehen.

Der Gegenbegriff der *Sünde* ist genauso falsch besetzt. Wir hören »Sünde« und sind sofort dabei, die Schablonen bestimmter Gesetze mitzubringen, deren Übertretung dann als Sünde definiert wird. Es war Søren Kierkegaard um 1840, der sagte: »Das ganze Christentum wird verraten durch diese Interpretation der Sünde, denn es reduziert das ganze Christentum zu einer nur ethischen Anschauung. Gesetze, Moral, Übertretung, Schuld und Buße – mehr braucht man nicht.« Wenn das so wäre, brauchten wir eigentlich keinen Gott, sondern Hegels Volksgeist im Hintergrund der staatlichen Gesetzgebung langte völlig aus, und die Kirche wäre dann am besten gleich identisch mit dem Staat. Das Individuum hätte keine größere Aufgabe, als sich zu sozialisieren und die Exemplarform des Allgemeinen abzuliefern. Die ganze Aufregung, ein Individuum zu sein, wäre überflüssig, wäre somit ja schädlich. Wie aber, wenn »Sünde« etwas ganz anderes wäre? Wir brauchen den Begriff der Angst nur ein Stück weiterzuentwickeln. Menschen, die verloren sind, die nicht mehr weiterwissen – leben sie in Sünde? *Verzweiflung* müsste man dazu sagen. Dann hätten wir den Begriff, der im Neuen Testament mit Sünde wirklich gemeint ist: Menschen, die sich vorkommen wie in der Hölle, die keine

Aussicht haben. Wie beschreibt man Menschen, die blind sind, die taub sind, die ausgesetzt sind, die krank sind? Verzweifelte sind sie. Das ist ein wichtiges Wort, um »Sünde« zu übersetzen.

Paradoxerweise war genau das im Oktober 1990 ein wichtiges Thema, als mein Bischof, obwohl ich bei ihm über die »STRUKTUREN DES BÖSEN« habilitiert hatte, mir erklärte, dass ich an Sünde nicht glaubte. Da sagte ich: »Herr Erzbischof, ich glaube auch nicht an die Sünde, ich glaube an Gott. Aber davon einmal abgesehen: Sie finden kaum einen Theologen, der das Wort Sünde in seinem Inhalt ernster nimmt als ich. Ich bemühe mich gerade, zu zeigen, dass aus dem Dilemma der menschlichen Existenz uns nur die Botschaft Jesu erlösen kann beziehungsweise die Art, wie Jesus uns Gott gebracht hat. Was Sie Sünde nennen, käme mit dem Gesetz des Moses prachtvoll aus, vielleicht noch ergänzt durch die Kirchengesetze. Das wäre es dann aber auch. Die Bergpredigt bliebe, daran gemessen, ein schönes Surplus, eine Sonntagsvormittagsfarce, wünschenswert, aber leider nicht, um damit Politik zu machen, um das bürgerliche Leben einzurichten, sie wäre im Kloster für ein paar Heilige vielleicht ganz brauchbar, aber doch nicht für Sie und für mich. Für besonders Erwählte, denen Gott die Gnade gibt, mag es angehen, so zu leben. In Wahrheit aber ist die Bergpredigt die Lebensgrundlage eines von Angst befreiten Daseins. – Zudem: Wenn wir statt ›Sünde‹ ›Verzweiflung‹ sagen, ist auch die Umgangsform mit Menschen eine völlig andere. Eine Frau, die mit 18 ein Kind bekommt und abtreiben muss, die sich dazu gezwungen sieht, schon weil das Kind von einem Mann ist, der nicht bekannt werden darf – ich könnte viele Geschichten dazu erzählen –, ist in Ihren Augen gerade dabei, eine Todsünde zu begehen. Sie mordet. Also brauchen wir das Gesetz der Kirche, und das verfügt die Exkommunikation. Und das Gesetz des Staates verfügte schon mal die Todesstrafe, zumindest das Gefängnis. Wenn wir aber sagen, dieses Mädchen ist eine Verzweifelte, so ist doch klar, dass wir so überhaupt nicht vorgehen können. Keine Mutter wird ihrer Tochter sagen: ›Du gehörst ins Gefängnis.‹ Sondern sie wird sagen: ›Mädchen, was ist denn los?‹ Sie wird versuchen, sie zu begleiten, eine

Lösung zu finden, mit der man leben kann. Es ist möglich, dass Kinder zur Welt kommen möchten im Schoß einer Frau, die darauf nicht vorbereitet ist. Das können wir doch nicht bestimmen. So, wenn wir von Verzweifelten reden.« Mein Bischof damals hat das nicht verstanden. Doch ich hoffe, unsere Leser werden es verstehen. Plötzlich ist alles anders. Alle Gesetze müssten auf die Möglichkeit befragt werden, unter der man sie erfüllen könnte. Und diese Bedingung der Möglichkeit aller Moral wäre »Gnade«.

Übrigens hat das mein großer, verehrter Lehrer Søren Kierkegaard schon gesagt: »Die Pastöre reden sich die Kirchen leer, weil kein einziger von denen weiß, was Angst und Verzweiflung ist.« Das sind Worte, die jeder versteht, wenn man sie erklärt, und plötzlich ist die Botschaft Jesu so einfach mitzuteilen, dass jeder begreift: Anders kann ein Weg aus der Verlorenheit der Menschen gar nicht gefunden werden.

Genauso verhält es sich mit dem Wort »Glauben«. Es wird gemeinhin identisch gesetzt mit der Vorstellung, bestimmte Inhalte nicht wissen zu können, aber doch für wahr halten zu wollen und zu sollen. In diesem Verständnis ist Glauben als Erstes die festgelegte Lehrform einer bestimmten kirchlichen Bezugsgruppe, die festgesetzt hat, was für wahr gelten soll. Man versteht zwar nicht, warum die dogmatischen Behauptungen wahr sein sollen, aber man muss sie nachsprechen, so wie sie vorgesagt werden, um als »Gläubiger« zu gelten. Auf diese Weise entsteht ein Ideologiezwang, bildet sich Traditionalismus, begründet sich autoritäre Observanz in Kirchenlehrformen. Man hat konfessionell und kulturell sogleich konkurrierende Festlegungen vor sich, weil jede Religion sich anders definiert. Man hat notwendigerweise, weil jede dieser Lehrformen mit Gott beglaubigt wird, auch eine unversöhnliche Intoleranz vor sich, denn nur eine Form des so verstandenen »Glaubens« kann ja die wahre sein. Man muss deshalb missionarisch vorgehen, indem man die kulturell geprägte Form der Glaubensinhalte allen anderen aufprägt. Man muss, um das tun zu können, ein Bildungssystem mit viel Geld und Macht errichten, damit schon die Kinder in den Genuss kommen, möglichst bald in diesen Formen geprägt zu werden. Das alles soll Glauben heißen. Es ist das Ende von all dem, was ursprünglich gemeint war. Aber würde man das Wort »Glauben« mit »Vertrauen« übersetzen, wäre es ganz entscheidend: Was Jesus wollte, war kein neuer Glaube. Er wollte, dass im Vertrauen auf Gott sich unser Leben änderte. So einfach ist das!

Ihnen geht es also um das Entschlüsseln der Sprache und der Symbole.

»Gnade«, »Sünde«, »Glaube« – das sind nur drei kleine Beispiele, doch sie machen offenbar, wenn man sie mit »Akzeptation«, »Verzweiflung« und »Vertrauen« übersetzt, was die christliche Botschaft eigentlich beinhaltet. Wenn Sie nach den Symbolen fragen, ist es gleichermaßen vertrackt. Wir haben schon beleuchtet, dass das Lehramt der katholischen Kirche bis heute der Auffassung ist, die Wahrheit des Neuen und des Alten Testamentes könne nur in der historischen Faktizität und in der objektiven Tatsächlichkeit des Geschehens in Raum und Zeit liegen. Wenn aber die Bibel etwas erzählt, was eigentlich in Raum und Zeit so gar nicht vorkommt – zum Beispiel, dass da ein großer Fisch ist, der einen Propheten an Land speit, oder eine Schlange, die noch nicht auf dem Bauch kriecht, aber mit Eva redet; oder es geht jemand übers Wasser –, wie ist das dann zu verstehen? Muss man das so verstehen wie die »BILD-Zeitung«: »Mann geht übers Wasser – morgen steht es in BILD«? Ist das der Glaube, den wir wünschen? Oder ist das die Zerstörung jedes freien Denkens, das Ende jeder vernünftigen Synthese von Glauben und Wissen? Die Antwort auf diese wichtige Frage hängt davon ab, wie viel Freiheit wir haben, Bilder in der Bibel so zu verstehen, wie sie sich als Symbole mitteilen, als Chiffren also. Es ist möglich, dass Schlangen reden, wenn sie als Symbol verstanden werden. In wie viel Träumen fangen Schlagen an zu reden! Die Frage ist: Wie interpretiert man das? Im alten Ägypten etwa ist die Schlange Atum der Ursprung der Welt und das Ende der Welt. Mit ihrem Riesenmaul wird sie das ganze Universum zurücknehmen. Wenn wir denken, diese

Angst vor dem Abgrund bricht auf in einem Menschen, der sich seiner bewusst wird, und schafft Angst, dann wüssten wir, was die Bibel meint, wenn die Schlange im Paradies anfängt mit den Menschen zu reden. Es gibt in dieser Art viele außerordentlich sprechende Bilder. Aber man müsste sie entsprechend interpretieren.

Oder: Was heißt es, über das Wasser hinwegzugehen, wie es von Jesus erzählt wird? Da ist ein Abgrund voller Angst, unser ganzes Leben, aber man kann in Vertrauen darüber hinweggehen; man geht nicht hindurch, man kämpft nicht dagegen an, aber man versinkt auch nicht, man geht einfach Schritt für Schritt weiter. – Symbole dieser Art sind wunderbar, nur muss man sie eben als Symbole interpretieren.

Warum die katholische Kirche das offensichtlich so wenig wünscht, ist der Umstand, dass symbolische Interpretationen Freiheit von Forschung und Deutung zulassen, dass Dichtung einen autochthonen Raum wiedergewinnt, dass Selbsterfahrung eingebracht wird in die Deutung heiliger Texte und dass die Erfahrungen, die sich so vermitteln, nicht mehr von außen festlegbar sind. Viel einfacher scheint der katholischen Kirche ein »objektiver« Glaube an »Tatsachen«. Wie mein Bischof mir zum Beispiel beizubringen suchte: »Da hat Jesus eben 6000 Leute, Frauen und Kinder hinzugerechnet, an einem Abend mit Broten, die er vermehrt hat, gesättigt – so wird es halt in Markus Kapitel 6 und 8 berichtet.« Wenn es sich so verhält, ist einmal vor 2000 Jahren etwas ganz Wunderbares passiert, doch es ist unwiederholbar. Wenn die Geschichte von der wunderbaren Brotvermehrung hingegen symbolisch zu verstehen ist, hört man den Satz Jesu: »Gebt ihr ihnen doch zu essen« ganz anders. Die Jünger sind gerade dabei, die Leute wegzuschicken – »abzuschieben« wäre das passende Wort in Neudeutsch. Abschieben – wie wir sie als »Schüblinge« über die Grenze bringen oder besser an den Grenzen gar nicht erst reinkommen lassen, das wäre das Kunststück. Jetzt sagt Jesus aber: »Gebt ihr ihnen doch zu essen!« Wenn wir das wahr machen, ist es ein wunderbares Symbol; denn wenn wir das versuchten, hätten wir nicht mehr 1,2 Billionen Dollar für Rüstung, sondern wir

94

hätten plötzlich die erwähnten 20 Milliarden zur Auflösung der Slums in den Megastädten Mexiko, São Paulo etc. Plötzlich würde das Brot sich vermehren. Und wir hätten ein Wunder wahr gemacht. Symbolisch wäre diese Geschichte in Markus Kapitel 6 ein Auftrag für uns selber, und der Satz ginge immer weiter: »Gebt ihr ihnen doch zu essen.«

Und das ist entscheidend eine symbolische Deutung. Sie lässt nichts in der Vergangenheit, sondern stellt es mitten in die Gegenwart unserer Erfahrung. Das ist frei, das ist offen, das ist existenziell von Belang. Dass die Kirche genau das fürchtet, zeigt, wo sie selber steht. Deshalb ist jede Symbolinterpretation des Neuen Testamentes, ob man will oder nicht, auch so viel wie ein Sprengsatz in den Mauern ihrer Kathedralen.

Haben Sie sich auch deshalb so intensiv mit den Märchen beschäftigt, die ja viele Berührungsebenen mit der Bibel und deren Menschendarstellung gemeinsam haben?

Das kann man so sehen. Vielleicht sage ich allerdings noch dabei, dass ich im Grunde eine sehr konservative Seele bin. Ich habe mich stets geweigert, die Dinge, an die ich als Kind einmal geglaubt habe, die ich gerne gehört habe, die mir etwas bedeuteten, für Irrtum und für die Abfallhalde reif zu erklären. Dazu zählten viele Märchen. Die habe ich gehört, nacherzählt, auswendig gelernt. Ich habe stets bedauert, dass irgendwann eine Zeit kommen sollte, wo die Märchen aufhören würden wichtig zu sein. Natürlich habe ich mich entwickelt wie die meisten Jungen. Dass Karl May auch nur Märchen erzählte, habe ich nicht so gesehen, als ich ihn gerne las. Dass »Moby Dick« ein Mythos ist, wusste ich nicht, als ich mit 14 Jahren zum ersten Mal danach gegriffen habe. Aber die Texte sagten mir etwas, und das wollte ich nicht verlieren. Deshalb war für mich später die Traumanalyse eine wichtige Erfahrung. Ich lernte an, dass die Sprache der Märchen mit den gleichen Symbolen arbeitet wie die Träume. Mehr noch – das die großen Mythen der Menschheit die gleichen Bilder, sogar denselben Handlungsaufbau verwenden. Also dachte ich, das müsse doch etwas zu bedeuten haben. Es müsse doch möglich sein, eine Interpretationsmethode vorzuschlagen, die Mythen, Märchen, Sagen, Legenden, Träume, symbolische Erzählungen individuell wie kollektiv, religiös wie interkulturell in der Interpretation lebensrelevant darstellen lasse. Dass das ging, war für mich etwas ganz Wunderbares festzustellen. Sigmund Freud hatte immerhin schon versucht, einzelne Märchenmotive zu interpretieren. Sein Schüler Otto Rank war der Erste, der um 1915 schon über Literaturinterpretation als Psychoanalytiker gearbeitet hat. Das galt es zu vertiefen und zu erweitern. Viele Symbole entstammen der Bewusstseinsgeschichte aus den Jahrmillionen der Evolution der Tierreihe, viele von ihnen sind deshalb »archetypisch« im Sinn C. G. Jungs. Die ganze Betrachtung des Menschen ändert sich, wenn man in die symbolbildenden Schichten seiner Seele schaut. Das alles sollte methodisch erarbeitet werden in den zwei Bänden von »TIEFENPSYCHOLOGIE UND EXEGESE«.

Übrigens hielt man es manchmal für einen wirklichen Einwand gegen dieses Konzept, ich ginge mit der Bibel um wie mit Märchen, ich machte aus dem Wort Gottes ein Märchenbuch. Das ist erkennbar nicht wahr. Im Gegenteil. Die Bibel hat unendlich viel mehr und anderes zu sagen als die Erzählform der Märchen – schon der Mythos lotet in ganz andere Tiefen. Die Märchen sind rein profane Erzählungen; sie können psychologisch genial sein, doch sie haben ihre Grenze an genau der Grenze, die alle Psychologie hat: Auf die Grundfragen der menschlichen Existenz weiß sie keine Antwort. Da bedarf es einer Perspektive, die über eine rein immanente Sicht des Lebens hinausgeht. Doch die Bilder, deren sich auch die biblischen Erzählungen bedienen, sind die gleichen oft wie die der Märchen; und niemand sollte glauben, dass er die Sprache Gottes in der Seele der Menschen verstehen könnte, wenn er sich außerstande zeigt, ein Märchen oder einen Traum zu interpretieren. Insofern wollte ich die Märchendeutungen als eine Art Propädeutik der Bibelauslegung einsetzen.

Mit Büchern konnte ich reden

Welches war Ihr erstes Märchen, das Sie interpretiert haben?

Das war das nicht ganz bekannte, aber doch sehr kennenswerte Märchen der Nummer 31 der Grimm'schen Sammlung – »DAS MÄDCHEN OHNE HÄNDE«. Es ist wert, dass wir es an dieser Stelle einmal erzählen, weil auch das Motiv, weswegen mir Märchen wichtig sind, sich daran verdeutlichen lässt.

Wer die Geschichte liest, wird sofort merken, warum sie nicht in den Kinderbuchausgaben steht. Es ist die Erzählung davon, dass ein Mann, der fürchten muss, vom Teufel entführt zu werden, sich nur retten kann, indem er seiner Tochter die Hände abschlägt. Denn er hat dem Teufel seine eigene Tochter versprochen. Dieses Mädchen ohne Hände geht von dem Vater später fort und nimmt sich an einem Abend in dem Garten eines Königs mit dem Mund eine Birne von einem Baum. Aber dieser Diebstahl wird entdeckt. Der König erfährt und es heiratet das Mädchen, weil es so fromm und schön ist. Aber die Botschaften zwischen dem König und der neuen Königin missraten. Die Königin möchte ihrem Gemahl melden, dass sie ein Kind geboren hat, aber der Teufel vertauscht die Botschaft und es kommt rüber, sie habe einen Wechselbalg geboren. Der König sagt, er komme bald zurück. Aber der Teufel vertauscht es dahin, sie solle das

Kind töten und ihm die Augen ausstechen. Daraufhin flieht die Königin mit dem Kind. Doch nach sieben Jahren in einem Haus, an dem geschrieben steht »Hier wohnt ein jeder frei!«, wachsen ihr die Hände neu, und der König, der lange Jahre nach ihr gesucht hat, findet sie wieder, und es geht, wie es in Märchen gehen muss: Es kommt zu einer Art Wiederverheiratung der Geschiedenen.

Die Geschichte war deshalb für mich außerordentlich packend, weil ich glaubte, viele Menschen zu kennen, denen es so gehe. Wenn sie ihre Kindheit erzählten, nähme ihre Biografie genau diesen Inhalt an: »Mein Vater«, müssten sie sagen, »war in meiner Kindheit in großer Not. Er konnte sehr wütend werden, sobald ich Wünsche äußerte. Es ging mit ihm der Deiwel durch. Er war ein guter Mann, er tat das Äußerste, was er mitzubringen vermochte, aber er war immer gestresst, immer unter Spannung. Und das Gefühl war: Jeder Wunsch steht schon, wenn er sich melden würde, unter Verbot. Wenn ich mir herausnehmen würde, mir einen Wunsch zu erfüllen, also Hände behielte, um zuzugreifen, wäre ich ganz böse, etwas ganz und gar zu Verteufelndes.« Man müsste psychoanalytisch in diesem Zusammenhang von oralkaptativen Gehemmtheiten sprechen – oral, weil mit dem Mund nichts zu sagen ist, und kaptativ, weil mit den Händen nichts einzufordern ist. Eine völlige Amputation der gesamten Wunschwelt spiegelt sich mithin in diesem einen Bild des Märchens wider. Damit entsteht natürlich die Frage, wie man davon frei wird. Wie kommt man zu dem Haus, an dem geschrieben steht »Hier wohnt ein jeder frei«?

Es zeigt sich, dass man in einer ganz normalen Beziehung unter Menschen ganz leicht scheitern kann, weil die alte Angst sich wieder meldet. Das Märchen erzählt sogar, dass der König dem Mädchen ohne Hände Silberhände fertigen lässt, er schenkt ihm alles, was es möchte, und trotzdem kommt der Vater wieder, die Teufelsgestalt, und dreht alles um. Wie viele Ehekrisen kenne ich, die genau so verlaufen, und wie schwer ist es, da herauszufinden. Das alles – Kindheit, Erwachsenenleben, langsame Heilung, verdichtet in einem einzigen Märchen von drei Seiten bei den Gebrüdern Grimm – ist natürlich faszinierend. Ein wichtiger Vorteil dieser Geschichten ergibt sich daraus, dass man die Biografie von Personen indirekt aufarbeiten kann. Hält man ein gewöhnliches Traumseminar ab, so ist jeder der Teilnehmer in gewissem Sinne recht schutzlos ausgeliefert. Er muss sehr intime Dinge mitteilen. Er muss gewärtigen, dass das, was er mitteilt, noch viel intimer interpretiert wird und in ganz empfindliche Zusammenhänge gerät, die sehr peinlich ihm selber zu werden vermögen. Kurz: Er hat Schamgefühle. Sein Traum schützt ihn nicht, obwohl auch der nur Symbole enthält und nicht so manifest das Innerste mitteilt, wie es wäre, wenn man jetzt im unmittelbaren Text sich mitteilen müsste. Die Märchen hingegen sind viel schwebender. Märchenseminare erlauben es, jede Assoziation, die mit dem eigenen Erleben zu tun hat, mitzuteilen, aber unter einem gewissen Schutz: Man ist mit dem Text verbunden, aber wenn man will, ist das für die anderen nicht ohne Weiteres erkennbar. Märchen sind offenbarend und schützend. Und diese Funktion haben eigentlich nur Symbole. Man kann in ihnen so reden, dass es ganz personell verbindlich ist und trotzdem die Schamgrenze absolut gewahrt bleibt. Das ist das Kostbare, weswegen Märchen therapeutisch so einen hohen Stellenwert für mich besitzen.

Ich entsinne mich übrigens noch, als im Walter Verlag das Büchlein »DAS MÄDCHEN OHNE HÄNDE« herauskam und ich es signieren sollte. Es war für den Verlag damals vollkommen überraschend, dass mit dem Märchen psychotherapeutisch etwas zu machen wäre. Ich hatte damals fünf Verlage angeschrieben, die eine solche Interpretation von Märchen alle nicht wollten. Beim Walter Verlag aber blieb das Manuskript hängen, weil der Lektor damals sich selber irgendwie in der Geschichte wiederfand. Der erste Vortrag zum dem Buch in Stuttgart war sehr gut besucht. Die Leute standen im Foyer, weil keine Plätze mehr frei waren. Das war sensationell. Dann Büchersignieren. Es bildeten sich Riesenschlangen, denn dieses Märchen war für viele Leute wie eine Offenbarung. Man saß hinterher im Restaurant zusammen und Leute kamen von den Nachbartischen und stellten sich mir vor als »Mädchen ohne Hände«, lauter Frauen, die sagten: »Das haben wir so erlebt.« – Und so ging es eigentlich mit jedem Märchen. Jedes vernünftig interpretierte Märchen bildet so viel Identifikationsflächen, dass Leute sagen werden: »Genau! Aschenputtel, das bin ich. Das Mädchen ohne Hände bin ich! Frau Holle möchte ich wenigstens sein, so bin ich noch nicht ganz, aber so möchte ich werden …«

Auch die kleine Meerjungfrau …

Die kleine Meerjungfrau … Eigentlich tun mir die Leute leid, die bei dieser Geschichte sagen: »Das bin ich.« Dann möchte ich das gerade rücken ins Glücklichere, aber es wird oft gar nicht gehen. Bezeichnenderweise ist »DIE KLEINE MEERJUNGFRAU« ein Kunstmärchen; es ist viel trauriger als die Märchen der Gebrüder Grimm. Aber natürlich, auch diese Geschichte enthält dieses Verlockende. Ich kenne zum Beispiel eine Frau, die gerade von der kleinen Meerjungfrau so verzaubert ist, dass sie die Geschichte in eine fremde europäische Sprache übersetzt hat.

In den Märchen geht es doch immer um das Böse.

Es geht *scheinbar* um das Böse. Immer, wenn die Märchen von Gott oder vom Teufel reden, was sie nicht selten tun, oder von Engeln und Dämonen, von Zauberern und Hexen, meinen sie etwas Psychisches. Das muss man sich gattungsgeschichtlich wirklich klarmachen. Märchen sind profane Erzählungen, die auch religiöse Inhalte als Symbole verstehen. Man täte also ganz falsch, wenn man die Märchen selber religiös lesen würde. Die Übergänge zu religiösen Geschichten wie Legenden und Mythen sind gleichwohl fließend, weil manche Märchen tatsächlich mal Mythen waren, also Teile einer organisierten Religionsform. »FRAU HOLLE« zum Beispiel steht dem Titel nach schon im Erbe einer altgermanischen Göttin auf den Thingplätzen, die einmal Gerechtigkeit setzte, indem sie den Fleiß in den Spinnstuben belohnte. Gleichwohl, wenn wir ein Märchen vor uns haben, ist in dem Sinne nicht mehr die Bedeutung des Mythos darin wahrzunehmen, da das Märchen sich profan auf nichts weiter bezieht als auf seelische Erfahrungen. Das Märchen ist deshalb am besten aufgehoben in psychoanalytischer, psychologischer Interpretation. Man muss beachten, dass der Mythos sich noch auf zwei andere Ebenen der Deutung bezieht. Er interpretiert die Grundeinrichtungen dessen, was wir heute Natur nennen, und deutet sie als ein Geschehen am Himmel; so erzählt er die Geschichte der Sonne, des Mondes, der Sterne, der großen Zyklen der Natur – all das wird gedeutet im Mythos. Und darüber hinaus interpretiert er das Schicksal des Stammes, also auch die Entstehung der eigenen kulturellen Religionsform. Dergleichen müssen die Märchen überhaupt nicht tun. Sie sind mitunter dadurch entstanden, dass die alte Religion starb. Dann erzählte man ihre Geschichten weiter, und sie wurden nach und nach zu Märchen. Man erzählte sie frei, am Herdfeuer, in den Spinnstuben der Bauern, ohne priesterliche Kontrolle. Man muss bedenken, dass in den Tagen der Brüder Grimm noch etwa 90 Prozent der deutschen Bevölkerung auf dem Lande lebten. Die Menschen besaßen auch kein Märchenbuch, sondern allenfalls die Bibel, die sie auch nicht lasen oder kaum lesen konnten, schon gar nicht bei der miserablen Kienspanbeleuchtung nachts. Nur die Stadtbevölkerung, ein winziger Teil der Bevölkerung, konnte die verschriftliche Form der Märchen wirklich würdigen.

Hat Ihre Mutter Ihnen Märchen vorgelesen?

Aber ja!

Welches waren Ihre Lieblingsmärchen?

Ein Märchen, das mich sehr beeindruckt hat, war »DIE ZWEI BRÜDER«, aber diese Geschichte ist schon kein Märchen mehr, sondern fast ein Roman. Es umfasst rund 15 Seiten der Sammlung der Gebrüder Grimm. Es kommt darin alles vor, was in Märchen nur vorkommen kann: die vertauschte Braut, Zwillingsgeschichten, Drachenkampf. Hilfreiche Tiere werden aufgeboten, Hexen tauchen auf, Versteinerungen und Verlebendigungen finden statt, Tod und Leben, Gut und Böse gehen zum Verwechseln ineinander. Selbst die Königstochter weiß am Ende nicht mehr, wer der Rechte ist. Die beiden Zwillinge sind einander so ähnlich, dass die Liebende nicht mehr weiß, mit wem sie zusammen war. Sie erkennt den Richtigen eigentlich nur noch an dem Geschenk, das sie ihm einmal gemacht hat. Es ist fantastisch, wenn Sie anfangen, sich so etwas als eine reale Ehegeschichte vorzustellen. Aber das muss man, um Märchen zu interpretieren. Das musste ich nicht, damals mit vier Jahren, als ich das hörte, aber dass das spannend war, das weiß ich heute noch, wenn ich versuche, es auszulegen.

Hat Ihre Mutter die Märchen vorgelesen oder Ihnen frei erzählt?

Das wechselte. Sie hat sie vorgelesen, aber ich selber habe sie mitunter nacherzählt, und dann konnten wir das austauschen. Damals gab es, woran ich mich sehr gerne erinnere, Dämmerstunden. Um 1945 herrschte natürlich Energiemangel. Elektrisches Licht war eine Seltenheit und außerdem teuer, also wurde der Strom abgeschaltet. Gerade in den Sommertagen, verstärkt durch die Umstellung der Uhrzeit, um Geld und Energie zu sparen, zogen die Abende sich in die Länge. Und das war wunderschön. Man saß zusammen, sang Volkslieder, erzählte Märchen. Vorlesen war bei Kerzenlicht kaum möglich. Manchmal brachte mein Vater als Wettersteiger seine Grubenlampe mit, aber zum Lesen war die wenig geeignet. Dann war das Erzählen dran. Und wintertags – wir hatten einen Kanonenofen, der rot glühend wurde, und das Feuer blakte darin – Geschichten zu hören, das war ideal für meine Fantasietätigkeit.

Sie hatten eine Schwester und einen Bruder. Waren die nicht auch dann fasziniert von den Märchen? Konnten die Ihnen was erzählen? Die waren, glaube ich, älter als Sie?

Ja, die waren älter, für die war die Märchenzeit zu Ende, als sie für mich anfing. Aber dafür lernten sie in der Schule Balladen. Mein Bruder las sie vor, um sie auswendig zu lernen, doch auch ich konnte sie hinterher auswendig. Da war ich fünf oder sechs Jahre alt. Er wollte mich als Kind sicher auch beeindrucken, denn das waren ja furchtbare Dinge, die da passierten, »Der Feuerreiter« zum Beispiel oder »John Maynard«. Solche Balladen konnte ich auswendig, noch ehe ich zur Schule ging. Und ich sah das dann natürlich alles vor mir: Gischt schäumt vor dem Bug wie Flocken von Schnee. Mein Bruder bemühte sich, das möglichst spannend vorzutragen, um in der Schule die Ballade sprachlich anerkennenswert zu präsentieren, und für mich war das ein Erlebnis, das manchmal sogar die Märchen noch übertraf. Auch weil die Dichte der literarischen Bilder mir oft unverständlich war. Ich hatte wirklich rasende Angst vor der roten Zipfelmütze in Mörikes »Feuerreiter«. Mein Bruder hatte gewiss auch manchmal Spaß daran, wenn er mich mit seinem dramatischen Vortrag ängstigen konnte. Das war so ein Wechselspiel: Ich konnte am Ende seine Ballade auswendig, und er hatte seinen Erfolg beim Vortragen. Es ergänzte sich.

Und Sie hatten eine blühende Fantasie.

Die hatte ich wohl. Die habe ich, glaube ich, auch heute noch. Ich kann mir meist bildhaft vorstellen, wenn Leute etwas erzählen oder wenn ich einen Roman lese – da ist eigentlich kein Unterschied. Wenn ich Leuten zuhöre, versuche ich, es mir vorzustellen. Übrigens ist das eines der wichtigsten Dinge bei dem, was man Psychoanalyse nennt: Man muss sich vorstellen, was jemand sagt, wenn er etwas sagt. Er sagt einfach nur: »Meine Eltern, da war ich drei Jahre alt, sind von Freiburg nach Offenburg gezogen.« Das sagt er zwar, aber was das bedeutet, das sagt er nicht. Das weiß er oft auch gar nicht. Man kann es aber herauskriegen. In Freiburg war die Welt für ihn noch ganz in Ordnung. Da hatte der Vater einen Arbeitsplatz, da haben sich die Eltern kennengelernt. Jetzt aber plötzlich wird die Welt zu klein, weil zwei Kinder da sind und Wohnraumnot aufkommt. Also muss der Junge, der den Umzug miterlebt hat, eine ganze Weile lang mitbekommen haben, dass er den Eltern lästig wird. Das war für ihn vielleicht wie die Vertreibung aus dem Paradies. Er kommt jetzt mit anderen Kindern zusammen, die er überhaupt nicht kennt. Er muss mit einem Mal darum betteln, dass er anerkannt wird. Die neuen Verhältnisse sind auch wirtschaftlich alles andere als einfach. Wünsche, die bis dahin erfüllbar waren, werden auf ein Notprogramm zurückgesetzt. Ob das alles so war, wissen wir nicht, aber wir werden es herausbekommen. Wir müssen uns nur in diese Vorstellungen hineinbewegen und dann prüfen: Wie war es wirklich? Der andere macht sich womöglich nicht einmal eine Vorstellung davon. Aber hört man die kleine Mitteilung »Umzug, als ich drei Jahre alt war«, wäre sie in einem Roman geäußert, was sagte sie dann? Dann kommt man in riesige Räume hinein. Freilich, man braucht Fantasie dazu, fast so viel wie ein guter Kriminalbeamter: Er muss sich vorstellen können, was passiert ist. Und dann muss er Indizien sammeln, Wahrscheinlichkeiten konstruieren, an der Wirklichkeit überprüfen und sich langsam an den wahren Sachverhalt heranarbeiten.

»Man kommt in riesige Räume hinein.« Bücher waren für Sie riesige Räume?

Ja, Bücher standen mir seit jeher sehr, sehr nahe, das ist wahr. Was mit der gerade erwähnten Situation zu tun hat: Meine Geschwister waren ein ganzes Stück älter als ich, und um mit denen zu reden, musste ich mich beeilen. Also wenn ich mit denen spielen wollte, musste ich Schach spielen lernen oder Skat spielen, aber Skat geht ja nur, wenn Sie mindestens die Multiplikation beherrschen. Schach spielen geht schneller. Andere Dinge, Halma, Mühle, auch das konnte ich lernen. Aber richtig zu reden, war nicht so einfach. Meine Geschwister hatten andere Probleme, wenn sie auch so nett waren, bei mir zu bleiben; aber Bücher waren etwas Bedeutendes. Mit Büchern konnte ich wirklich reden. Das ist bis heute so geblieben. Ich kann eigentlich Bücher nur lesen mit einer bestimmten Frage, die mir wichtig ist. Aber dann *muss* ich dieses Buch lesen. Ich kann von dem Autor, der dieses Buch geschrieben hat, meist auch vermuten, er werde noch vieles andere geschrieben haben, das ich jetzt lesen müsse. Es ist nie nur ein Autor mit *einem* Werk, sondern da wird alles gegenwärtig, was er geschrieben hat, und das möchte ich verstehen, bis in die Sprache hinein: Wie redet er, wann sagt er »also«? Für mich ist sein Satz mit »also« unter Umständen gar keine Folgerung, aber er sagt »also«. Warum? Oder er sagt »auch«; so würde ich es nicht geschrieben haben. Aber warum ist das für ihn ein »auch«? Oder ein »aber« steht plötzlich da. Wieso »aber«? Der Wortrhythmus ist natürlich ebenfalls sehr sprechend. Jedes Buch hat eine bestimmte Satzmelodie, so wie eine Sinfonie eine bestimmte Melodie vom ersten Themenstück an hat. Die ersten drei Takte geben schon vor, wie es weitergehen wird. Bei Büchern ist das nicht anders. Man muss das aber hören. All das hat mich sehr fasziniert. Es war eine enorme Erweiterung, als ich zu lesen gelernt hatte. Hinzu kommt, dass Bergkamen, der Ort, in dem ich groß geworden bin, ein Bergarbeiterdorf war, 6000 Leute, fast alles Bergarbeiter, denen geistige Bildung vielleicht als etwas Beneidenswertes erschien, ganz bestimmt nicht als etwas Überflüssiges, das ihnen aber kaum zugänglich war. Man hatte in ihnen eben Leute vor sich, die damals noch bis zu zehn Stunden unter Tage waren, die unter den Nazis für die Produktion Panzerschichten fuhren. Die kamen fix und fertig nach Hause, viel mehr war da nicht als Pfeifchen zu rauchen, Nachrichten zu hören, die Zeitung durchzublättern, zu Abend zu essen und sich ins Bett zu legen. So ging das. Mit anderen Worten: Für mich als Kind war es ganz schwer, Gesprächspartner zu finden. Ich konnte Fußball spielen mit meinen Freunden, Indianer spielen, das ging alles, aber was ich wissen wollte, war mit denen nicht zu erörtern. Das ging vielleicht mit dem Lehrer in der Schule, doch dem wollte ich nicht immer auf der Uhr liegen. So gewöhnte ich mich ganz bald an Bücher. Das war auch ein Weg, mit meinem Lehrer zu sprechen. In der Oberstufe galt es, alle paar Wochen sechs Stunden einen Aufsatz zu schreiben. Das war für mich ein Festtag. Endlich konnte ich mal »reden«. So wird man Schriftsteller, glaube ich.

Wenn man Ihre Bücher liest, stößt man auf Dostojewski, »Die Brüder Karamasow«, Maxim Gorki, Jean-Paul Sartre und viel Melville, also alle Großen der Weltliteratur. Was bedeutet für Sie vor allem die große russische Literatur, auf die Sie immer wieder zurückgreifen?

Die russische Literatur ist mir sehr wichtig, weil vielleicht nur noch bei den Franzosen eine ähnlich tiefe Psychologie anzutreffen ist. Aber die französische Psychologie ist den höfischen, zeremoniellen Umgangsformen des Absolutismus und sogar der Philosophie Descartes' entlehnt. Molière – das ist eine Psychologie, wie sie am Hofe gepflegt wurde, um Menschen zu durchschauen und als Marionetten führen zu können, dann sank sie herab zum Volksgebrauch. Victor Hugo ist schon eher ein Autor, der an das heranreicht, was Sie in der russischen Literatur finden. Man dreht einfach die Betrachtung um, nicht aus der Sicht der Barone, sondern der Bettler, und plötzlich offenbart sich die Seele eines Menschen in einer solchen Klarheit, wie man es kaum vermuten kann. Dostojewski ist diesbezüglich für mich der Schlüssel. Es ist keine Übertreibung, wenn ich sage, Dostojewski hat für mich eine lebensrettende Bedeutung gehabt. Als es mir zwischen Theologie und Psycholanalyse wie Feuer und Wasser zu stehen schien und ich überhaupt nicht wusste, was ich machen sollte, war Dostojewski der Einzige, der mir zeigte, wie man als Dichter Religion und das, was wir heute Psychoanalyse nennen, als Einheit, als Erlebnisdichte formulieren kann. Dass es überhaupt nur so sein kann, wenn man Menschen wirklich verstehen will, dass man begreifen muss, wie ihre Gefühle sind, woran sie leiden, wie sie geformt wurden, im Schatten welcher Zeitumstände sie stehen, aber auch, woran sie wirklich glauben, wie sie denken, welche Philosophien sie für sich und zur Deutung ihres Lebens in Anspruch nehmen – das lernte ich bei diesem russischen Dichter. Dostojewski ist mir vorgekommen wie ein Meteorologe, der am Ufer des Meeres steht und begreift, dass die

Sonne mit ihrer Riesenenergie die Wolken am Firmament zusammenbraut, bis Tornados oder Hurrikans daraus entstehen, dass sie mit enormer Energie sich selber verhüllt und die Wolken oder Gewitter niederbrechen lässt, aus denen gewaltige Flüsse auf dem Festland entstehen, die wieder zurückströmen zum Meer. So sah und schilderte er die menschliche Seele, und darin bietet er mehr als je für sich die Psychologie und die Theologie. Die Psychoanalyse kümmert sich, bildlich gesprochen, in aller Regel um die aufsteigenden Wassermassen, um das, was unterirdisch passiert, um die Triebe, um die Dynamismen des Unbewussten. Sie vergisst dabei leicht, dass es eine obere Welt gibt, aus der die Ströme überhaupt erst kommen. Dostojewski sieht die Welt immer in Ringprozessen. Wie Iwan Karamasow fühlt, so denkt er. Und er fühlt so, weil er so denkt. Er begegnet dem Teufel, weil seine Gedanken nicht stimmen. Er wird fast zum Verbrecher, der er nicht wäre durch seine Triebpsychologie, wohl aber durch seine Gedanken. Das ist ein Motiv, das in der westlichen Literatur so nie für möglich gehalten wurde. Dostojewski ist im 19. Jahrhundert das, was wir im 20. Jahrhundert einen Psychoanalytiker oder einen Existenzphilosophen nennen. Aber er ist beides in einem. Und er ist es als ein gläubiger Mensch, der sich erlaubt, Dichter zu sein. – Ich habe das vor einer Weile in St. Petersburg gesehen: Dostojewski hat in St. Petersburg seine Wohnung, stets mit dem Blick zu irgendeiner Kirche ausgewählt. Das wusste ich so nicht, obwohl ich doch dachte, diesen meinen Freund in- und auswendig zu kennen. Nun aber: Das kleine Dostojewski-Museum liegt gleich gegenüber der Wladimir-Kirche, eine der wenigen Kirchen, die auch unter den Sowjets die ganze Zeit besucht wurden. Also ging ich als Erstes, weil das Dostojewski-Museum noch geschlossen hatte, in die Wladimir-Kirche. Und da steht jemand, hager, ausgemergelt, der sich immer wieder zu Boden wirft und die Erde küsst. Ich bin mir sicher, unter Millionen Menschen in St. Petersburg wäre Dostojewski diesem Menschen begegnet, und er hätte bestimmt eine Hauptrolle in seinen Romanen gespielt. Was geht in einem solchen Menschen vor sich? Plötzlich sind die Popen nicht mehr wichtig. Aber wie begegnet ein Mensch mit solchen Schuldgefühlen Gott? Wie verloren kann man mitten in der Kirche sein? Das sind plötzlich die Themen. Es gibt in dieser Betrachtung keine Trennwände mehr, keine Decken, Raum und Zeit lösen sich auf. – So machen Russen das. – Gogol schildert in allen Einzelheiten, wie Leute wahnsinnig werden, wie ihre Nase abhandenkommt und in der Stadt spazieren geht – »Kastrationskomplex« würde Freud dazu sagen. Dostojewski schildert in »Der Doppelgänger«, wie ein beamteter Subalterner an dem Zustand seiner permanenten Minderwertigkeitsgefühle wahnsinnig wird. Alles, was man später entdeckt, Jahrzehnte danach in der Philosophie, in der Psychiatrie, in der Psychoanalyse, steht bereits bei den russischen Autoren, und es steht hier doch ungleich gültiger, weil gütiger.

Haben Sie eine Erklärung dafür? Was macht das Genie Dostojewski aus?

Es sind Russen, die auf eine Art erzählen, die wir im Westen so nie kennengelernt haben. Es gibt keinen Vergleich dafür. Warum sie so tun? Die Dostojewski'sche Antwort ist: weil sie Christus kennengelernt haben durch die Jahrhunderte des Leids. Er schreibt einmal: »Man wirft Russland vor, dass die Popen das Volk ungelehrt lassen und in Aberglauben ertränken. Die Russen aber haben Christus durch Jahrhunderte von Leid kennengelernt. Das ist ihre Schule.« Davon spricht jeder russische Roman, jeder, wenn er sich nicht unter dem Stalinismus dem Zeitgeist anpassen musste. Sie können ganze Passagen aus Dostojewskis Romanen benützen, um die Bibel zu interpretieren. Das ist so geblieben. In Pasternaks »Doktor Schiwago« etwa findet sich eine glänzende Interpretation zu dem, wovon wir eben sprachen, dass Jesus nur Einzelne sieht, keine Staaten mehr, keine Nationen, nur Einzelne. Für Pasternak wurde das zur Ursache seiner Verfolgung. Auch für seine Geliebte, für Olga Ivinskaja, die man in die Lubjanka einsperrte. Dabei ist Pasternak im kirchlichen Sinne kein Christ gewesen, eher war er ein Pantheist, ein Schelling-Schüler, ein »deutscher Idealist«. Aber er schrieb als Russe Dinge, die unglaublich sind, über Menschlichkeit, über Liebe, über Freiheit, mit dem Finale, er habe nicht verstanden, wie man die Wirtschaft ordnet, wie man die Politik ordnet, aber die Faszination der Schönheit und der Liebe in der Seele auch nur von zwei Menschen habe er verstanden.

Würde es Sie manchmal reizen, auch in dieser literarischen Form zu schreiben? Ich glaube, Sie haben ja mal versucht, einen Roman über Giordano Bruno zu schreiben.

Giordano Bruno war für mich eine kleine Entdeckung. Der Kösel-Verlag hatte Ende der 1980er gebeten, ich sollte über Bruno schreiben, weil man dachte, ich philosophiere genügend über die Natur und ich kenne die Philosophiegeschichte hinreichend. Ich aber dachte: »Es hat keinen Sinn, das sollen die Italiener selber machen. Ich bin kein Mediävist. Ich kann kein Italienisch in der Sprache des 16. Jahrhunderts, was ich müsste, um Bruno im Original zu lesen. Ich bin in dem Sinne auch kein Philosophiegeschichtler. Kurz: Es ist das falsche Thema für den falschen Mann.« Dann aber wachte ich irgendwann nachts auf und hatte die Idee: »Ich kann doch selbst das mal als Roman schreiben.« Dann ging das. Im Kösel-Verlag waren sie ganz begeistert. Und so entstand der Roman »GIORDANO BRUNO ODER DER SPIEGEL DES UNENDLICHEN«, in dem ich zwischen Weihnachten und Neujahr des Jahres 1600 Bruno noch mal sein Leben Revue passieren lasse, indem er vor allem seine Gedanken im Konflikt mit der Inquisition vorträgt. Seine Hinrichtung war ein Justizmord, für den die Kirche sich bis heute nie entschuldigt hat, ganz im Gegenteil. Sie hat noch kürzlich, im Jahr 2000, verlauten lassen, dass Bruno kein Christ war und dass man sich für seine Verbrennung deshalb eigentlich wohl auch nicht entschuldigen müsse. Man hat ihn gewissermaßen zu Recht verurteilt, eben weil er kein Christ war. Er war eben nur ein abgefallener und entlaufener Mönch, aber kein Christ. Er hat vermeintlich alles verlassen und verraten. Als Wissenschaftler hat er allenfalls zweifelhafte Ideen geäußert. Bei Galilei muss man sich entschuldigen, das ist Wissenschaft, aber Bruno hat zu Mathematik und Philosophie, zur Renaissancephilosophie anscheinend nicht bedeutsam beigetragen. Leo XIII. hat sogar gesagt, Bruno habe nichts weiter getan, als sich durch persönlichen Ehrgeiz in verlogener Weise wichtigzumachen. Das sagte der Papst, als Freimaurer auf dem römischen Campo dei Fiori das Bruno-Denkmal in den 80er-Jahren des 19. Jahrhunderts aufstellen ließen. – Die Posse hat noch eine Fortsetzung: Als im Jahr 2000 Seine Heiligkeit ein Anno sancto einläutete, mit Ablassvergünstigungen für alle, die zum Vatikan pilgern und den Segen des Heiligen Vaters empfangen, war es das Anliegen des Vatikans, den Augen der Welt nicht zuzumuten, dass da das Denkmal eines Ketzers steht, mit Blick auf die Veranda, auf welcher damals die Kardinäle standen, die ihn in den Tod schickten. Da zur Vorbereitung des Heiligen Jahres eine Reihe von Umbaumaßnahmen, von Renovationstätigkeiten zu beauftragen war, gedachte man auch die Erneuerung des Campo dei Fiori geschickt dafür zu nutzen, dass man vorübergehend das Denkmal entfernte. Es störte vielleicht nicht nur die Renovationsarbeiten. »Wie wäre es, wir würden das Denkmal für diese Zeit, vielleicht auch für alle Zeit entfernen?« Das war allen Ernstes das Ersuchen des Vatikans an die Stadt Rom. Im Jahr 2000! Also, das Sujet ist nicht verkehrt gewählt: Giordano Bruno!

Das Buch zeigt freilich auch, dass ich mir einen wirklichen Roman nicht zutraue. Wenn Sie die Art der Darstellung nehmen, so ist sie die allereinfachste. Dostojewskis erster Roman »Arme Leute« ist ungefähr so gewesen – es ist ein Briefroman zwischen zwei unglücklich Verliebten. Das ist die einfachste Form, sie ist ganz subjektiv. Damit können Sie sich erlauben, einen Menschen zu schildern aus seiner Art, die Dinge zu sehen, und dann aus seiner Perspektive auch die Brechungen eintragen, die von der Außenwelt verursacht werden. Ein Roman ist etwas völlig anderes. Da müssen Sie ganz verschiedene Handlungsstränge zusammenfügen, eine eigene Dramaturgie entwerfen, Sie müssen Spannungsbögen setzen. Das alles habe ich so nicht gelernt oder fast verlernt in über 40 Jahren theologischer

Schreiberei. Bibelinterpretation ist nun doch etwas anderes, als einen Roman zu schreiben. Ich weiß nicht, ob das noch ginge. Manchmal hätte ich Lust dazu, ich wüsste sogar schon einen Anfang. Es begänne damit, dass ein Mann, der gerade seinen 45. Geburtstag feiert, zu einem Vortrag fährt und sich im Zug umsetzt. Bis dahin fuhr er stets in Fahrtrichtung. Die Welt flog ihm entgegen. Er musste nur die Arme öffnen, um wie ein Netz alle Eindrücke zu sammeln. Er hatte ein reiches Leben, zukunftsorientiert, getragen von der Dynamik derselben Bewegung und Perspektive. Aber nun setzt er sich um. Er erlebt, wie die Welt vor ihm entflieht. Alles entgleitet seinen Augen. Auch wenn er zu einem Fluss ging, war es so: Wenn er auf einer Brückenseite stand, floss der Strom ihm entgegen, und er genoss es, das Spiel der Wellen zu erblicken; jetzt geht er auf die andere Brückenseite und erlebt, dass der Strom sich von ihm entfernt. Es ist nicht, dass er das Nachsehen hätte. Er möchte eigentlich nur verstehen, wie die Welt entgleitet, die er noch sieht. Er findet diese Sicht beruhigender. Die umgekehrte Sicht wird ihm zu aufregend, ungemütlich. Er wird auch geständig dessen, dass seine Kraft, die Welt aufzufangen, nachlässt. Das Netz wird löchrig. – So etwas wäre doch ein guter Anfang, vor allen Dingen, wenn ich schildern muss, was ihn erwartet, wenn er aus dem Zug steigt. Das könnte ich wirklich auch sofort …

Sind die zentralen Quellen für Ihr Leben, für Ihre Existenz, Literatur und Evangelien, die Heilige Schrift?

Inklusive zentral menschlicher Erfahrungen. Das tauscht sich aus. Ich höre Menschen zu, wie wenn mir ein Roman erzählt würde. Ich muss so zuhören, um eine Vorstellung davon zu gewinnen, was die meisten Menschen sagen, sehr verkürzt, für sie selber vielleicht zusammenhängend und klar, aber nicht für den, der ihnen zuhört. Ich muss es also für mich rekonstruieren, ergänzen, mit meiner eigenen Vorstellung verbinden, die eigene Erfahrung damit verknüpfen, bis es einfühlbar wird. Kurz: Ein gutes Gespräch reorganisiert sich ähnlich, wie wenn ein Roman geschrieben würde. Und umgekehrt: Bei Romanen oder Bibeltexten stelle ich mir vor, mit welchen Menschen, die mir vertraut sind, das Geschilderte zu tun haben könnte. Bei der Bibel ist das ohnehin unerlässlich, um die Gestalten aus der Patriarchenzeit oder aus dem Jüngerkreis in die Gegenwart zu stellen, um also die lebendige Bearbeitung und Lösung von Konflikten wiederzufinden, die sich auf das gegenwärtige Geschehen anwenden lassen. Beides ist daher austauschbar: Lesen und Leben, Hören und Gestalten, Literatur und Therapie.

Die Bibel ist zweifellos ein hohes Gut der Literaturgeschichte, auch wenn sie, anders als Literatur sonst, eine wirkliche Botschaft ausrichten möchte. Die Evangelien sind Glaubensmitteilungen. Manche sagen despektierlich auch, sie seien Propaganda. Ganz verkehrt ist der Ausdruck sogar nicht, wenn man ihn aus dem Lateinischen nimmt: Da soll etwas propagiert – verbreitet – werden. Das aber ist nicht das Anliegen von Literatur. Literatur darf nicht zur »Propaganda« werden. Umso rühmenswerter ist es, dass die Bibel auch mit Erzählgattungen arbeitet, die als Erstes Erfahrungen verdichten und poetisch Erfahrungen konzentrieren möchten. So entstehen Literaturformen wie die Märchen, Mythen, Legenden, Gleichniserzählungen. Sie alle kommen in der Bibel in reicher Zahl vor. Am wenigsten interessant sind für den heutigen Leser gewiss die tatsächlich in geschichtlicher Absicht geschriebenen Bücher. Ich glaube nicht, dass unter 1000 Leuten hier in Paderborn auch nur zwei wären, die wenigstens schon mal gehört hätten, dass es in der Bibel zwei Bücher der Chronik gibt. Ich glaube, auf 10 000 einer, das wäre eine hohe Schätzung sogar. Mit anderen Worten: Gerade die Elemente in der Bibel, die dichtungsnah sind, haben die größte Wahrscheinlichkeit, erfahrungsrelevant für heute zu sein. Und die sind nun nicht »Propaganda«. Man kann Mythen, Sagen, Legenden gewiss auch in einer bestimmten Überzeugungsabsicht erzählen: Legenden sollen erbauen, Sagen sollen hohe Ideale vorstellen von Mut und Tapferkeit, aber sie besitzen erst einmal eine menschliche Gültigkeit in sich. Mythen möchten ja überzeugen durch die Evidenz des Geschehens, durch den Symbolismus, den sie verwenden. Da ist eine hohe Verwandtschaft zur Traumerzählung gegeben. Eben das ist in der Bibel im Grunde das am meisten Erstaunliche und Lohnende.

Vor allem dies scheint mir wichtig: Jeder hat schon einmal gehört, dass Jesus Gleichnisse erzählt hat, aber man wird selten dabei gesagt haben, dass sich die Erzählform, die Vortragsweise Jesu, ganz offenbar absichtlich unterscheidet von der Art, wie Schriftgelehrte an die Bibel herangehen. Die suchen nach der Verfeinerung der Gesetzesinterpretationen, die machen das Netz der Regularien für das Alltagsleben immer noch enger. Im kirchlichen Gebrauch etwa wird man die Bibel als Steinbruch nutzen, um ein Kolossalgebäude der Dogmatik zu errichten. All das will Jesus definitiv nicht, sondern er erzählt Gleichnisse, die wie Fenster sind zur Ewigkeit, die das Leben auf Gott hin durchsichtig machen sollen. Es sind mitunter Selbstverständlichkeiten, die er als Argumentationshilfe nutzt: Jeder Hirt wird dem hundertsten Schaf nachgehen, wenn es sich verlaufen hat, so erzählt er im 15. Kapitel des Lukasevangeliums. Jede Frau wird nach einer verlorenen Drachme suchen. Sie wird das ganze Haus – eine kleine Kammer – auf den Kopf stellen, bis sie die Drachme findet. Alltagserzählungen sind das. Das Entscheidende aber ist: Es handelt sich um Dichtung!

Der Gegensatz ist klar. Lässt man die Theologen an die Bibel, wird daraus ein wirkliches Propaganda- und Kriegsbuch. Da existiert eine fertige Lehre, die soll begründet werden mit den biblischen Texten, und nun zieht man ins Feld, um die Muslime zu widerlegen oder die Juden oder die Hindus. Dieses Buch ist die Offenbarung Gottes, und jenes, der Koran, die Veden, ist es eben nicht. Man nutzt dementsprechend die Botschaft Gottes zur Grenzziehung, zur Abschnürung, zur Ideologisierung der eigenen Klientel. Mit den Geschichten Jesu kann man das alles nicht machen, und das wollte er definitiv auch nicht. Jesus mochte von Gott so reden, dass es jeden erreicht, und man kann sogar sagen: unabhängig von der Kultur, der Sprache, der jeweiligen regionalen Bezugsgruppe. Er pflegte eine Sprache, die heute noch jeder auf Erden verstehen kann. So sollte in seinem Sinne von Gott gesprochen werden: dass es verbindet, statt trennt, dass es den

Himmel offen macht und eine Erde ohne Grenzen zurücklässt, frei also, offen, für jeden zugänglich, einladend. Die zentrale Mission Jesu, wie man Menschen zusammenführt, lässt sich nur in dieser dichterischen Sprachform adäquat mitteilen. Und so sollte man die ganze Bibel lesen, trotz allem, was da auch drinsteht, etwa im 20. Kapitel Deuteronomium: eine Anweisung zum Heiligen Krieg. Oder im 5. Buch Moses, Kapitel 7: der Ausrottungsbefehl zum Genozid der kanaanäischen Bevölkerung. Unsymbolisch gelesen ist das alles unerträglich. Nehmen Sie 4. Moses, Kapitel 31, die Vernichtung der Midianiter als Volk und die weitere Verwendung ihrer unberührten Mädchen – es ist obszön, sadistisch und widerlich, und es wiederholt sich noch einmal im Buch der Richter, Kapitel 21. Wenn sich solche Geschichten noch verbinden mit der Ideologie des »Gott hat uns das Land gegeben«, ist ein permanenter Kriegszustand bis in die Gegenwart hinein die Folge. Wer die Bibel *nicht* symbolisch liest, ertrinkt im Blut und Wahnsinn.

Die absurden Zwänge
der Exegese

Aber ist das eines Ihrer Anliegen, wenn Sie zum Beispiel jetzt versuchen, das Lukasevangelium anders zu interpretieren, anders den Menschen nahezubringen als in den vielen Kommentaren, die es ja schon gibt?

Ja. In der kirchlich abhängigen Exegese herrschen absurde Zwänge. Es ist nach wie vor nicht zu sagen, dass die Geburt Jesu aus der Jungfrau Maria in Anlehnung an die altorientalische Königsideologie ein mythisches Bild ist, das Jesus als nicht verständlich aus dem Zusammenhang der menschlichen Geschichte, sondern nur von Gott her darstellen möchte. Was hier gesagt wird, ist eine tiefe, existenzielle Aussage über das Wirken und die Person Jesu. Aber es ist keine biologische oder physische oder metaphysische Erklärung des Zustandekommens Jesu. Das ist einzig das Problem der Dogmatiker: Wie konnte Maria als Jungfrau ein Kind gebären? Schon eine solche Frage ist eine vollkommen sachfremde Betrachtung des Textes, die allerdings ideologisch, dogmatisch vorgegeben ist und nun vernünftige Leute nötigt zu erklären, dass hier ein Geheimnis vorliege, das aus der Familientradition Jesu sehr intim und deshalb auch sehr spät überhaupt erst bekannt geworden sei. Dagegen kann man nicht mehr ankommen. Und mit vielen anderen Stellen der Bibel verhält es sich ganz genauso.

Manches am Ende des 1. Jahrhunderts n. Chr. bewegt sich zudem im Gespräch mit dem Hellenismus, mit der Geistigkeit der antiken Kulturen, der Mysterienreligionen, in eine Richtung, die sich vom Judentum selber schon weit entfernt hat und sich in einem ganz anderen Kulturraum verständlich machen möchte. Da kommen nun Kategorien hinein, die aus der griechischen Philosophie stammen, die aber dem Juden Jesus völlig fremd waren. Und im Endergebnis, im Verlauf der nächsten 200 Jahre, führen sie zunehmend zur Dogmenbildung. Auf dem Konzil von Nicäa im Jahre 325 wird das Christentum als Reichsideologie dogmatisch festgelegt. Wenig später ist das Christentum schon Staatsreligion. Dafür braucht man eine Sprache, die für jeden verbindlich ist. Mit Glauben hat das nichts mehr zu tun. Es ist eine Homogenisierung durch einen Kontrollapparat, der alle anderen Denkweisen ausschaltet. Auch die Verfolgungen, die Unterdrückungen der christlichen Abweichler setzt jetzt sofort ein. Eine gigantische Bücherverbrennung hebt an, die Ausrottung der sogenannten heidnischen Religion. Das Christentum wurde auf eine Weise intolerant wie keine vergleichbare andere Religion. So etwas lässt sich aus der Bibel offensichtlich machen, wenn man sie in bestimmter Absicht liest. Mein Interesse ist demgegenüber, die Texte zurückzuführen auf die Botschaft Jesu selber, so weit uns diese noch rekonstruierbar ist, und sie zu verbinden mit menschlichen Erfahrungen.

Nehmen wir ein kleines Beispiel: Man kann die Heilungswunder Jesu auf zweifache Art lesen. Die eine ist historisch-kritisch und erklärt Jesus für jemanden, der an den Teufel geglaubt hat, der sich an magischer Beeinflussung orientiert hat, der in einer Form des wüsten Aberglaubens überraschende Wirkungen gezeitigt hat. Das alles ist natürlich heute nicht mehr wünschenswert. Andere kommen und erklären die Wunder Jesu für den Beweis seiner Göttlichkeit. Er konnte eben Dinge, die Sie und ich niemals zustande bringen. In beiden Fällen hat man im Grunde mit Jesus nichts zu tun. In dem letzteren Fall gehört er dem Himmel an und im ersteren Falle der Vergangenheit. Wir brauchen von all dem, was er tat, im Grunde gar nichts zu tun.

Mir liegt indessen daran, den Symbolismus der Heilungserzählung, die Psychosomatik der Texte, die in den Erzählungen anklingt, deutlich zu machen und die Texte als eine Handlungsvorlage dafür zu verstehen, wie man mit menschlichem Leid umgeht. Dann ist das, was als Volksglaube, als unaufgeklärt, betrachtet werden mag, in Wirklichkeit ein tiefes Wissen des Volkes um Leid und Heilung, das zu allen Zeiten gilt. Psychosomatik musste ja nicht erst um 1950 erfunden werden. Die Leute wussten allemal schon, dass »Läuse über die Leber kriechen« können, dass einem die »Spucke wegbleiben kann«, dass »Heldenblut braun ist«. Sie wussten eine ganze Menge über Zusammenhänge, in denen die Seele in den Körper wirkt. Solches Wissen nutzte ein Heiler vor 2000 Jahren, indem er gegen Angst Vertrauen setzte. Das ist ein äußerst wichtiges Thema. Dass wir heute Möglichkeiten haben, das im Rahmen unserer Kenntnis vom Menschen genauer zu betrachten, und es detaillierter und begründeter vorzutragen vermögen, macht die Sache ja nur spannender. So möchte ich die Wissenschaft benützen, um die Bibel besser zu verstehen, statt sie abzuwerten. Das ist zweifellos ein Teil der Aufklärung. Wir können nicht mit reinem Supranaturalismus und Dogmatismus die Bibel so verstehen, dass sie hilfreich würde.

Brüskieren Sie damit die »traditionellen« Exegeten?

Die traditionellen Exegeten weigern sich schlicht, darauf einzugehen. In neueren Kommentaren findet man schon, dass da psychosomatische Erfahrungen vorliegen könnten. Aber sie gehen der Frage nicht nach, sie sind dafür unzuständig. Es ist halt nicht ihr Metier. So ist insgesamt die Theologie. Sie ist wie im elfenbeinernen Turm abgeschottet, sie redet im Grunde nur noch mit sich selber.

Berührungsängste vor dem Neuen?

Absolut. Es ist ein einziges Rückzugsgebiet. Man hat eine Burg besetzt, die man für unangreifbar hält, und gibt das offene Land gewissermaßen vollkommen frei. Man beschäftigt sich nur noch mit sich selber, lebt nur noch in den Kemenaten der eigenen Machterhaltung. Ab und an gibt es noch gewisse Ausfallversuche ins Land hinein. Man hofft, von oben nach unten sich repräsentieren zu können. In der Einleitung zu den »KLERIKERN« habe ich mal geschrieben: »Es steht die ganze Kaste in der Kirche heute so ähnlich da wie die verwaisten Ritterburgen oben auf den Hügeln entlang des Rheins. Sie sind noch nützlich, um dort eine Hochzeit auszurichten und auch im Schauinsland den Ausblick zu genießen. Ansonsten aber sind sie Erinnerungen an eine Vergangenheit, die niemand mehr aufgeführt sehen will.«

Kränkt Sie diese fehlende Auseinandersetzung, dieses fehlende Wahrgenommenwerden von den Exegeten, von der Universitätstheologie?

Das würde mich kränken, wenn ich es nicht hätte kommen sehen. Wenn Sie fragen, wie das vor 20 Jahren war, als die Auseinandersetzungen mit der Kirche erkennbar auf einen Bruch hinausliefen, da war es mein Hauptproblem, dass meine Freunde sich einredeten und mir zeigen wollten, dass das ja nur in einem offenen Gespräch positiv weitergehen könnte. Wir würden etwas verändern. Die Positionen waren eigentlich ja sonnenklar. Dass man die Bibel besser so liest als so, ist nun wirklich schnell zu zeigen, ganz wie wir jetzt darüber reden. Es ist mir tatsächlich bis heute nicht klar, was man vernünftigerweise dagegen haben könnte. Aber dass es nicht so kommen würde, musste ich mir selber eingestehen. Ich habe auch damals gesagt: »Was wir hier führen, ist ein Indianerkrieg. Es geht nicht mehr darum, etwas zu verändern oder Land zu retten oder den Rückzug ins Reservat zu vermeiden. Wir können lediglich zeigen, wofür wir geradestehen und dass es eine eigene Würde gibt. Auch ›Indianer‹ sind Menschen – das können wir zeigen. Viel mehr nicht.« Ansonsten ist *jedes* System – es ist kein spezieller Vorwurf gegen die römische Kirche – darauf ausgelegt, bestimmte Regeln der Zugehörigkeit und des Ausschlusses festzulegen. Ein System ist wie ein lebender Organismus. Wenn er etwas als nicht zugehörig empfindet, wird er das Immunsystem darauf loslassen und nicht eher zufrieden sein, als bis jeder Fremdkörper, bis jede Bakterie, jedes Virus eliminiert ist. Es darf kein Einziges überleben, denn es könnte durch Vermehrung wieder gefährlich werden. Und der Organismus wird sich merken, womit er es zu tun hat. So macht es auch die Kirche, wenn sie sich als »Leib Christi« geriert, statt als eine Gemeinschaft von Menschen, die unter der Leitung Jesu zu Gott unterwegs sind.

Dabei ist die Ähnlichkeit mit dem Immunsystem bemerkenswert. Es kommt nicht darauf an, dass ein neues Virus oder eine andere Bakterie wirklich identisch ist mit dem alten bekämpften Typ, es genügt ein winziger Teil der Oberflächenstruktur, die so ähnlich aussieht, wie es schon mal gewesen ist, dann wird sofort die ganze Abwehr darüber hergehen.

Eine solche Schablone der Abwehr in der katholischen Theologie lautet Gnosis. Diese geistige Bewegung war in den Abwehrkämpfen des 2./3. Jahrhunderts für die Kirche eine Hauptursache ihrer Dogmenbildung, ihrer inneren Verhärtung, ihrer Intoleranz, des Aufbaus eines hierarchischen Apparates, der die Meinungen kontrollieren sollte. Sobald eine Ansicht heute so ähnlich aussehen könnte wie »Gnosis«, wird die offizielle Abwehr darauf losgehen. Es war zum Beispiel ein absurder Vorwurf, der auch mir gemacht wurde. »Ich habe ein gnostisches Gerüchlein«, schrieb dazu ein Mann, der heute im Vatikan eine oberste Rolle für die Ökumene spielt. Ein Gerüchlein! Was er sagte, war erkennbar falsch, aber in seinen Augen bestand eine gewisse Ähnlichkeit. Die Ähnlichkeit lag allein darin, dass auch die Gnosis der Meinung war, dass man die Geschichte Jesu so erzählen müsse, dass sie therapeutisch wirke, dass sie wie eine innere Prozessgeschichte in der menschlichen Psyche stattfinden könne, ein Psychopompos. In jedem meiner Bücher finden sich viele Seiten, auf denen ich sage, die Gnosis habe in einem anderen Punkte vollkommen unrecht, dass sie Gott zum Teil der menschlichen Seele erkläre und deshalb die Ambivalenz und das Durcheinander der menschlichen Psyche in Gott hineinverlege. Diese Konzeption sei persisch und nicht christlich. Doch ich brauchte nur zu sagen, dass die Botschaft Jesu eine Relevanz in der menschlichen Psyche als Erklärungsgrundlage besitzen müsse – schon war es passiert! Das Ergebnis ist: Das Christentum hat nicht therapeutisch zu sein, es hat nicht in diesem Sinne seelisch zu wirken, sondern es muss als erlösend in dem Sinne geglaubt werden, dass Jesus gekreuzigt wurde, um Gott in seiner Gerechtigkeit mit den Sünden der Menschen zu versöhnen und uns Vergebung durch sein Opfer zu erkaufen.

Wenn es so steht, ist das Christentum selbst eine neurotische Ideologie für rund eine Milliarde Menschen. Mit einem solchen Geisteszustand kann ich keinen Frieden machen, und ich finde auch nicht, dass man das sollte. Unter solchen Umständen kann kein vernünftiges Gespräch mit der Psychoanalyse zustande kommen. Was so erzeugt wird, ist ein unglaublicher masochistischer Apparat zur Selbstunterdrückung, zur Quälerei. Auf diese Weise wird das Kreuz verewigt, und von Erlösung kann keine Rede mehr sein zugunsten einer reinen Priesterreligion. Als Resultat erhält man alles aus der Religionsgeschichte, was als archaisch überwunden werden müsste – es ist regressiv im wüstesten Sinne. Es ist dann wirklich nicht falsch, wenn manche Religionsgeschichtler sagen, hier greife das Christentum auf Formen zurück, die in den Stammesreligionen ihren Grund hätten. Da sind zum Beispiel kannibalistische Reste, da gibt es magische Reste, da ist eine Fetischreligion am Werke, tief unterhalb dessen, was im Judentum gegenwärtig war. So darf es meiner Meinung nach nicht sein. Es ist eine Art von Heidentum, gegen die bereits die Juden sich mit Recht verwahrt haben, und man begreift die Revolution nicht mehr, die Jesus im Judentum selbst zur Vermenschlichung des Patriarchalismus seiner Tage erreichen wollte.

Ich bin der Aufklärung verpflichtet

Sie haben oft schon einen Begriff genannt, der uns jetzt weiterführt, nämlich die Psychoanalyse. Warum ist die Psychoanalyse geistig für Sie so wichtig? Wie hat für Sie die Auseinandersetzung mit der Psychoanalyse begonnen, und was bedeutet sie Ihnen heute?

Das ist auf zwei Ebenen zu beantworten. Verpflichtet war und bin ich seit eh und je der Aufklärung. Die Aufklärung, 18./19. Jahrhundert, wehrt sich gegen eine Sprache von Gott, die äußerlich ist in dem Sinne, dass die Vernunft des Menschen in der dogmatischen Lehre der Kirche mit Sätzen konfrontiert wird, die man rein autoritär aufnehmen soll, ohne sie von innen her wirklich zu verstehen. Da sind stupende Wunder als Tatsachen zu glauben, unbegreifbare, aus dem Naturzusammenhang nicht ableitbare, doch weil sie in der Bibel stehen, sind sie zu glauben. Oder: Gott hat am Sinai dies und dies gesagt, und wenn es so geschildert wird, ist es als historisch zu glauben. Das war nun schon die Meinung Immanuel Kants: Wenn Gott am Sinai bei seiner Gesetzgebung etwas gesagt hat, das die menschliche Vernunft sich nicht selber sagen kann, so hat er die Grundlage nicht zur Moral, sondern zur Unmoral gelegt. Denn er kann sich dann nur beglaubigen im Gefälle der Macht. Ein Gott aber, der nicht vernünftig redet, ist kein Gott. Ein Gott indessen, der vernünftig redet, sollte sich vor dem Forum der menschlichen Vernunft in seiner Wahrheit als begreifbar dartun lassen. Die Folgerung lautet: Es kann keinen Glauben geben in Unmündigkeit, Autoritätsgehorsam und Fremdbestimmung. Das sind rein geistige, philosophische Postulate in der Aufklärungszeit, die aber natürlich schon eine enorme psychische Thematik vorformulieren.

Man gibt sich geistesgeschichtlich vielleicht zu wenig Rechenschaft darüber, dass die Psychologie unter ganz bestimmten Bedingungen aus der Philosophie erwachsen ist. Eine dieser Bedingungen liegt eben in der Aufklärung. Man will die Mündigkeit, die Selbstständigkeit. In der Sprache der Psychologie und der Psychoanalyse wird das später heißen: »Alle Therapie hat zum Ziel das Ich, die Freiheit der Person, ihre Authentizität und Identität.« Was die Aufklärung in ihrem Rationalismus noch nicht für nötig hielt, ist die Beschäftigung mit den menschlichen Gefühlen. Gefühle sollte man moralisch kontrollieren, und – natürlich – ein vernünftiger Mensch kann das. Wenn er das nicht tut, stehen strengste Strafen darauf. Das ist die Zeit der Preußen in Königsberg, in philosophischer Reflexion sozusagen. Psychologische Probleme kennt man in dieser Art noch nicht, allenfalls negativ. Dass es in der menschlichen Seele alles Mögliche geben kann, was der Vernunft widerspricht, wird natürlich zugegeben, aber das muss eben deshalb dem Vernunftgebrauch unterworfen werden. So wie seiner Tage die Fürsten ihre Schlösser irgendwo in den Morast hinein bauen ließen – sie beweisen an jeder Stelle in der Architektonik schon, dass sie Herr der Natur sind und dazu beauftragt, das Chaos zu bändigen – so geht man auch mit Menschen um.

Es kommt gleichwohl im 19. Jahrhundert eine Entdeckung zum Tragen, die bereits in der Naturphilosophie Kants im 18. Jahrhundert gewonnen wurde – der Entwicklungsgedanke. Das ist ein ganz erstaunliches Moment. Man begreift, dass die Welt nicht fertig geschaffen wurde, wie es die Theologen lehren. Man fragt sich vielmehr, warum die Dinge sind, wie sie sind, und versucht, Geschichten zu erzählen, die begreifbar machen, wie sie geworden sein könnten. Im 19.

Jahrhundert wird das eine bahnbrechende Entdeckung. Nichts lässt sich wirklich verstehen, ohne dass man Geschichten des Werdegangs erzählt. Das bezieht sich auf die menschliche Geschichte, das bezieht sich aber auch auf die Naturgeschichte. Charles Darwin ist der Erste, der Mitte des 19. Jahrhunderts die ganze Naturbetrachtung methodologisch auf diesen Punkt festlegt: Evolution. Eine Weltanschauung, die nicht evolutionär ist, scheidet seither als Erklärungsrahmen für irgendeine Erscheinung im Gebiet von Natur und Geschichte aus.

Diese beiden Komponenten – die Mündigkeit des Menschen und die Historizität des Denkens – führen im Folgenden eigentlich logisch zur Psychoanalyse. Man muss die gedankliche Einstellung nur auf den Einzelnen übertragen. Es geht darum, ihn als eine eigene Person von all dem zu befreien, was nicht von innen her für ihn selber sich organisch ergibt, was ihm nicht wirklich entspricht. Man muss seine Geschichte durchgehen, die biografisch ihn dahin geführt hat, eine ganze Reihe von Zwängen, Verformungen, Charakterverbiegungen, Brüchen in seiner Persönlichkeitsstruktur mittragen zu sollen. Ein Entscheidendes freilich wird im Unterschied zur Rationalität der Aufklärung, ja sogar völlig konträr dazu, mit übernommen, das dem Erbe der Romantik entstammt und um 1820 einen Gegenschlag zur Aufklärung darstellt: das Wissen um die Irrationalität der menschlichen Psyche. Das beginnt in der Literatur. Gogol, wie gesagt, schildert in St. Petersburg, wie man schizophren wird, ohne dass dafür psychiatrische Begriffe existieren würden. Dostojewski schildert, wie eine Persönlichkeit unter ihren Minderwertigkeitsgefühlen zerbricht. E. T. A. Hoffmann in Deutschland kann zeigen, wie ein an sich ordentlicher Pariser Goldschmied zum Verbrecher wird, weil er sich von seinen eigenen Produkten nicht trennen kann. Plötzlich werfen alle Lichteinfälle der Vernunft einen riesigen Schatten, wie wenn die Sonne gerade erst über dem Horizont aufgeht. Die Schatten sind aufgrund ihrer Länge schon optisch viel wichtiger als die beleuchtete Vorderseite der Objekte.

An diesen bei deutschen und russischen Literaten womöglich am deutlichsten ausgeprägten Erfahrungen entzündet sich später auch die Psychoanalyse. Sie ist nicht mehr damit zufrieden, Menschen auf ihre bewusste Reflexion über sich selber festzulegen, sondern sie ahnt, dass die Konflikte, an denen Menschen leiden, ungleich tiefer liegen müssen. Schon wenn deutlich ist, dass wir die Biografie eines Menschen berücksichtigen müssen, um seine Persönlichkeit zu verstehen, so ergibt sich allein daraus bereits ein Unterschied zur gesamten Romanliteratur noch des 19. Jahrhunderts, die genial sein kann in den Beschreibungen der Zustände, die aber die Kindheit fast noch unberücksichtigt lässt. Natürlich gibt es David Copperfield bei Charles Dickens, es gibt erschütternde Kindergeschichten bei Dostojewski – in den »Erniedrigten und Beleidigten« etwa die kleine Nelli. Aber man macht nicht und kann auch noch nicht den Versuch machen, die erwachsene Charakterstruktur auf diese kindheitlichen Eindrücke zurückzuführen. Für Dostojewski sind Kinder gewissermaßen noch ein Symbol der Unschuld des Menschen. Sie leiden furchtbar, aber ihr Leiden ist ein Aufschrei gegen die Naturordnung. Kinder sind wehrlos, sie sind abhängig von Zuwendung, sie sind symbolische Figuren. Für die Psychoanalyse hingegen wird die Kindheit zu einem rekonstruierbaren Thema, das die Folie bietet, um die Gegenwart zu erklären. Das ist ein Verfahren, das in der ganzen historisch entwickelten Wissenschaft des 19. Jahrhunderts aufkommt und das man jetzt auf die individuelle Betrachtung und Therapie überträgt. So viel zu den geistigen Hintergründen der Psychoanalyse als Kind des 19. Jahrhunderts.

Was mich bestimmt hat, die Psychoanalyse in meiner Arbeit als Seelsorger und Theologe für wesentlich zu halten, ist die Veränderung der Wahrnehmung. Die Anthropologie der kirchlichen Dogmatik basiert immer noch auf der Meinung, dass ein Mensch durch Vernunft und guten Willen sich selber zum Guten in Freiheit bestimmen kann und muss. Also genügt es, ihm die Gebote vorzutragen und die »Offenbarungswahrheiten« möglichst früh einzuimpfen. Im Folgenden liegt es dann bei ihm, ob er am Heil, das Gott in der Kirche angeboten hat, mitwirkt oder ob er zur Massa damnata zählt. So simpel, wie die Kirche möchte, ist mir das menschliche Leben aber niemals vorgekommen. Ich habe vor allem begriffen, dass die Leugnung des Tragischen im Christentum ein fataler Fehler ist. Das Christentum in seiner dogmatischen Ausprägung hat bei der Durcharbeitung wirklicher seelischer Probleme eigentlich niemals den Finger gerührt. Man hat behauptet, dass Christus die Welt erlöst habe – wofür wäre er auch sonst am Karfreitag gestorben? Nun also ist die Welt erlöst, und wir haben ein Sakrament, genannt die Taufe, in dem die Erlösung schon auf jedes Kleinkind appliziert wird, und von da an ist der Einzelne durch ein unauslöschliches Merkmal teilhaftig der göttlichen Gnade und Erlösung. Also kann es auch keine Tragödien geben. Die Welt ist seitdem in Ordnung. Das heißt, sie ist noch nicht ganz zu ihrer Erfüllung gelangt, aber doch schon im Wesentlichen, denn das zeigt sich in der Kirche. Die Kirche, wohlgemerkt, versteht sich recht eigentlich als die Verwalterin aller göttlichen Heilsmittel. Das ist eine unglaubliche magische Selbststilisierung zum Status einer absoluten kirchlichen Heilsbedeutsamkeit bei gleichzeitiger permanenter Faulheit im praktischen Verhalten. Man muss nicht irgendein Problem mehr wirklich an sich heranlassen. Es ist ja »christlich« »an sich« (= rituell, magisch, sakramental) immer schon gelöst, bevor es überhaupt beginnen könnte. Demnach kann es eigentlich eine seelische Krankheit gar nicht geben, weil das Medikament immer schon im Vorlauf vorhanden ist. Gewiss, vielleicht muss man noch einiges in der Welt in Ordnung bringen, aber an sich sind die Heilsmittel im Kirchenbesitz verfügbar. Keinerlei Aufregung ist mehr nötig. Es ist so ähnlich, wie man in der WHO die Medikamente gegen Malaria oder gegen die Schlafkrankheit kennt und besitzt, man muss sie nur noch in den Sumpfgebieten Afrikas oder Hinterindiens richtig verteilen.

Dass diese Anschauung falsch wäre, das wusste ich eigentlich schon seit Kindertagen – so kann es nicht sein. Doch um zu begreifen, wie Tragödien zustande kommen, muss man hinabtauchen in die menschliche Psyche, in ihr Unbewusstes, in die Gegenfinalität der moralisch erzwungenen Verdrängungen und Abspaltungen. Kurz, der ganze Apparat der Psychoanalyse erklärt genau das: wie es möglich ist, dass bei bestem Willen Menschen am Ende alles falsch machen. Wenn zum Beispiel ein Drittel der Ehen in Deutschland scheitert, zeigt sich für mein Begreifen überdeutlich, dass die katholische Meinung falsch sein muss, das alles sei lediglich eine Folge von Hedonismus, Sexismus, Laxismus und fehlender Disziplin. Die Leute wollten halt Spaß haben und ließen die Treue vermissen, so einfach soll das sein. Wenn es so steht, muss man ihnen tatsächlich nur beibringen, dass es Wichtigeres gibt als One-Night-Stand-Späße. Aber so verhält es sich nicht. Ich habe nicht umsonst die endlosen Bemühungen von Menschen im Ringen umeinander miterlebt, begleitet, zu verstehen versucht, um diese Oberflächenmeinung der verordneten Moraltheologie der katholischen Kirche nicht als Unverschämtheit zu betrachten. Man tut mit solchen Doktrinen systemgebunden den Menschen chronisch unrecht, indem man sie mit solchen Schablonen katalogisiert. Man hat es in Wahrheit zu tun mit Tragödien. Das ist es, was Sigmund Freud vor 100 Jahren schon glänzend beschrieben hat. Er sprach von Wiederholungszwängen, von Übertragungen, und er hat ein umfangreiches begriffliches Arsenal entwickelt, mit dem zu arbeiten es erlaubt, die Phänomene besser zu beschreiben und dann auch durch Verständnis zugänglicher, flexibler zu halten. Endlich haben Menschen die Möglichkeit, sich selber besser zu begreifen und den anderen neben sich besser zu verstehen.

Tragödien kann man nicht anders auflösen als durch Verständnis der Mechanismen, die darin liegen. Das wussten die alten Griechen schon. Ihre Tragödienspiele sollten den Zweck einer Katharsis haben, einer Reinigung durch Einsicht – durch die mitfühlende Ansicht dessen, was da auf der Bühne, die im Grunde die eigene Seele ist, sich abspielt, eines Psychodramas also, das man beginnt bewusst wahrzunehmen. Die Psychoanalyse musste das alles trotzdem völlig neu erfinden, weil es 2000 Jahre lang im christlichen Abendland weitgehend verdrängt war.

Hinzu kommt die Neigung der kirchlichen Dogmatik, alles, was ihr nicht gefällt, was im Unbewussten liegt, rein in projektivem Zustand, im Falle es ihr zupassekommt, mit Gott zu identifizieren, im

Falle, dass nicht, für den Teufel zu erklären. Auch das ist eine äußerst primitive Psychologie, die an keiner Stelle hilfreich ist, weil die Entfremdung auf diese Weise noch von außen verschärft wird. Schon dass die katholische Kirche die Menschen zwingt, an den Teufel zu glauben, ist eine skandalöse Tatsache. Man kann nicht Menschen erläutern, dass ihre Seelenzustände vom Teufel sein könnten, und sich dann wundern, dass in der Psychiatrie Menschen auftauchen, die genau das von sich behaupten. Es ist eine schädliche Lehre, die schon unter gesundheitspolizeilichen Gesichtspunkten in einer modernen, säkularisierten Gesellschaft beseitigt gehört. Sie passt nicht in unsere Welt. Kein Arzt am Krankenbett kann sich eine solche Idolatrie erlauben. Nur die katholische Kirche hat derzeit das Recht, 3000 Leute als Exorzisten über die Welt zu verstreuen, die in eigenen Ausbildungszentren, vor allem in Polen, aber auch im Vatikan selber, herangebildet wurden. Man hat in solchen kirchlichen Lehren und Praktiken den Zustand einer projizierten Psychologie vor sich, die sich weigert, nach innen gezogen zu werden, um dann auch therapeutischen Verfahren zugänglich gemacht zu werden. Der Fall Klingenberg ist da keine bedauerliche Ausnahme, sondern der Fingerabdruck eines im Ganzen verkehrten Systems, das bestimmte Bilder der Bibel auf abergläubische Weise vergegenständlicht und wörtlich nimmt. Dass man vor 2000 Jahren in der Bibel an Dämonen glaubte, ist richtig, aber es stellte die Psychologie der Zeit dar, es darf nicht die Metaphysik und die Weltanschauung der Gegenwart bilden. Ein ähnliches Feld bilden die apokalyptischen »Bilder«, deren Wörtlichnahme in den Wahnsinn treiben muss, wenn und weil man sich kirchlicherseits weigert, sie symbolisch zu lesen und ihre Projektionen in das menschliche Bewusstsein zurückzuholen.

Und wer hat Sie damals in die Psychoanalyse eingeführt, wer hat Ihnen dieses Feld eröffnet?

Das begann mit einem einzigen Besuch bei einem Psychoanalytiker in der Nähe meiner ersten Vikarsstelle. Er war der Einzige, der mir im

Umland bekannt war, ich glaube auch, der damals Einzige, der in der Gegend in der Art arbeitete. Der sah mein Interesse an den Dingen und eröffnete mir, dass man natürlich das alles als Priester studieren kann. Er selber kam von Tiefenbrunn bei Göttingen; da also müsste ich nur hinfahren. Bald schon fuhr ich da hin, und es gab eine Reihe von Leuten, die die Zulassungsentscheidung zu treffen hatten; das alles aber ging sehr schnell. Ich entsinne mich noch, eines Nachmittags eine Villa besucht zu haben; aus der Türe kam ein Herkules von Mann, der mich anschaute, meine Priesterkleidung sah und knurrte: »Sie haben einen erweiterten Ödipuskomplex, aber studieren können Sie.« Er schloss die Türe, und fertig war der Besuch. So ging das damals. Es waren lauter nette Leute. Für mich aber war das eine fremde Welt, unglaublich spannend und faszinierend. Das wollte ich damals lernen als Erweiterung der Seelsorge, und das war denn auch zweifellos ein richtiges Motiv. Dass das alles freilich mit mir selber zu tun hatte, wusste ich damals noch nicht wirklich, und dass der Mann mit seinem Geknurre an der Türe absolut richtiglag, wusste ich auch nicht. Ich empfand es nur erst als eine sonderbare Mischung aus Arroganz und Freundlichkeit.

War diese Begegnung, diese Ausbildung zur Psychoanalyse und zum Psychotherapeuten für Sie so etwas wie eine Kulturrevolution?

Ich hatte den Eindruck, dass die Psychoanalyse gerade das als Haltung und als Instrument zu handhaben versuchte, was ich immer gewollt hatte. Die ganze spätere Arbeit über »STRUKTUREN DES BÖSEN« läuft darauf hinaus, dass Menschen in ihrer Angst nicht verurteilt werden dürfen, sondern begleitet werden müssen. Es gibt keine andere Angstüberwindung als persönliche Begleitung. Das wusste ich wohl immer. In der Psychoanalyse aber begegnete ich endlich genau dieser Einstellung. Wer beginnt, Menschen medizinisch oder psychotherapeutisch zu betrachten, kann keine Vorwürfe mehr machen. Die Frage lautet vielmehr: Woher kommen die Dinge und wie kann man damit umgehen? Vorwürfe machen die Leute sich in aller Regel schon selber, mehr als genug und oft an der falschen Stelle oder in einem völlig unproportionierten Quantum. Wie man ihnen indessen hilfreich sein kann, ist die wirkliche Frage, nicht, wie man an ihnen herummoralisiert. Diese Haltung entsprach mir mehr, und darin allerdings sehe ich bis heute eine ganz wichtige, gewissermaßen kulturrevolutionäre Weiterentwicklung der Humanität abendländischer Kultur. – Stellen Sie sich vor, dass diese Einstellung augenblicklich ihre Konsequenz zeitigen würde, dass sie begönne, unsere Rechtsprechung zu ändern. Es gab damals, vor 70/80 Jahren, in Deutschland noch ein intensives Bemühen von Psychoanalytikern, in gerade dieser Frage mit Juristen ins Gespräch zu kommen. Leider ist das alles durch den Wahn des sogenannten Dritten Reiches beseitigt worden. Man hat ab 1933 genau das Gegenteil versucht: drakonische Verurteilungen, barbarische Strafverfahren, Verweigerung jeder »sentimentalen« Strategie von Verständigung und Einfühlung. Stattdessen: wie man hart wird, soldatisch wird, kämpferisch wird – das wollte man. Daher war die Psychoanalyse, nicht nur weil sie »jüdisch« war, sondern weil sie genau das Gegenstück der Barbarei des Nationalsozialismus darstellte, abzulehnen. – Die Tragödie Stefan Zweigs mag dafür stehen, eines Mannes, der am Grab Freuds eine Rede hielt und der sich auf erschütternde Weise bemüht hat, sich vor allem in Frauen hineinzudenken, die Dinge tun, die sie niemals tun würden, ohne bis zum Äußersten dazu getrieben zu werden, wie Marie Antoinette oder wie Maria Stuart, die zum Verbrecherischen kommen, ohne zu wissen, was sie machen. Für Stefan Zweig war es unerträglich, erleben zu müssen, wie man über brennende Tanker jubelt und über brennende Großstädte den Sieg verkündet. Das war zu viel für ihn als fühlenden Menschen. Auch die Psychoanalyse kann mit all diesen Dingen nicht leben. Sie wäre eine Kulturrevolution geworden, wenn sie sich auf dem Niveau ihrer eigenen Theoriebildungen und Denkweisen hätte durchsetzen können. Das aber sollte nicht sein, erstaunlicherweise weil auch die Kirche es verweigerte.

Die Kirche und ihre Angst vor der Psychoanalyse

Warum hat die Kirche so viel Angst vor der Psychoanalyse und vor der Psychotherapie?

Das habe ich auch lange Zeit nicht begriffen: Das ist wirklich ein Problem. Ich habe jahrelang gedacht, was ich mache mit meiner Art der Bibelinterpretation, indem ich mit der Tiefenpsychologie Mythen auslege, die Religionsgeschichte in die Exegese hineinnehme, das könne der Kirche doch nur helfen. Wir hätten, so stellte ich mir vor, eine bessere Seelsorge, wir hätten psychisch einen erweiterten Erfahrungs- und Integrationsraum, wir hätten eine Form der Rede von der Bibel, von Gott, von den Menschen, die die ideologischen Spaltungen, die bigotten Redensarten, die überflüssigen Verfeierlichungen endlich beiseitestellen würde. Dass das absolut unerwünscht sein könnte, genau dies, habe ich tatsächlich am Anfang nicht geglaubt. Ich habe lange Jahre sogar gemeint, ich täte das Beste, was der Kirche werden könnte, und wenn nicht ich, würden es zehn andere neben oder nach mir tun. Die Sache selber aber könne nicht günstiger für die Kirche sein. Es war deshalb erstaunlich für mich, zu bemerken, dass die Kirche einen einzigen Grund hat, all das systematisch abzuschnüren, das ist: Es bedroht ihre Macht, sobald Menschen frei werden. Dieser Konflikt allerdings ist unvermeidlich. Psychotherapie kann zu nichts anderem führen, als was die Aufklärung sich schon zum Ziel gesetzt hatte: die Befreiung des Menschen, seine Mündigkeit, seine Autonomie, seine Selbstbestimmung. Genau das kann eine Kirche nicht wünschen, solange sie die Angst der Menschen ausbeutet zum Machtgewinn. Ihre Priester würden als Vermittlungsinstanz zwischen Gott und Mensch überflüssig, würde man wirklich jenes Vertrauen lehren, das Jesus verkörperte. Dann redete man mit Gott wie ein Kind mit seinem Vater. Dann müsste das Kind ja wohl nicht zu seinem Onkel oder Vetter laufen und dem beibringen, er sollte sich erst einmal kreuzigen lassen, um diesen »Vater« gnädig zu stimmen. So kann Gott nicht sein – das war Jesus evident, und das ist die einzige Botschaft, die für Menschen hilfreich ist. Aber man braucht dann keinen Vermittlungsapparat mehr, man braucht dann nicht mehr eine ganze Hierarchie von Aufsehern, man braucht dann nicht ein Lehramt, das aus Erfahrungen Formeln destilliert, die in der Exaktheit ihres Nachsprechens überprüfbar bleiben sollen. Man brauchte auch nicht die ganze Charge von Dozenten, die eigentlich alles, was Jesus für das Leben sagen wollte, in ihre riesigen Theoriegebäude kleiden und dafür viel Gehalt und Ansehen gewinnen, während Jesus arm war und schon damals unter ihresgleichen aufs Äußerste gelitten hat.

Man braucht auch keine Moraltheologie?

In dem genannten Sinne braucht man sicher keine Moraltheologie, die den Menschen auf Verstand und Willen reduziert und die Tragik des Lebens durch das Sakrament der Taufe für »erlöst« erklärt. Was man braucht, sind Menschen, deren Urteilskraft natürlich einigermaßen an der Vernunft orientiert ist. Ich glaube aber nicht, dass es hilfreich ist, eine Moraltheologie zu haben, die kasuistisch darüber nachdenkt, wie in jedem Vorlauf zu jeder denkbaren Situation eine päpstlich verordnete Lösung immer schon existiert und nur noch monologisch von oben nach unten zur Vorschrift des Handelns erhoben werden muss.

Das ist im Übrigen ein Problem, das insbesondere die Protestanten im Zusammenhang mit dem Aufkommen des Existenzialismus wiederentdeckt haben. Man spricht in dem Zusammenhang von Situationsethik und hat darunter zu verstehen, dass es im menschlichen Leben niemals so einfach zugeht, dass man im Voraus schon sagen kann »Das musst du jetzt tun, und zwar in jedem Falle, unerachtet aller Umstände«, sondern dass das, was richtig ist – nicht als opportun oder praktikabel im Sinne des Utilitarismus, sondern was mit sittlicher Verantwortung in einer gegebenen Situation am plausibelsten ist –, nur von Fall zu Fall gefunden werden kann.

Wann etwa soll, kann, darf, muss eine Ehe geschieden werden, und wann nicht?

Für die katholische Moraltheologie ist das gar keine Frage. Eine Ehe hat nicht geschieden zu werden, und zwar dann nicht, wenn sie vor dem Pfarrer und vor zwei Zeugen gültig geschlossen wurde nach den entsprechenden Ritenregeln der katholischen Kirche. Dann nicht. Sonst, wenn es zum Beispiel einen Formfehler gab, jederzeit. Schon diese Verquickung von Sakramentenritualismus und Moralgesetz ist abstrus, bildet aber die Grundlage der katholischen Moraltheologie. Für Protestanten ist das bereits seit den Tagen Martin Luthers anders, vollends seit den Ehescheidungen Philipps von Hessen und spätestens Heinrichs VIII. Es waren nicht immer die sensibelsten Gründe, die zu derartigen Änderungen geführt haben, aber es herrschte doch ein Wissen darum, dass man Menschen nicht von außen auf Abstracta festlegen kann, die quer durchs Leben mit gerader Linie zu ziehen sein sollten. Man muss als Erstes genau hinschauen, was im Augenblick sich entsprechend den Gegebenheiten verantworten lässt – in einer Ehe etwa die Lage der Frau oder des Mannes oder der Eltern oder der Kinder, oder die Wohnverhältnisse, oder die finanzielle Lage, und vor allem: die psychische Situation aller Betroffenen. Wie können Menschen nach 100 Versuchen, miteinander zu reden, sich wirklich verstehen? Geht das überhaupt noch? Wie viel guter Wille herrscht da noch, wie weit sind die Verletzungen mittlerweile vorangeschritten? Wann oder wie ist aus

132

Liebe, die einmal sehr intensiv war, Hass geworden? Wann fängt das Begreifen an, warum der andere einem wehgetan hat, vielleicht ohne es zu wollen, nur weil es selber für ihn unerträglich wurde? Lässt sich das Ganze noch einmal auseinandernehmen und neu zusammenfügen, oder geht das eben nicht mehr? Wer will das im Voraus wissen?

Im Neuen Testament heißt es einmal als Vorwurf an die Pharisäer und die Schriftgelehrten: »Ihr legt den Menschen schwere Lasten auf und rührt selbst nicht mit dem Finger daran.« Ich bin mir sicher, dass zum Beispiel die Moraltheologie der katholischen Kirche speziell in Sexual- und Ehefragen direkt damit zu tun hat, dass die Leute, die da maßgebend die Rede führen, aus eigener Erfahrung, legitimerweise jedenfalls, von all den Dingen nichts wissen können. Das Einzige, was sie von Ehe und Familie verstehen, stammt aus ihrer Kindheit im Zusammensein mit ihren Eltern. Sie haben keine Ahnung von dem, was Menschen miteinander im dichten Zusammenleben durchmachen. Aber genau da behaupten sie ihre Kompetenz, endlose Gesetze zu verordnen. Es geht wirklich biblisch zu.

Dabei ist dies nur ein kleines Beispiel, warum die Kirche Verständnis, Menschlichkeit, Freiheit, persönliche Entfaltung, individuelle Kompetenz, die Unvorhersagbarkeit von menschlichen Tragödien leugnen *muss*. Situationsethik würde bedeuten: Der Vatikan weiß nicht schon für rund eine Milliarde Menschen unter allen Umständen, was Gott in ihrer Lage gesagt haben würde, wenn nur der Papst das Sagen hätte. Denkt man von den Menschen, statt von der Macht her, so ist der Absolutheitsanspruch der Päpste, Kardinäle und Dozenten dahin, dann müsste man Menschen im Gespräch begleiten. Man hätte den ganzen Amtsapparat nicht länger nötig, der monologisch, ohne mit den Betroffenen rückgekoppelt zu sein, im Verwaltungsgefälle auf sie herabherrscht und sieht sich außerstande, dialogisch dazulernen zu können. Psychotherapie ist für mich auch deshalb etwas Wunderbares, weil ich jeden Tag etwas dazulernen kann. Es gibt Probleme, die ich so noch nie gesehen habe, über die ich fortan nachdenken muss, um zu überlegen, wie das Gehörte in mein bisheriges Weltbild passt. So erweitert sich mein Weltbild immer wieder. Ich muss immer neu, auch als Theologe, die Welt noch einmal anders zu sehen versuchen, als das bis dahin war. Plötzlich meldet sich da eine menschliche Erfahrung mit einem Eigengewicht zu Wort, und schon verändert sich das Gravitationsfeld, in dem ich bisher gelebt habe. Natürlich – die Kugeln rollen plötzlich anders über den Tisch.

Die Psychoanalyse bringt uns mit dem Unbewussten und Unterbewusstsein in Kontakt. Liegt darin auch, kirchlich gesehen, eine Gefahr?

Unbedingt. Man kann, wie gesagt, nicht mehr vom Teufel sprechen, wenn man Grund hat, all das kennenzulernen, was man vielleicht in der Moraltheologie der Kirche oder in den Verhaltenszwängen der Gesellschaft hat verteufeln müssen. Mit einem Mal hat man es zu tun mit menschlichen Sehnsüchten und Prägungen, die einen eigenen Anspruch auf Zulassung zum Leben haben, und man muss Wege zu ihrer Integration finden. Alles das ist sehr mühsam, aber für die Menschwerdung von Menschen unerlässlich. Es ist nur nicht so einfach, wie man es womöglich gerne hätte. Die projizierten Formen der kirchlichen Verlautbarungen müssen in jedem Falle zurückgenommen werden in die menschliche Psyche. Die Bibel müsste man und dürfte man endlich anders lesen, als es bisher geschah. Das, was bis dahin external, vollkommen fremd, von außen geredet schien, würde nun begreifbar im Inneren der menschlichen Psyche. Das Gespräch unter den Personen veränderte sich vollkommen. Die Zweiteilung zwischen den Gottesgelehrten, den Dozenten der Theologie und den Bischöfen auf der einen Seite und den »einfachen« Leuten, dem »Volk«, den »Laien« auf der anderen Seite, hörte auf. Diese Spaltung der Menschen, die Gott suchen, im Namen eines Gottes, den die Kirchenbeamten immer schon gefunden haben, ist unerhört und würde sofort geändert, wenn man es nötig fände, die Sprache Gottes in der Seele der Menschen zu vernehmen.

Dann müsste man ganz neu beginnen, dann wäre man selbst der

Unwissende, dann müsste man sich auf alle möglichen Überraschungen einlassen. Wenn wir sagen, man müsse die Bibel lesen wie eine Art Roman oder wie eine Erzählung, die in der Gegenwart spielt, so ist ja genau das der Fall. Auch Abraham konnte nicht wissen, was Gott ihm an der nächsten Stelle zu sagen haben würde. Er musste es lernen. Er besaß kein Lehrbuch, in dem es immer schon stand. Auch Jesus nicht. Das ist das wirklich Kierkegaard'sche Problem, wie man *zeitgleich* wird zu den handelnden Personen selber und damit aufhört, alles vom Ergebnis her zu lesen. Ich sage gerne, die Art der Theologie, die wir betreiben, sei dem vergleichbar, dass ein Mann gespannt nach Hause kommt, um zu hören, wie Bremen und der HSV gespielt haben, und seine Frau sagt ihm an der Tür schon das Ergebnis. Dann kann er das im Fernsehen noch mal nachgucken, aber es hat für ihn keine Spannung mehr, denn er kennt ja das Ergebnis. So ist das mit der ganzen Theologie. Sie lebt im Grunde von dem Resultat, als das sie sich selber versteht, statt es nötig zu finden, in der Existenz sich dahin zu begeben, wo alles anfängt.

Also ist die Psychoanalyse eine Bereicherung für die Theologie.

Absolut. Sie erweitert das Menschenbild, sie interpretiert die Bibel neu und tiefer, sie lässt die menschliche Tragödie und Hilflosigkeit in einer Form erkennen, dass wirklich die Rede von Gnade und Vergebung essenziell als Antwort nötig wird. Die ganze Plausibilität der kirchlichen Lehre könnte überhaupt erst auf diese Weise verständlich gemacht werden. Dass man das verweigert, hat keine religiösen Gründe, sondern ist selber das Resultat tradierter Machtverwaltung. Die freilich bräche zusammen, aber ich muss zugeben, dass ich das nur wünschen könnte. Jesus hat in Matthäus Kapitel 23 gesagt: »Lasst ihr euch nicht Lehrer nennen.« Das ist die Abschaffung der ganzen Dozentenschaft. »Lasst ihr euch nicht Vater nennen.« Das ist das Ende aller Heiligen Väter und Patres. Das ist so deutlich gesprochen gegen jede von außen gesetzte Indoktrination und gegen jede Art des patriarchalen Autoritarismus, dass man staunen muss, wie man über solche Worte eine Kathedrale wölben kann, an deren Kuppel steht: »Auf diesen Felsen baue ich meine Kirche.«

Heißt Ihr Grundanliegen: »Wie kann ich den Menschen aus seiner Verlorenheit zurückholen?«

Genau. Mir ist noch nie ein Mensch begegnet, der wirklich in dem Sinne böse wäre, dass er etwas Schlimmes getan hätte, ohne verloren zu sein. Ich kenne Menschen, die haben furchtbare Dinge getan, die klagen sich zu Recht der Fehler an, die sie oft mit enormen Konsequenzen begangen haben. Aber ich habe noch nie einen Menschen gefunden, der das, was er in moralischer Qualifikation als böse getan hat, in der Form auch wirklich hat tun wollen. – Vor einer Weile hatte ich ein Gespräch in einer Haftanstalt und habe mir erlaubt, zu sagen: »Niemand von Ihnen, die Sie hier sitzen, hat hierher kommen wollen, das ist klar, niemand. Aber was ist passiert, dass Sie hier sind? Das müssen Sie herausfinden. Eigentlich haben Sie hier überhaupt nichts anderes zu tun, als dahinterzukommen, was passiert ist, dass Sie hierher gekommen sind. Ich wünsche, dass es Leute gibt, die Ihnen dabei helfen, denn wahrscheinlich kriegen Sie das alleine nicht heraus. Alleine haben Sie nur erst mal den Eindruck, man hat Ihnen unrecht getan, man hat überhaupt nicht zugehört. Natürlich haben Sie irgendetwas gemacht, das bestraft wird, und dafür sitzen Sie jetzt ein. Gewiss, der Einbruch war nicht richtig, dass Sie draufgehauen haben, war nicht richtig, klar nicht, aber warum haben Sie das getan? Sie können natürlich voller Verbitterung sagen: ›Wenn ich herauskomme, mach ich das wieder‹, und denken überhaupt nicht darüber nach, dass es Alternativen gäbe. Aber irgendwo möchten Sie es anders haben, da bin ich mir ziemlich sicher. Sie möchten irgendwie dazugehören und die Welt nicht dauernd durch die Gitterstäbe sehen. Dann kann man Ihre Geschichte unter Umständen ganz einfach erzählen: Sie hatten eine Freundin, die war aus höherem Hause. Der gehörte alles. Die war sechs Jahre alt und lernte Klavier spielen, sie ging zum Tennisunterricht; die haben Sie mal geliebt, nur, Sie gehörten nie zu ihr, Sie hatten ihr nichts zu bieten. Sie kamen aus dem Nachbarhaus, und da ging es völlig anders zu. Das war Grund genug, zu rebellieren. Andere aus der gleichen Szene sitzen heute nicht im Gefängnis, sondern auf der Straße; die haben resigniert, die haben sich betrunken, die sind friedfertig geblieben um den Preis des Selbstruins. *Sie* haben sich wenigstens aufgelehnt, auch das ist eine Wahrheit. Sie wollten endlich leben, nur natürlich nicht so. Jeder von Ihnen hätte eine derartige Geschichte zu erzählen, wenn er könnte. Das kriegen wir jetzt im Moment nicht hin, aber das müssen Sie, wenn Sie in die Zellen zurückgehen, für sich selber tun. Schreiben Sie es auf, holen Sie den Pfarrer oder den Anstaltspsychologen heran, nehmen Sie ihn in die Pflicht. Es gibt vielleicht auch jemanden, mit dem Sie immer noch in Briefkontakt stehen, der Sie ab und an auch besucht. Sonst, fürchte ich, muss es schiefgehen, weil Sie die ganze Zeit, in der Sie hier sitzen, von den sozialen Kontakten abgeschnürt bleiben. Sie wären am Ende dann noch einsamer, noch verlorener, noch weiter von sich weg als Sie hierher gekommen sind. Daraus ergeben sich dann die Rückfallquoten, klar. Sie kennen die Welt am Ende noch weniger als vor Ihrer Einlieferung.« – Hinterher meldete sich eine Reihe der Leute, und es kam zu erschütternden Gesprächen.

Ich will nur andeuten, dass selbst die Menschen, die man für gefährlich hält, die man einsperrt, damit sie nur nichts Böses tun, alles andere als böse Menschen sind. Sie sind Opfer von Zusammenhängen, die sie selber in aller Regel überhaupt nicht verantworten können. Jeder könnte sich vorstellen, wie es wäre, wenn er auch nur ein paar Ziegelsteine weiter im Nachbarhaus zur Welt gekommen wäre. Dann sähe alles völlig anders aus. Und dass er auf dieser Seite der Wand und nicht auf jener das Licht der Welt erblickt hat, ist ja nicht sein Verdienst. Er hat halt Glück gehabt. Daraus geht die Pflicht hervor, sich um den anderen im Nachbarhaus zu kümmern; nur ist es wahrscheinlich allzu spät, wenn bei ihm die ersten Symptome und Fehler auftauchen. Wir sind, ehrlich gesagt, immer noch weit davon entfernt, in jedem Einzelfall zu wissen, wie wir mit seelischen Konflikten umgehen sollen. Dennoch bleibt die Revolution bestehen, die in der Botschaft Jesu liegt und die ich eins zu eins wiederfinde in den Anliegen der Psychoanalyse: nicht zu verurteilen, sondern zu verstehen. Das Paradoxe ist, dass ich glaube, die Neurologie hilft uns heute in diesem Punkt sogar noch ein Stück weiter, und zwar jetzt zum ersten Mal in der Sprache, die wir uns erlauben zu verstehen: der Sprache der Naturwissenschaften.

Die Aufmerksamkeit müsste sich also auf den Gegensatz von Angst und Vertrauen richten?

Ja. Im Zentrum des menschlichen Erlebens stehen die Angst und das Vertrauen, sozusagen die vertikale Achse, und daneben, auf der Horizontalen, wären es Liebe oder Misstrauen, Freiheit oder Zwang, Hoffnung oder Enttäuschung. Arthur Schnitzler hat einmal gesagt: »Alle Literaten schreiben über ein einziges Thema: über die Liebe und den Tod.« Das stimmt vollkommen. Es liegt nahe bei der Zwei-Trieb-Theorie, die Freud entwickelt hatte, bei Eros und Thanatos – das war sein klassisches Begriffspaar in seiner zweiten (recht spekulativen) Triebtheorie. Wenn wir für Tod sagen: Angst, Verlorenheit, Vernichtungsgefühle, Leiden an der persönlichen Unbedeutendheit, an der schnöden Gleichgültigkeit der Welt, dann umschreibt all das diesen Erfahrungspol des Todes ziemlich genau. Liebe aber ist an jeder Stelle das Gegenteil davon. Die Frage ist nur, wie man diese Spannung aushält. Das ist das ganze Drama des Lebens und ganz sicher das Spannendste auch in der Literatur.

138

Warum die Neurologie für mich wichtig ist

Person, Seele, Freiheit – wo sehen Sie in der modernen Neurologie die Berührungspunkte, die Ansatzpunkte, die Auseinandersetzungen mit der Theologie?

Die Neurologie wurde für mich deswegen wichtig, weil die meisten Aussagen der Psychoanalyse intuitiv gewonnen wurden. Sie sind im strengen Sinne nicht naturwissenschaftlich belegbar. Das ist von Anfang an ein Methodenproblem der Psychoanalyse. Freud wollte als Arzt in Wien unbedingt eine Sprache erstellen, die naturwissenschaftliche Kategorien verwendet, mit dem Ergebnis, dass sie eine Art Seelenphysik, eine Art Elektrophysik der Seele beschreibt. Es war bizarr. Die wahre Leistung Freuds liegt darin, dass er wie ein Romancier menschliche Geschichten nachgezeichnet hat. Er konnte selber sagen: »Wer das jetzt liest, die nachfolgende Anamnese, die Krankengeschichte der Frau Sowieso, einer Hysterikerin, glaubt, einen Roman zu lesen. Aber das ist nicht meine Schuld. Das liegt in der Natur der Sache. Anders kann man das nicht erzählen.« Darin war er genial, dass er begriffen hat: Es genügt nicht, Zusammenhänge der Seele zu *erklären*, man muss sie *verstehen*.

Dieses Begriffspaar, »Verstehen und Erklären«, ist sehr wichtig, weil um 1900 schon Wilhelm Dilthey bei dem Versuch, den Standort der

Psychologie philosophisch zu umschreiben, diesen Unterschied gesetzt hat. »Erklären« vollzieht sich in einem Geschehen zwischen Subjekt und Objekt im Rahmen gegenstandsgerichteten Erkennens, es gehört also in den Bereich der Naturwissenschaften. »Verstehen« aber ergibt sich im Austausch zwischen Subjekt und Subjekt, es findet statt zwischen Individuen, die in einen Dialog miteinander treten und ihre Identität sich selber und dem anderen verdeutlichen. Psychoanalyse ist im Grunde eine Verstehensweise, viel weniger eine Erklärungsweise. Sie ist eine hermeneutische Wissenschaft, keine Naturwissenschaft. Bis heute ist dieser Sachverhalt allerdings umstritten.

Was ich da sage, lässt sich deshalb weiter diskutieren, natürlich. Doch daran liegt es, dass die Psychoanalyse mit ihren Mitteln nicht imstande ist, sich naturwissenschaftlich zu beglaubigen und die Tür zur akademischen Psychologie an den Universitäten zu öffnen. Die fehlende Anerkennung durch die akademische Psychologie ergab sich nicht nur aus der Abwehr der Nationalsozialisten. Es ist dieses Methodenproblem, das der Psychoanalyse im Wege gestanden hat.

Dabei sind und bleiben ihre Erkenntnisse von höchster Relevanz. Es war die Psychoanalyse, die den Menschen in den 1920er-, 1930er-Jahren deutlich machte, wie Angst sich im Körper auswirkt. Die Psychosomatik wurde geboren, Kliniken wurden eröffnet, die sich diesen Zusammenhängen widmeten. Dass insbesondere Sexualstörungen zu tun haben mit den Gefühlen, die Partner füreinander haben, könnte jeder aus eigener Erfahrung wissen, aber wie beweist man das? Die normalen Methoden der Naturwissenschaften sind endlose Statistiken, Beobachtungen, Befragungen wie bei Kinsey, und auch all das ist noch nicht wissenschaftlich. Am besten, man beobachtet das Sexualverhalten vor Ort. Man lässt also Kameras heran und den Arzt ans Bett, und dann guckt man zu. Dass dabei das Liebesleben ganz empfindlich gestört wird, braucht man niemandem zu erklären. Man hat dann wirklich nicht mehr als Sexualfunktionen vorliegen, die reine Mechanik. So etwas wollte und durfte die Psychoanalyse überhaupt nie in die Wege leiten, es war und ist für sie absurd. Damit war aber alles, was die Psychoanalyse sagte, bis weit in die Mitte und bis ins letzte Drittel des 20. Jahrhunderts spekulativ. Es war eine Glaubensfrage, ob jemand sich darauf einließ oder nicht. Und eigentlich war es auch ehrenrührig. Ein ordentlicher Mediziner hatte sich mit solchen Dingen nicht abzugeben.

Diese Spaltung innerhalb der Medizin hat sich durch die Neurologie dramatisch geändert. Ich glaube, dass ein Fehler in der Diskussion um die Psychoanalyse nach 1945 vor allem in Deutschland darin liegt, dass man den biologischen Ansatz, den Freud im Rahmen der Evolutionslehre Charles Darwins mitgebracht hat, nicht konsequent genug weiterverfolgt hat. Freud hat den erwachsenen Menschen in seiner Not zu sehen gelehrt als ein kleines, hilfloses Kind – weinend, verlassen, geprügelt, in die Ecke gestellt. Es ist ein erschütterndes Bild, aber ein sehr mitleidiges und verständnisvolles Bild. Freud hat gleichzeitig noch ein tieferes Modell angeboten, das nur in seiner Triebtheorie, dort allerdings sehr spekulativ, auftaucht und nicht wirklich biologisch durchgearbeitet worden ist; er betrachtete den Menschen als ein hilfloses Tier, ausgesetzt, streunend wie eine Katze oder wie ein Hund. Unsere Psyche stammt ohne Zweifel aus der Tierreihe. Das wusste Freud. Wir haben Gefühle, wir haben Ängste nur deshalb, weil sie in der Entwicklung der Säugetiere über unglaubliche Zeiträume – rund 200 Millionen Jahre – präformiert wurden. Alles hätte folglich dafür gesprochen, dass die Psychoanalyse sich mit der Verhaltensforschung verständigt hätte, mit der Ethologie, dass die Forschung zu Fragen wie »Wie fühlen Tiere, wie treten Tiere miteinander in Kommunikation, welche Grundbedürfnisse haben sie, wie ist die Kindheit bei Tieren?« zum Vergleich herangezogen worden wäre. Begrenzt ist das geschehen. Konrad Lorenz war in den 1960er-Jahren eine Pflichtlektüre für jeden, der irgendwie anthropologisch interessiert war. Auch er war wieder diskutierbar in vielen Dingen, wie man heute sieht, manchmal irrte er. Aber die Diskussion der Psychoanalyse hätte mit der Verhaltensforschung weitergetrieben werden müssen. Das ist im Großen und Ganzen versäumt worden. Dabei ist dieser Punkt für die Theoriebildung und für die Ausformulierung der psychoanalytischen Ideen essenziell.

Doch dann kam plötzlich alles ganz anders, indem die Biologie selber in der medizinischen Forschung sich weiterentwickelt hat durch die Bioneurologie. Schon der Begriff zeigt, dass man sich um biologische Vorgänge im menschlichen Gehirn und im Nervenapparat kümmern muss, um neurologische Phänomene, im Grunde auch psychologische, psychiatrische Phänomene erklären zu können. Dieser Durchbruch war ganz entscheidend. Denn er eröffnet zum ersten Mal die Möglichkeit, dass die Intuitionen der Psychoanalyse überprüfbar wurden mit den Mitteln der Naturwissenschaften. Sie sind seither zunehmend verifizierbar, falsifizierbar, also selber ein Teil naturwissenschaftlicher Forschung. So etwas ist, wie unsere ganze Wissenschaftstheorie ausgelegt ist, augenblicklich von enormen Konsequenzen. Plötzlich muss man sich auch um die Psychoanalyse naturwissenschaftlich kümmern. Stimmt das, was die Psychoanalytiker sagen, oder stimmt es nicht? Und wenn es stimmt, was folgt daraus?

Man kann heute neurologisch zeigen, dass eine ganze Menge stimmt. Die Bedeutung der frühen Kindheit zum Beispiel lässt sich neurologisch, entwicklungspsychologisch durch endlose Beobachtungen, auch durch Beobachtungen der Verhaltensforschung an Tieren, nachweisen. – Es war damals zum Beispiel eine fantastische Idee, die mir selber unglaublich vorkam, es sollte schon vorgeburtlich der Einfluss der Mutter auf den Embryo von psychisch höchstem Belang sein. Ich dachte damals, das sei nun wirklich spekulativ. Wenn die Mutter Alkohol trinkt und raucht, natürlich, dann hat das Konsequenzen für den Fötus, aber wie sie sich fühlt, wird doch dem Kind egal sein. Gefühle werden doch nicht telepathisch vermittelt. Wir müssen aber bedenken, dass Stressbelastungen der Mutter über die Stressachse zur Ausschüttung von Cortisol führen. Cortisol wird in der Plazenta nicht ausgefiltert und hat für die Hirnentwicklung des Embryos enorme Konsequenzen, indem es die Arbeit bestimmter Rezeptoren, die für die Übertragung von Gedächtnisinhalten entscheidend sind, blockiert. Solche Zusammenhänge existieren. Wir können sie zeigen. Sie sind beweisbar. Und all das nötigt uns, den Ansatz zu beachten, den die Psychoanalyse vor 100 Jahren schon sah.

Daher noch einmal gesagt: Man tut den Menschen unrecht, wenn man sie in moralischer Absicht als frei betrachtet und auf Verstand und Willen reduziert. Man muss den ganzen Schichtenbau der menschlichen Seele durchgehen vom Souterrain bis zur 20. Etage. Menschen können denken, gewiss, aber das können sie erst, wenn sich mit dem Aufzug durch alle Stockwerke begeben haben. Da muss man jetzt beginnen – oder noch unterhalb des untersten Stockwerks. In welchem Morast ist das denn mal errichtet worden? Man konnte, bildlich gesprochen, die Metro in St. Petersburg nur bauen, indem man 120 Meter tief sich durch einen sumpfigen und sandigen Untergrund in festes Gestein buddelte. Das muss man auch tun, um den Menschen zu begreifen. Menschen lassen sich in weiten Teilen nur erklären und verstehen, wenn man sie als das Resultat der Evolution der Säugetiere betrachtet. Die Ähnlichkeit von Menschen und Tieren ist psychologisch ungemein beeindruckend, und sie verlangt eine ganz neue Ethik im Umgang mit den Tieren, ebenso wie mit den Menschen. Wir sind wirklich arme Hunde. Das glaubt die Psychoanalyse, und das zeigt heute die Neurologie; deshalb ist letztere so wichtig: Statt zu verurteilen muss man nach Gründen suchen.

Ich gebe dafür mal ein kleines Beispiel, das ich gerne erzähle, weil es in der Kürze plastisch und deshalb überzeugend sein mag. Nehmen Sie an, Sie kämen heute Abend nach Hause und wären gewohnt, dass Ihre Katze Sie an der Tür empfängt. Natürlich hat sie längst gehört, dass Ihr Auto kommt, sie kennt das Geräusch, sie erwartet Sie, sie geht um Ihre Beine, um deutlich zu machen: »Du gehörst zu meinem Revier. Ich setze jetzt meine Duftmarken. Du darfst hier eintreten.« Die Welt des Kätzchens ist anders als die des Herrchens. Nehmen wir nun aber einmal an, all dieses Schöne würde nicht passieren, sondern die Katze wäre nicht da. Sie würden sie suchen, rufen, im Garten, vor der Tür – sie kommt nicht. Plötzlich hätten Sie Sorge, irgendetwas muss passiert sein. Ihre Katze kann unters Auto gekommen sein. Vielleicht hat ein Hund sie gejagt, und sie hat den Rückweg nicht gefunden. Irgendwas *muss* passiert sein. Sie werden daher morgen früh das Bild Ihrer Katze an die nächsten vier Bäume der Umgebung hängen und sagen: »Sucht nach diesem Tier, so sieht es aus. Es ist mir verloren gegangen.« Sie kämen nie auf die Idee, die Katze habe einfach aus Lust und Tollerei die schöne Wohnung, die sichere, verwöhnte Nahrungsversorgung, das Gestreicheltwerden auf dem Sofa sein lassen, um etwas Neues zu beginnen. Mag sein, dass sie rollig ist und auf irgendwelchen Dächern herumturnt, alles ist möglich, aber ganz sicher nicht Mutwille. Bei jeder Katze würden wir untersuchen, welche Gründe dazu führen, dass sie nicht da ist, dass sie verloren gegangen ist oder sich verloren hat. – Was aber ist, wenn Menschen verloren gehen? Dann finden wir es völlig überflüssig, nach ihnen zu suchen, weil Menschen ja angeblich frei sind. Je weniger wir mit ihnen zu tun haben, desto sicherer ist uns, dass sie als Verbrecher verurteilt gehören. Wenn sie uns näherstehen, sieht das schon ganz anders aus. Wenn es unser Sohn ist, der mit Drogen dealt, fragen wir uns, was in unserer Ehe los ist. Wenn unsere Tochter auf den Strich geht, fragen wir uns dreimal, was in unserer Ehe los ist. Wenn unser Junge nicht mehr lernt, obwohl er intelligent ist, fragen wir uns auch, was in ihm vor sich geht. Vielleicht probieren wir auch, ihn zusammenzustauchen, ihn zusammenzuschimpfen mit allen direktiven Mitteln. Aber bald entdecken wir, dass wir damit das Gegenteil erreichen. Wir schicken ihn zum Arzt, und spätestens der wird uns sagen: »Es ist alles viel komplizierter.« – Auf solchen Umwegen lernen wir dann auch, dass Menschen arme Tiere sein können. Das aber weiß die Psychoanalyse, seitdem sie existiert, und die Neurologie bringt uns das derzeit geradezu dramatisch bei.

Auch dafür ein zentrales Beispiel: Wir können, was Angst ist, heute bei Ratten im Labor in Versuchen erforschen. Wir können die Mechanismen der Angst neuronal codieren und im Gehirn beobachtbar darstellen. Das ist eine völlig neue Situation, weil die Neurologie bis noch vor etwa 30 Jahren kaum anderes zur Verfügung hatte als die Technik postmortaler Hirnschnitte. Das war die Lage von Alzheimer in München um 1910, nach dem dann auch die Krankheit benannt wurde. Und daneben hatte man die Läsionsforschung: Wenn irgendeine Hirnblutung, irgendeine Verletzung bestimmte Störungen hervorrief, konnte man sich anhand der verletzten Zonen im Gehirn Gedanken darüber machen, welch eine Funktion dieses Hirngebiet bei der Erzeugung von Funktionen haben müsste, die jetzt als gestört zutage treten. Dieses Vorgehen war mühsam, weil auf diese Weise zwar Bedingungen erforschbar sind, aber niemals lineare oder komplexe Ursachen. Ein Gebiet, das verletzt ist, liefert Bedingungen, um irgendeinen Effekt zu erzeugen oder lahmzulegen. Aber wo sind die Ursachen? Da blieb die Läsionsforschung notgedrungen selber hoch spekulativ. Viel mehr hatte man aber nicht zur Verfügung. In Tierversuchen erlaubte man sich, alle möglichen entsetzlichen Verletzungen einem Tiergehirn zuzufügen, um über kontrollierte Läsionen genauere Kenntnisse über die eigentlichen Ursachen zu gewinnen.

Man ging bei all dem immer wieder aus vom Kranken, um zu lernen, wie man Menschen von Krankheiten befreien könnte. Das war der Stand noch bis vor etwa 30 Jahren, als durch die Computer, durch die bildgebenden Verfahren, zum ersten Mal gesunde, lebendige Hirnfunktionen beobachtbar wurden. Damit eröffnete sich natürlich ein riesiges Fenster; die Tomografen wurden enorm verbessert, die Rechnerleistungen immer höher. Mit anderen Worten: Man kann heute ungefähr auf wenige Millimeter in Kubik im Gehirn die Areale bestimmen, die bei Aktivierung besser durchblutet werden, und man kann daraus Rückschlüsse ziehen, was im Gehirn passiert, wenn ein Mensch dies und das denkt, befürchtet, sich vornimmt, sich vorstellt. Damit ist ein Beobachtungsspielraum eröffnet, wie er noch nie zuvor bestanden hat. Wir sehen damit nicht nur die biologische und psychologische Einheit von Tier und Mensch, wir sehen nicht nur die Einheit von Unbewusstem und Bewusstem, wir sehen den Menschen zum ersten Mal in einer Ganzheit, wie er uns noch nie zugänglich war.

Deswegen ist es einfach logisch, von der Psychoanalyse zur Neurologie zu kommen. Sie ist im Grunde das Terrain, auf dem die Psychoanalyse überprüfbar wird und in 20, 30 Jahren ihre wichtigsten Einsichten delegiert oder abgelegt haben wird. Durch diese Passage also muss die Weiterentwicklung der Psychoanalyse gehen. Insofern bestand für mich im Grunde eine Pflicht, da weiterzumachen, wo alles begonnen hatte.

Das andere ist eine menschliche Frage, die sozusagen als die philosophische Seite des Problems diskutiert werden müsste, auch mit Neurologen. Manche unter ihnen vertreten die für Theologen, Ethiker, Juristen vermeintlich schockierende Ansicht, dass menschliche Freiheit nicht sei, dass es sozusagen gar keine Verantwortung gebe. Die abendländische Betrachtung des Menschen basiert auf dem ethischen Optimismus, dass Menschen in angegebenem Sinne frei verantwortlich und zuständig für ihr Tun sind, dass man sie folglich bestrafen kann und muss entsprechend der Gerechtigkeitsforderung, im Falle sie schwere Fehler begehen. Das alles soll plötzlich infrage stehen. Die Krone der Schöpfung, der Mensch – unfrei, wie ein Tier! Das scheint eine ganz schwere, neue narzisstische Kränkung zu werden. So wäre es in der Tat denn auch, wenn nicht die Psychoanalyse vor 100 Jahren diese Ansicht schon ausdrücklich vertreten hätte. Freud war um 1910 bereits der Meinung, man sollte den Begriff der Freiheit als eine allzu stolze Fahne vom Mast holen und durch den Begriff »Determinismus« ersetzen. Das war auch damals schockierend, es galt als typisch für diesen unverbesserlichen Pansexualisten, Biologisten und Irrationalisten Sigmund Freud. Wie aber, wenn es stimmen würde, und zwar gerade auf dem Hintergrund eines christlichen Impulses?

Ich denke so: Man muss die Unfreiheit der Menschen begreifen, um sie nach und nach durch besseres Verstehen zur Freiheit hin zu öffnen. Freiheit ist keine Naturtatsache. Wie soll in der Natur Freiheit existieren? Aber wenn wir begreifen, wie die Natur funktioniert, gewinnen wir neue Zugangswege zu uns selber und zur Wirklichkeit, und damit erhalten wir auch ein neues Feld von Entscheidungsmöglichkeiten. Freiheit wird nur aus besserer Erkenntnis geboren. Das ist ein Gedanke, den schon Hegel hatte, um 1820. Er definierte kurz, Freiheit sei erkannte Notwendigkeit. Er meinte damit, dass wir uns allein durch die geistigen Zusammenhänge, die wir in der Natur entdecken, das Terrain für Selbstbestimmung und zur Gestaltung der Natur schaffen können. Hegel formulierte damit die an sich richtige Vorstellung, dass Freiheit und Notwendigkeit Gegensätze seien, die sich aber nicht ausschließen müssten. Ganz im Gegenteil: Wäre die Natur keiner Notwendigkeit unterlegen, wäre Freiheit völlig undenkbar. In einer restlos chaotischen und zufälligen Welt gäbe es keinerlei Planbarkeit. Sich zu vereinbaren morgens auf halb zehn, ist völlig illusionär, wenn jederzeit buchstäblich alles möglich ist. Wenn aber die Dinge notwendig sind und zum Beispiel durch den Sonnenlauf Zeit präzise anzugeben ist, dann kann man sich vereinbaren. Das setzt aber voraus, dass der scheinbare Sonnenlauf gewissen Notwendigkeiten zuverlässig folgt. Diese Notwendigkeit muss man kennen und deshalb nutzen dürfen. Dann etabliert sich Freiheit. – Ganz ähnlich war die Idee Sigmund Freuds: Wir gehen ihm zufolge aus von der Notwendigkeit, die aus dem Unbewussten kommt. All das, was wir uns nicht selber zu eigen gemacht haben, was in der Person fremd bleibt, was wir im Ich nicht integriert haben, kann nicht einer freien Verfügung unterliegen; all die Zonen, in denen wir nicht mit uns identisch sind, sind per definitionem schon uns nicht zugehörig, entfremdet, abgespalten; sie unterliegen Eigengesetzlichkeiten. Erst was wir in uns selber begreifen, ist unserem freiheitlichem Zugriff zugänglich. Darum ist die letzte Arbeit in den systematischen Abhandlungen Freuds, »Neue Folge der Vorlesung zur Einführung in die Psychoanalyse«, in der Formulierung gebündelt, es sei die ganze Psychoanalyse dem Bestreben gewidmet, wo Es war, solle Ich werden. Er fügte dann noch hinzu: »Das ist eine Kulturleistung ähnlich der Trockenlegung der Zuidersee.« Das war in den 1930er-Jahren ein gigantisches Projekt. Der Anspruch, den er dabei stellte, ist sehr zutreffend. Es geht nicht nur um die individuelle Erweiterung von Freiheit, es geht kulturell um eine neue Sicht vom Menschen im Ganzen.

Wenn nun die Neurologie kommt und sich demselben Bilde anschließt, wir müssten erst einmal sehen, wie unfrei Menschen in den Gegebenheiten ihrer Genetik, ihrer Biologie, ihrer Neurologie, ihrer Psychologie, ihrer Soziologie, ihrer Genetik, in all den Dingen, die uns festlegen, sind, und könnten erst dann, indem wir all das wissen und kennenlernen, neue Räume zum Eingreifen, zum Verbessern, zur Planbarkeit entsprechend unseren Zielsetzungen schaffen, so erhoffe ich mir von der Neurologie eine Weiterführung der Kulturrevolution, die in meinen Augen in Gestalt der Botschaft Jesu und der Meinung der Psychoanalyse vor 2000 Jahren und vor 100 Jahren schon anzutreffen war. Noch einmal gesagt: Was brauchen wir noch ein Strafrecht, wenn wir wissen, dass Menschen, je ärger ihre Verbrechen sind, umso wahrscheinlicher unfrei sind?

Die Frage ist dann allerdings: Wie kann man ihnen helfen? Der Status, in dem wir uns befinden, ist immer noch weitgehend der der Hilflosigkeit. Wir sind noch lange nicht so weit, dass wir eine vernünftige Diagnostik oder sogar Prognostik hätten. Wir können in das Gehirn von Menschen nicht so weit hineinschauen, dass wir auszuschließen vermöchten, dass ein Triebverbrecher endgültig geheilt ist und dieses und das ganz sicher nicht mehr tun wird. Wenn er das aber tun kann, muss man ihn vor sich selber und die Mitmenschen vor ihm schützen. Er gehört unter kontrollierte Bewachung, das ist wahr, allerdings nicht, um die Gerechtigkeit im Strafrahmen unserer Gesetze auszuüben. Es handelt sich um eine Schutzmaßnahme im Status unserer Hilflosigkeit, um nichts weiter.

Damit wäre auch die moralische und juristische Trennung von Mensch und Mensch nur noch eine virtuelle. Es ist uns klar, dass wir in allen Fällen von »Strafe« nur eine Notmaßnahme verfügen, die aber nicht der Sache selber geschuldet ist, sondern nur unserem vorläufigen Stand des Wissens. Wir können auch schon anfangen, darüber nachzudenken, was denn wäre, wenn dieser vorläufige Zustand unseres Wissens eines Tages verbessert würde. Nehmen wir an, wir hätten die Möglichkeit, in den Kopf von Menschen hineinzuschauen, um zumindest negativ sagen zu können, dass er bestimmte Dinge nicht mehr tun wird. Wären wir dann freier? Wie groß ist zum Beispiel der Grad der Missbrauchbarkeit in der Politik? Was, solange Politik immer noch das Geschäft der ausgebeuteten Angst betreibt, soll werden mit solchen Möglichkeiten? Werden wir etwa in New

York einreisen, um auf dem Flughafen durch Passagen zu gehen, die nicht mehr nur Metalldetektoren an unserem Körper aktivieren, sondern ins Gehirn gucken, ob wir etwa Pläne haben, die Al-Kaida-verdächtig sind? Es genügt dann sicher nicht mehr, bei der Einreise zu beantworten, ob wir Terroristen wären; da schreiben wir natürlich »nein«. Jetzt aber stehen wir dicht vor Möglichkeiten der Gedankenkontrolle, die Orwells »1984« bei Weitem übertreffen. Es ist alles andere als albern, sich darauf vorzubereiten. Mit anderen Worten: Die Dialektik wird immer wieder sein, dass, je mehr wir wissen, desto schlimmer auch der Missbrauch unseres Wissens ausfallen kann. Die Kernfrage lautet: Nutzen wir unser Wissen zur Befreiung der Menschen oder zur tieferen Strangulation der Menschen?

Die Neurologie wirft ganz offensichtlich eine Fülle von Fragen auf, die sie selber nicht beantworten kann. Und das ist jetzt ein ganz spannendes Gebiet in der Auseinandersetzung mit der Theologie. Zum einen sollte die Neurologie die Erlösungslehre der Theologen quasi naturwissenschaftlich plausibel machen: Menschen brauchen eine Fülle von Hilfen, um bei sich selber anzukommen. Andererseits lässt die Neurologie die Menschen an einer Stelle los, an der die eigentlichen Fragen erst beginnen. Ich deutete schon an: Keine Naturwissenschaft, auch nicht die Neurologie, kann sagen, was aus ihren eigenen Erkenntnissen wird, was aus ihnen folgt. Das Fatale ist meist schon, dass heute Forschung vorangetrieben wird durch bestimmte pharmazeutische Betriebe, durch bestimmte Institute, sehr oft durch militärische Beauftragung, die das Gegenteil von Hilfe für Menschen zum Ziel haben, indem sie stattdessen die Ausbeutbarkeit der Menschen in vielerlei Richtung vorantreiben. Was also wird aus dem, was man naturwissenschaftlich entdeckt? Es ist immer dialektisch innerhalb der menschlichen Geschichte.

Damit ist jeder Fortschritt unseres Wissens verknüpft mit neuen Problemstellungen, die im Rahmen der Methoden, durch die wir unser Wissen gefunden haben, sich nicht beantworten lassen. Mit anderen Worten: Die Naturwissenschaft zeigt eigentlich an jeder Stelle, dass sie nur ein bestimmtes Areal der menschlichen Realität beschreiben kann. Also braucht sie durch die Erweiterung der Problemstellungen, die sie selber aufwirft, erweiterte Horizonte, in denen ihre Fragen aufgegriffen werden, und da spielt die Religion notwendigerweise eine ganz wichtige Rolle. Deshalb mein Interesse gerade als Theologe an der Neurologie und an den Naturwissenschaften insgesamt.

Nehmen wir ein dramatisches Beispiel. Um 1950 ging es darum, ob man die Wasserstoffbombe bauen sollte. Man war damit nicht zufrieden, dass die Spaltbomben – Uranium, Plutonium – eine natürliche Grenze haben an der kritischen Masse. Wasserstoffbomben haben das nicht. Da wäre die Spaltbombe lediglich der Zündmechanismus, um eine Kernfusion einzuleiten, die physikalisch so wenig eine Grenze hat, wie dass die Sonne als Fusionsreaktor am Himmel hängt. Da sind ungeheure Möglichkeiten der Zerstörung vorstellbar. Also brauchten die Amerikaner vermeintlich gerade eine Wasserstoffbombe. Aber durfte man die bauen? Die Diskussion fand damals nicht zuletzt zwischen Albert Einstein und Edward Teller statt. Teller gilt als der »Vater der Wasserstoffbombe«, Albert Einstein hingegen war Pazifist und ein erklärter Gegner jeder Art von militärischem Missbrauch physikalischer Erkenntnis, weil er wusste, wie furchtbar das ist, was heute Naturwissenschaftler den Politikern bereitstellen. Es war eine erschütternde Frage, die er an Sigmund Freud im Jahre 1932 richtete: »Warum Krieg?« Einstein sagte sich: »Von all den Leuten, die ich kenne, vernünftige Leute, Physiker, Chemiker, Mathematiker, gibt es nicht einen einzigen, der Krieg will. Aber was für Leute regieren uns dann? Mit anderen Worten: Was für sonderbare Charaktere lassen wir an die Schalthebel der Macht? Warum ist es nicht möglich, dass die vernünftigen Leute einwirken auf die relevanten Entscheidungen der Geschichte? Wie kommt das? Freud, erklär mir das! Es ist so verrückt. Du verstehst vom Irrationalen weit mehr als ich, also mach mir das begreifbar!« Edward Teller hätte zur Begründung des Baus der Bombe von der Angst sprechen müssen, die man vor den Russen hatte und schürte. Der Kalte Krieg eskalierte damals, der Koreakrieg hatte gerade begonnen mit unglaublichen konventionellen Vernichtungsmitteln. Es ist unvorstellbar, was man den Koreanern in jenen Tagen auch ohne Atombomben zugemutet hat: Napalmangriffe, ein ausgedehnter Tunnelbau, um sich davor zu schützen, ein endloses Gemetzel... Welche Opfer da gebracht wurden! Man versteht das heutige Nordkorea wohl nur, wenn man diese Geschichte kennt.

Doch zum Thema zurück: Wie jeder weiß, hat Edward Teller sich durchgesetzt. Uns regierte damals Harry Truman, der in seinem Tagebuch durchrechnete, wie viele Städte man in Russland atomar vernichten müsste, um erfolgreich zu werden, und dass das unvermeidbar sein würde. Moskau, Petersburg, Omsk, 50 Millionen Tote – das war alles planbar. Aber mit der Wasserstoffbombe wäre das alles natürlich noch viel besser hinzubekommen. Die hatten »wir« tatsächlich dann im Jahre 1952. Darf man Physik so einsetzen? – Worauf ich hinweisen möchte, ist, dass die Physik moralisch nichts entscheidet. Einstein verstand von Physik wahrscheinlich viel mehr als Edward Teller, aber das war das Unmaßgebliche. Beide waren Physiker. Doch die Frage: Dürfen wir eine Bombe bauen?, konnten sie als Physiker nicht beantworten. Die Entscheidung fällt erkennbar in einem ganz anderen Bereich, nämlich in der Frage, was sie für Menschen sind. Und sie fällt an der Frage: Was erlauben wir Politikern? Stellen wir uns denen zur Verfügung, oder tun wir das nicht?

Im Übrigen bin ich entsetzt darüber, dass diese fundamentalen Fragen heute kaum noch gestellt werden. Es waren die 1950er-Jahre, in denen ich groß wurde, in denen das noch ein ehrliches moralisches Problem war. Dürrenmatt schrieb »Die Physiker«, ein Theaterstück, das auch heute noch sehr sehenswert ist. Die Naturwissenschaft hatte ihre Unschuld verloren. Und wir hatten Naturwissenschaftler, die das wussten. Weizsäcker zum Beispiel, der bis in die 1960er-Jahre die Auseinandersetzung mit der Atomwissenschaft und die Möglichkeit, sie militärisch auszubeuten, problematisierte. Heute haben wir die Probleme anscheinend alle nicht mehr, weil wir Wissenschaftler haben, die bezahlt werden für ihre Forschung und die nur ihr Resultat abliefern sollen. Was daraus wird, muss die Firma wissen, für die sie forschen – basta! Ganze Universitätszweige haben wir heute, die vorweg gesponsert werden in Staatsaufträgen, vom Pentagon, von Firmen vorweg bezahlt werden. So geht das bis in alle Kreise, die in irgendeiner Form rüstungsrelevant sind. Dass wir uns zum Beispiel in ein Auto mit GPS setzen mag dem Einzelnen, der verlernt hat, eine Karte zu lesen, nützlich vorkommen. Aber es ist der Kontrollmechanismus des Pentagon über alle Bewegungen auf Erden. Jede Bewegung auf der Erde ist mittlerweile militärisch einsehbar. Das ist die Welt, in der wir leben. So vieles ist erfunden worden für militärische Zielsetzungen. Aber jetzt: Dürfen Physiker da mitarbeiten, oder wie schotten sie sich so ab, dass sie ihre Kenntnisse wasserdicht vor Missbrauch halten können?

Das alles ist wieder nur ein kleines Beispiel. Bei der Neurologie sind die Fragen noch viel empfindlicher. Da haben wir es nicht zu tun mit Kernfusionen, sondern mit unserem eigenen Gehirn, mit unserer Psyche, mit der menschlichen Wirklichkeit als Forschungsgegenstand. Was dürfen wir da machen? Das ist nicht mehr nur die Frage: Was dürfen Menschen mit der Natur machen? Wir sind jetzt unmittelbar bei der Frage: Was dürfen Menschen mit Menschen, mit sich selber machen?

Spielt da Religion eine Rolle? Oder noch schärfer gefragt: Wozu wird Gott noch gebraucht?

Das Hauptthema der Religion müsste Angst und Vertrauen sein. Jetzt stehen wir vor der Frage, wie weit Religion die kollektiven Ängste, die im Politischen immer noch instrumentalisiert werden, bewusst machen und abarbeiten kann. Wir haben vorhin diskutiert, ob die Bergpredigt politisch funktionieren könnte, wie Frieden möglich sei. Im 2. Band von »GLAUBEN IN FREIHEIT« habe ich versucht, dieser Frage nachzugehen; schon der Untertitel lautet: »JESUS VON NAZARETH – BEFREIUNG ZUM FRIEDEN«. Es wäre die zentrale Aufgabe der Religion, die individuellen Ängste, die kollektiven Ängste, die sozialpsychologisch bedingten Ängste zwischen verschiedenen Gruppierungen abzutragen durch ein tieferes Wissen um den Menschen und durch ein gütigeres Bild vom Menschen. Das zu entwickeln, wäre ein Ort der Integration von vielen Forschungen, die sich mit dem Menschen beschäftigt haben, und es ginge einher mit enormen Handlungskonsequenzen. Stellen wir uns vor, es wäre unmöglich geworden, Krieg als Option des politischen Handelns noch zuzulassen. Wir hätten eine Religion, die ihre eigene Überzeugung ernst nähme: Alle Menschen sind Söhne und Töchter, Kinder einer Menschheitsfamilie unter einem Vater (oder einer Mutter), von dem (von der) sie stammen. Die Bilder von Vater und Mutter als Schöpfungsmacht im Hintergrund der Welt sind zwar mythologisch, aber ihr Modell ist sehr hilfreich, denn keine Religion außerhalb der Stammesreligionen und der kulturellen Beengtheit ihres Weltbildes, keine wirkliche Weltreligion sieht die Menschen anders denn als Zusammengehörige in der Hand einer Macht, die wollte, dass jeder Einzelne von uns existiert.

Wenn das Gültigkeit hat, ist es absurd, den Politikern zu erlauben, Menschen aufeinanderzuhetzen wie Kampfhunde, nur noch viel schlimmer: mit der Zielvorgabe, einander zu töten. Jeder Krieg basiert darauf, dass man den Zusammenhalt der Menschen unterbricht und Menschen zu Unmenschen, zu Bestien, zu Ungeziefer, zu irgendwas erklärt, das man ausrotten muss und darf. Erst wenn all diese Perversion nicht mehr vorstellbar ist, hat die Religion getan, wofür sie da ist: Sie hätte die Versöhnung der Menschen nicht nur als Theorem behauptet, sondern als Wirklichkeit durchgeführt. Plötzlich fiele die Angst voreinander weg. Wir hätten zum ersten Mal einen Status, wo naturwissenschaftliche Erkenntnis nicht mehr militärisch missbraucht würde. Dann hätten wir plötzlich gewaltige Ressourcen frei, es bedeutete einen kulturellen Sprung auch in der Wirtschaft, auch in der Sozialordnung, auch in der Kooperation, im Austausch von Wissen und Waren. Wir kämen zum ersten Mal bei dem an, was eigentlich längst schon die Selbstverständlichkeit sein müsste. – Spätestens seit dem 16. Jahrhundert wissen wir, dass die Welt rund ist und dass, wenn man lang genug läuft, man wieder bei sich selbst ankommt.

Dass wir zusammengehören, wissen wir spätestens nach dem Ende des Kolonialismus. An all den Stellen müsste die Religion ein Bild der Zusammengehörigkeit und der Humanität anbieten, das dann auch über den Gebrauch von naturwissenschaftlichen Ergebnissen mitbefinden sollte, und zwar nicht pragmatisch durch vordergründige Zwecksetzungen, sondern fundamental, in der Richtung der Einheit aller Menschen. Es ginge um Angst und Vertrauen, und es ginge um die Gültigmachung der Grundvoraussetzung, weswegen es Religion gibt. Menschen leben nicht aus Angst, sondern sie leben in persönlicher Gemeinschaft. Menschen leben nicht, um sich wechselseitig umzubringen, sie leben, um einander zu lieben und zueinander zärtlich zu sein. Menschen leben nicht, um Verzweiflung zu exekutieren, sondern sie möchten morgens aufwachen in Freude über das Geschenk des Daseins.

Das alles sind ganz schlichte Dinge, jedes Kind kann uns das erklären. Aber die Religion kann es versprachlichen. Sie hat gewaltige Möglichkeiten, das menschliche Bewusstsein zu beeinflussen. Sie kann gegen die Angst vor dem Tod die Hoffnung auf Unsterblichkeit setzen. Wir müssen nicht im Kampf ums Dasein einander auf die Köpfe treten für kurzzeitige Überlebenschancen. Wir können Hand in Hand gemeinsam zu leben versuchen, auch angesichts der sicheren Gewissheit unserer Sterblichkeit.

Sie haben gesagt, der Mensch sei im Grunde ein armes Tier, der Mensch sei ohne die Tierwelt, die Evolution, nicht denkbar. Ein wichtiges Moment ist doch die Erreichung des Bewusstseins. Der Mensch und das Bewusstsein. Erst mit dem Entstehen des Bewusstseins, des Selbst, hatte er plötzlich auch die Angst, die Liebe, die Gefühle – und damit die Sehnsucht auch vielleicht nach Erlösung?

Das ist eine sehr wichtige Frage. Denn es stimmt genau: Alle unsere Gefühle verdanken wir der Evolution der Säugetierreihe. Über die Liebe mag man diskutieren, aber von der Sexualität gilt das ganz ohne Zweifel, von der Angst ebenso. Unsere kreatürliche Situation aber hat sich dramatisch geändert durch das Bewusstsein. Gewiss haben entwickelte Säugetiere auch schon das, was wir Bewusstsein nennen. Haben sie auch Selbstbewusstsein? – dafür spricht eine Menge. Sie sind subjektzentriert in ihren Handlungen, sie erleben sich selber als Subjekte in Identität ihres Körper-Ichs. Das alles liegt schon im Übergang der Menschwerdung, und solche Übergänge muss es geben, sonst wären wir ja nie entstanden. Die Neurologie gibt sich heute viel Mühe, Theorien darüber zu erstellen, wie Bewusstsein neurologisch durch Verschaltung bestimmter parallel verarbeitender Module im Gehirn zustande kommen kann. Ausdiskutiert ist das noch lange nicht, aber doch sind gewisse Theorien plausibel genug, dass man sie theologisch, philosophisch, anthropologisch sehr ernst nehmen muss. Das Wichtigste dabei: Bewusstsein ist keine Substanz, wie es die Geistmetaphysik der kirchlichen Dogmatik bis heute mit ihrer Seelenlehre den Theologen zu vermitteln sucht: Bewusstsein sei gar nicht anders erklärbar als durch eine Geist-Seele, die als Substanz die Kontinuität in der Zeit und dann sogar in alle Ewigkeit vermittle. William James, ein amerikanischer Psychologe um 1900, ein Mann, der immer diskutiert werden muss in diesen Fragen, hat als Erster das Problem sehr griffig formuliert: »Bewusstsein ist keine Substanz, sondern ein Prozess.« Dieser Satz ist erstaunlich, weil man um 1900 noch nicht einmal klar wusste, dass die Neuronen in ihren Verschaltungen den ganzen seelischen Apparat erst ermöglichen. James aber hatte eine sehr gute Ahnung davon. Es ist heute das Credo aller Neurologen: Bewusstsein ist ein Prozess, der im Gehirn für das Gehirn stattfindet, eine Rückkopplung auf sich selber.

Verschaltungen, chemische Prozesse?

Natürlich, Verschaltungen chemisch-elektrophysikalischer Prozesse. Das alles lässt sich naturwissenschaftlich mit den Mitteln der heutigen Neurologie beschreiben, verbesserter, genauer beobachten, in gewissem Sinne auch bei schweren Störungen von Bewusstseinszuständen mit Psychopharmaka oder entsprechenden Eingriffen in unserem Gehirn beeinflussen. Augenblicklich entsteht damit allerdings wieder eine Frage, die die Neurologie nicht beantworten kann, zu der sie sich mit ihren eigenen Ergebnissen aber öffnet: Was passiert, wenn in einen Bewusstseinszustand, wie wir ihn auch Tieren zutrauen können, planende Vernunft Einzug hält, wenn ein Wissen um sich selber stattgreift? Was wird, wenn wir Angst nicht nur situativ erleben, wie die Tiere, und mit entsprechenden Instinktmechanismen zu beantworten versuchen, überkommen aus dem Artgedächtnis unserer Herkunft? Was, wenn wir nicht nur den Tod erleiden müssen, sondern mit dem Tod leben müssen, weil wir wissen, dass er jederzeit gegenwärtig ist? Und was, wenn in Reaktion darauf die normalen Angstsicherungsmechanismen des tierischen Verhaltens nicht länger genügen? Was, wenn wir begreifen, dass gefährlicher als jedes Raubtier, als jede Gegebenheit der Natur, ein Mensch einem anderen Menschen sein kann? Dann stehen wir vor einer Fülle von Problemen, die im Grunde von der Theologie her, der Religion her beantwortet werden müssen. Denn diese Formen von Angst fragen danach, weswegen wir leben, welche Sinnvorstellungen wir mitbringen, wie wir auf die Gewissheit der ständigen Nähe des Todes antworten, wie wir Gemeinsamkeit stiften gegen die Angst, die uns auseinandertreiben will, wie wir auf die Bedrohtheit des einen durch den anderen anders antworten können als durch die Produktion immer schrecklicherer Mittel der Destruktion und der organisierten Aggression. Menschsein bedeutet dann, dass wir in ein Feld eintreten, das die Neurologie zwar in ihren Mechanismen begründen kann, das aber eine Fülle von Fragen aufwirft, die damit überhaupt erst entstehen und von denen die Neurologie ganz simpel sagen muss: Das ist nicht unsere Zuständigkeit. Fragen nach Sinn können wir nicht neurologisch stellen, nach Liebe eigentlich auch nicht. Wir können zeigen, wie ein Bewusstsein arbeitet, das solche Fragen hat. Wir können auch zeigen, dass eine Neigung im Gehirn existiert, bestimmte Antworten zu entwerfen; mehr aber nicht.

Liebe, Individualität, Person oder: Von Zufall und Notwendigkeit

Sie schreiben: »Der Glaube an Gott nimmt dem Dasein den Charakter der Zufälligkeit.«

Das ist so, doch es ist ein reiner Widerspruch. Der Widerspruch liegt darin, dass die Naturwissenschaften im Sprechen von Notwendigkeit sofort Zufälle, Unvorhersehbarkeiten mitartikulieren.

Nehmen wir es ganz einfach: Die Notwendigkeit, naturwissenschaftlich, dass Sie und ich existieren, ergibt sich durch die Verschmelzung von Gameten. Natürlich ist das alles unter bestimmten Voraussetzungen so notwendig gewesen, wie es dann kam, und trotzdem ist es der absolute Zufall. Selbst wenn es notwendig gewesen wäre, dass unsere Eltern sich zu diesem Zeitpunkt gepaart hätten, wäre es bis zum letzten Augenblick unter den Bedingungen der Naturkausalität immer noch absolut zufällig, dass gerade Sie und ich dabei herausgekommen sind. Und selbst wenn das wäre, tritt wieder ein riesiges Feld von Zufällen und Beliebigkeiten ein, die den weiteren Weg kanalisieren, durch den wir weiter ausgeformt wurden. Wir sagten, dass es völlig unzureichend ist, wenn ein Mensch erklären würde, dass er nichts weiter sei als das Kind seiner Eltern. Er würde psychoanalytisch im Ödipuskomplex gefangen bleiben. Er würde soziologisch ständig abhängig bleiben von seinem Milieu. Er würde mit dieser Aussage seine Unfreiheit artikulieren. Jetzt können wir sagen, er würde in gewissem Sinn auch die völlige Sinnlosigkeit seiner Existenz artikulieren. Selbst wenn seine Eltern gewünscht hätten, dass ein Kind wie er geboren werden würde, ihn als Person hätten sie gar nicht wünschen können.

Mit anderen Worten: Unsere individuelle Existenz ist das wirkliche Problem. Alle Tiere leben individuell, aber sie wissen es nicht. Sie äußern ihre Individualität, wenn man ihnen wehtut, dann werden sie sich wehren. Doch sie haben das Problem nicht, ein Individuum zu sein. Wir Menschen aber haben es, sodass manche Paläontologen der Meinung zuneigen, dass Religion in dem Augenblick entstanden sei und nötig wurde, wo Menschen die individuelle Existenz zum Problem wurde. Damit fällt der Mensch heraus aus dem Naturzusammenhang. Bis dahin konnte er sagen: Ich bin Mitglied des Totems des weißen Büffels, oder: Ich gehöre einem bestimmten Stamm zu, oder: Ich bin Mitglied des auserwählten Volkes oder Mitglied der katholischen Kirche oder ich besitze irgendeine andere Gruppenidentität, und das genügte. Viel mehr musste man nicht tun, als dem Gruppenverband von Nutzen zu werden. Was zu lernen war, galt dieser Definition, die schon festlag. Gelebte Individualität ist etwas anderes. Sie verbindet sich mit der Frage: Warum gibt es mich, mit meinen Eigenarten? Darauf kann kein Naturgesetz antworten. Die Lateiner pflegten zu sagen: »De individuis non est scientia« – über individuelle Zusammenhänge kann man keine wissenschaftlichen Aussagen machen, weil sie alle zufällig sind. Jeder Schneekristall ist in gewissem Sinne unwiederholbar individuell, aber er hat keine Ahnung, dass er das ist. Der Schneekristall hat kein Problem mit sich selber. Wir Menschen unbedingt. Uns genügt nicht die Erklärung, dass bei einem gewissen Gefrierzustand Wasser beliebt, sich in Eiskristalle umzuformen, die unter gegebenen Bedingungen viele sechseckige Formen annehmen, wunderschöne symmetrische manchmal. Der individuelle Schneekristall ist aus den allgemeinen Gesetzen der Physik und der Thermodynamik in keiner Weise ableitbar. Es ist noch nicht einmal ableitbar, wie der Schnee zur Erde fällt. Man kann auf einer bestimmten Messfläche unter bestimmten Umständen Wahrscheinlichkeitsaussagen darüber machen, aber man wird nie an die Wirklichkeit herankommen, sobald wir sie individuell betrachten. Da ist ein Riesenloch.

Wir könnten das in der Sprache der alten Metaphysik auch so wiedergeben: Es stellt sich die Kontingenzfrage. Kontingenz heißt lateinisch-philosophisch zufällig. Alles Individuelle unterliegt dem Abgrund des Zufälligen. Es gibt keine hinreichende Erklärung dafür, dass es mich in meiner Individualität gibt. Damit fällt, wie gesagt, das Problem des Menschseins aus der gesamten Natur heraus. Wir können es auch so formulieren: Mit der Entstehung des menschlichen Bewusstseins riskiert die Evolution zum ersten Mal eine Lebensform, die an sie selber, an die Natur, Fragen richtet, die sie definitiv in ihrem eigenen Rahmen als Natur nicht beantworten kann. Sie schafft zum ersten Mal ein Lebewesen, das radikal sein Ungenügen findet in einer Natur, die zu allen Fragen, die wichtig sind, schweigen wird, und das empört darüber sein wird, in vollkommener Gleichgültigkeit als Individuum behandelt zu werden. Ein solches Wesen entdeckt ja nicht nur, dass es keine hinreichende Ursache für seine individuelle Existenz gibt. Es entdeckt gleichermaßen die Nonchalance, mit der die Natur über alles Individuelle hinweggeht. Ihr liegt am Energiehaushalt, aber ganz sicher nicht am Erhalt von Individuen.

Ist es denn eine schöne menschliche Konstruktion gewesen, zu sagen, Gott habe jedem bestimmten Lebewesen eine bewusstseinsfähige Seele eingehaucht, oder er habe den Menschen nach seinem Abbild geschaffen?

Das ist eine ganz wunderbare und dringend nötige Konstruktion. Denn worauf ich hinauswill, ist die gegenteilige Erfahrung: Es gibt eine einzige Form, dem individuellen Leben eine Notwendigkeit zuzusprechen, das ist die Erfahrung der Liebe. Erst in der Liebe entdeckt sich die Person eines anderen als notwendig. Jeder Liebende wird dem anderen sagen: »Dich hätte man erfinden müssen, wenn es

159

dich nicht schon gäbe. Ich danke dem lieben Gott, dem Dasein, wem auch immer, dass es dich gibt.« In der Liebe, die für sich selber frei ist, indem sie zumindest als frei gefühlt wird, entdecken wir die Notwendigkeit für die Existenz des anderen. Denn Liebe ist gerade die Art, in der wir als Individuen auf Individuen reagieren. Es ist möglich, die ganze Menschheit zu lieben, eine Partei zu lieben, irgendetwas im Großen und Ganzen, trotzdem werden wir sehr bald merken, dass alles relativ gleichgültig bleibt. Wenn wir etwa über die Schoah einen Film drehen wollen, helfen uns sechs Millionen ermordeter Juden als statistische Größe überhaupt nicht. Wir müssen eine Geschichte erzählen von zwei, drei Personen, die darin verwickelt sind, damit es vorstellbar wird, damit unsere Gefühle sich damit verknüpfen, damit Individuen nicht eine abstrakte Größe bleiben, sondern wirklich vorkommen. Dann erst erhalten wir die Auseinandersetzung zwischen Zufällen und Notwendigkeiten. Dann erst ringen wir darum, auch als Zuschauer eines Films, dass diese Menschen, die uns als Personen nahestehen, überleben. Sie tauchen auf, werden entdeckt, einfach weil wir uns mit ihnen beschäftigen als etwas, das es geben soll. – Wir reagieren damit gänzlich anders, als es die Natur tut. Für die Natur ist ein beliebiger Leichenhaufen kein Problem. Er wird entsorgt werden bis zum letzten Gammaquant. Und der Kreislauf der Natur wird – ganz im Gegenteil, dass er gemindert würde – in vielen Formen sich sogar eben dadurch weiterentwickeln. Tod ist für die Natur kein Problem, er ist das Durchlaufstadium zur Regeneration. Wir Individuen aber können damit nicht einverstanden sein. Denn dass die Energie, die in unserem Körper gespeichert ist, weitere Verwendung findet, mag für die Natur schön und gut sein, aber es ist keine Antwort dafür, warum es uns gibt – als Individuen! An *der* Stelle wird Religion nötig, indem sie die Liebe zum Verstehenshorizont unserer Existenz erklärt, etwas, das in der ganzen Natur so nicht vorkommt. Darum greifen wir religiös über die ganze Natur hinweg. Alle Religion besteht darin, das Ungenügen an der Natur mit etwas aufzulösen, aus dem alles Dasein, die ganze Natur selber, ihre Ableitung und ihre Berechtigung erfährt.

Nur wer Gott als Liebe glaubt, vermag die eigene Unsterblichkeit aus Gottes Hand zu glauben? Nur wer sie erwartet, will und wird Gott glauben?

Genauso ist es. Es stellt eine Rückkopplung im Bewusstsein dar. Wer zu der Überzeugung kommt, dass individuelles Leben an sich nicht wichtig ist, wer in etwa denken würde wie die Nationalsozialisten »Du bist nichts, dein Volk ist alles!«, wer den Biologismus in die Sozialbetrachtung und in die Umgangsweisen mit Menschen einführt, der braucht im Grunde keinen Gott. Er wird aber dessen geständig sein müssen, dass die Anschauung, die er vertritt, sich weit entfernt von dem, was wir kulturell als menschlich bezeichnen. Was er betreibt, ist der Rückfall in die Barbarei, mit zivilisierten Mitteln vielleicht, aber unterhalb des Menschseins. Mit einem Wort: Wir sind Menschen geworden, indem wir uns durch den langen Gang der kulturellen Evolution aus der Natur herausgelöst haben. Unser Bewusstsein ist ja unter anderem auch dadurch entstanden, dass wir einander als Individuen wesentlich ernster nehmen können. Wir sind sprachfähig geworden, was ein Resultat von intensiver Interkommunikation ist. Wir haben sprechen gelernt, weil wir die Nuancen im Umgang miteinander besser begreifen wollten. Uns genügt nicht nur, dass uns die Haare zu Berge stehen oder unsere Augen sich verändern oder dass die Transpiration Duftsignale schickt, wir wollen vom anderen genauer wissen, wie er fühlt, was er meint, was er will. Zu diesem Zweck haben wir die Sprache entwickelt. Damit hat sich ein völlig neuer Bereich des Bewusstseins erschlossen. Neurologen können zeigen, wie Sprache codiert wird, an welchen Stellen im Gehirn ihre Gedächtnisspeicher sind, ihre Verknüpfungen, ihre motorischen Aktivierungszentren. Das alles nutzt uns bei der Behandlung von Schlaganfallpatienten, bei Aphasikern, aber es nutzt uns nicht einen Zentimeter weit in Richtung auf die Frage, wie wir mit Sprache umgehen. Die Sprache hat sich ergeben durch die Fähigkeit, miteinander zu kommunizieren, und etwas ganz Wunderbares ergibt sich daraus: Wir können uns anreden als Individuen.

Ein großes Rätsel ist: Wie definiert man »Person«? Ich behaupte, dass diese Frage neurologisch nicht zu klären ist. Denn ihre Antwort hängt zutiefst zusammen mit der Sprache. Personsein ist überhaupt kein Vorgang, der in einem individuellen Gehirn zustande käme, sondern der sich zwischen den Gehirnen austauscht vermittels von Sprache. Person entsteht, indem ein Individuum ein anderes anredet als unverwechselbar, mit einem eigenen Namen, und wenn es umgekehrt sich zurückmeldet, indem es den Namen des anderen lernt. Jedes Kind wird auf diese Weise groß, und einzig dieser Weg führt dahin, sich als eine individuelle Person zu erleben.

Von da an beginnen all die Fragen, auf welche die Natur keine Antworten mehr hat. Sie führen dahin, dass wir uns eine Macht vorstellen, die selber Person ist und die von Anfang an mit uns geredet hätte. Das ist für mich als Theologe eine beeindruckende Erkenntnis geworden. Lange habe ich über das Johannesevangelium herumgerätselt, über den sonderbaren Prolog: »Am Anfang war das Wort.« Ich habe das nicht verstanden. Ich habe gelernt, »Wort« heißt auf Griechisch »Logos«, und das sei die Logik, die Weltvernunft. Ich dachte, das könne doch nicht gemeint sein. Ich brauche doch kein Evangelium, um zu glauben wie die alten Griechen, dass der Natur die Naturgesetze und eine immanente Logik zuzuschreiben seien. Es müsse anders gemeint sein. Der Johannes-Prolog hat denn auch zentral mit der Person Jesu zu tun. Davon erklärt man theologisch, das sei die zweite Person der dreifaltigen Gottheit. So etwas klingt gewiss recht geheimnisvoll, doch was besagt es? Wirklich geholfen hat mir eine Gegenüberstellung: Jeder kennt den ersten Vers der Bibel: »Im Anfang schuf Gott Himmel und Erde.« Da tut der erste Schöpfungsbericht der Genesis so, als wenn wir Gott aus dem Naturzusammenhang erkennen könnten. Dass es die Sonne gibt, hat Gott geschaffen. Dass es die Fische gibt, hat Gott geschaffen, dass es die Vögel gibt, den Menschen, die Bäume, hat Gott geschaffen ...

Gott als planende Vernunft ...

162

… als planende Vernunft, genau, als wirkursächliche Erklärung dafür, dass es überhaupt etwas gibt. Das schien der Theologie – und es scheint ihr leider immer noch – überaus plausibel. Warum gibt es etwas und nicht vielmehr nichts? Diese Frage der Metaphysik beantwortete sich mit Genesis Kapitel 1,1: »Im Anfang schuf Gott Himmel und Erde.«

Ich glaube, dass diese gesamte Theologie falsch zentriert ist, indem sie versucht, den Offenbarungsgedanken des Schöpfungsglaubens mit der griechischen Philosophie und ihrem Suchen nach kausalen Ursprüngen identisch zu setzen. Beides geht nicht zusammen. Ich bin davon überzeugt, dass speziell das Johannesevangelium mit Absicht eine ganz andere, konträre Fragestellung aufgreift, die auch in Griechenland entstanden ist, nur sehr viel später als die ionische Naturphilosophie – um genau zu sein: 600 Jahren später, eben in der Entstehungszeit des Neuen Testamentes. Man fühlte sich damals gerade im Rahmen einer immer besser erklärbaren Natur als Mensch absolut fremd. Man begann zu begreifen, wie groß die Erdkrümmung ist, wie man die Erde als Kugel vermessen kann. Das war schon im 3. Jahrhundert v. Chr. Man begann zu ahnen, dass die Sonne am Himmel steht als ein eigener Körper, als ein glühender Stein, wie man dachte. Man hatte keine Ahnung, was da wirklich los ist, aber man ahnte zum ersten Mal die Kälte der Welt im Rahmen einer rein mechanisch-naturwissenschaftlich beschreibbaren Naturzusammengehörigkeit und dass die Menschen etwas ganz anderes sind und brauchen. Die stoische Philosophie sah die Menschen angesiedelt in Intermundien, in endlosen Räumen, in denen wir vereinsamt, verwaist zurückbleiben. Dieses Daseinsgefühl, das mit der schon erwähnten Gnosis zusammenhängt, verlangte eine ganz neue Beschreibung des menschlichen Standortes. Und ein solcher wird gefunden in Johannes Kapitel 1, Vers 1: »Im Anfang war das Wort.« Das soll heißen, dass das Ursprüngliche für unser Selbstverständnis in dem Gedanken liegen müsste, dass Gott mit uns redet. Natürlich hat das zu tun mit der Person Jesu, der uns einen Gott bringen wollte, der so ist, dass er mit sich reden lässt und mit uns redet; indem er wollte, dass man zu ihm Vertrauen gewinnt, wie er selber es vorlebte.

Darum gibt es eine erstaunliche Frage im Johannesevangelium. Philippus sagt da: »Jesus, zeige uns den Vater.« Dies schon setzt eigentlich voraus, dass man Gott als väterliche Macht überhaupt nicht erkennen kann, jedenfalls nicht aus dem Zusammenhang der Natur. Das, was man da findet, kann alles Mögliche sein, aber ganz sicher kein Gott, der mit uns redet, der uns persönlich will, der uns als Personen meint, dem man Güte oder väterliche, mütterliche Eigenschaften zuordnen könnte. Das alles muss neu gezeigt werden, und das geht nicht über die Naturbetrachtung. Gerade das aber soll und muss uns die Person Jesu lehren: »Zeige uns den Vater.« Und die Antwort Jesu ist entsprechend: Wer auf ihn schaut, wird Gott als Vater entdecken. Das ist eine vollkommen neue Anordnung der Nachdenklichkeit über unsere Position in der Welt.

Wir könnten auch so sagen: Gewöhnt sind viele noch, die sich im kirchlichen Sinne als gläubig verstehen, von Schöpfung zu reden, um begreifbar zu machen, warum es die Welt gibt, warum es die Welterscheinungen gibt. Diese Art zu denken tut so, wie wenn der Gedanke der Schöpfung sich über das Kausalproblem ergäbe. Gott hat die Welt geschaffen, soll dann heißen: Es gibt die Welt, weil Gott sie geschaffen hat. Gott ist die erste Ursache zur Erklärung der Weltwirklichkeit.

Also, es ist nicht mehr möglich, das Dasein und Sosein der Welt als begreifliche Existenz eines weisen, gütigen und allmächtigen Schöpfers zu interpretieren?

Damit gehen Sie schon einen ganzen Schritt weiter. Das wirkliche Problem scheint mir darin zu liegen: Auf die Idee auch nur zu kommen, diese Welt könnte geschaffen sein, ist naturwissenschaftlich ein Ungedanke. Es ist nicht möglich, Gott als Ursache einzuführen. Glänzend erkannt hat das vor 230 Jahren in der »Kritik der reinen Vernunft« Immanuel Kant. Wer erklärt, die Welt existiert, weil Gott sie als Ursache geschaffen hat, beendet einfach die Ableitung im Kausalzusammenhang. Und das ist logisch illegitim. Man tut so, wie wenn da etwas erkannt worden wäre, das überhaupt nicht erkannt ist. Man hat lediglich willkürlich die Begründung von Ursachen abgebrochen. Spinozistisch gedacht: Warum kann nicht die ganze Welt sich selber begründen? Im Pantheismus ist das ein absolut logischer Gedanke. Manche meinen – ein bisschen albern formuliert –, das sei ein Schlussverfahren nach dieser Art: Wenn jeder Bayer eine Mutter hat, dann muss ganz Bayern eine Mutter haben; also gibt es die Bavaria. So ähnlich wäre der Gottesbeweis der Theologen. Der Gedanke geht von den vielen einzelnen zu einer Gesamtursache, und die soll dann Gott sein als Ursache von all dem. In Wahrheit genügt es natürlich zu denken: Alle Bayern stammen ab von Bayern. Alles Einzelne hat sich weitergezeugt und hängt als Ganzes zusammen. Warum nicht also das Universum für »Gott« einsetzen? Das war eine schon im 17. Jahrhundert für Spinoza absolut vorstellbare Denkweise, und es ist logisch in sich, wie Kant 100 Jahre später dann auch erkenntnistheoretisch dargetan hat. Die Frage aber bleibt: Wie kommt man überhaupt zu der Idee, dass diese Welt eine Schöpfung sein könnte? Wieso genügt es nicht, ihr Getriebe zu erforschen und mit ihm umzugehen?

Der Gedanke der Schöpfung stammt im Grunde aus der Unzufriedenheit mit dem, was wir als Weltwirklichkeit antreffen. Da ist eine riesige Diastase zwischen den menschlichen Fragen und dem, was wir vorfinden. Wir haben bereits darauf hingewiesen: Kein Mensch darf mit einem anderen Menschen – ich behaupte: auch nicht mit einem Tier – so umgehen, wie die Natur es jederzeit tut. Dieser Unterschied ist absolut. Das, was wir als Menschen sind, was wir kulturell gelernt haben, was verpflichtend ist für uns Menschen, unterscheidet sich um Lichtjahre von dem, was in der Natur anzutreffen ist. Dieser Widerspruch muss gelöst werden durch die Religion. Sie beschreibt unsere menschliche Wirklichkeit im Rahmen einer Natur, von der her wir uns nicht mehr verstehen können, um uns selber zu begründen. Deshalb nehmen wir die menschlichsten Erfahrungen, wie wir miteinander reden, wie wir einander zugewandt sind als Personen, wie wir einander Namen verleihen, die uns als Individuen meinen und ermöglichen, und wir gewinnen auf diese Weise eine Folie, um zu verstehen, warum es uns als Menschen gibt.

Religion als Hilfsmittel?

Genau. Als ein Interpretationsverfahren des Daseins, als eine hermeneutische Antwort auf die Frage, wer wir als Menschen sind inmitten einer Natur, von der her wir uns nicht erklären können. Der Sprung der Zufälligkeit bleibt an jeder Stelle. Nur die Liebe schafft eine Notwendigkeit, die das Individuum meint, die Naturkausalität niemals. Der Tod bringt eine inakzeptable Fragestellung mit sich und erfordert die Religion als Antwort. Sagen wir es noch mal anders: Wer sagt, die Welt sei eine Schöpfung, artikuliert – ob er es weiß oder nicht – ein Gefühl der Dankbarkeit, weist hin auf die Geschenkhaftigkeit, auf die Nichtnotwendigkeit der Existenz, und er besetzt sie positiv. Er muss nicht leben, aber er darf es. Das setzt eine ermöglichende Freiheit voraus in dem Gefühl, gemeint zu sein, berechtigt zu sein und um diese Basis nicht erst kämpfen zu müssen.

Das Gegenteil lässt sich auch leicht artikulieren: Menschen wissen, dass sie überflüssig sind, dass sie nicht notwendig sind, dass sie beliebig sind, will sagen: Kein Mensch hat auf sie gewartet und würde sie vermissen, wenn sie nicht mehr wären. – In unserer Gesellschaft ist das ein geradezu dramatisches Gefühl geworden. Jeder heute kann entlassen werden, heute noch lieber als morgen; er ist eigentlich für die Unternehmer nur noch ein Kostenfaktor, für die Sozialwissenschaftler und Wirtschaftler erscheint er parasitär als Rentenbezieher. Wofür benötigt man ihn? Er ist eigentlich ein Störfall. Besser, man ersetzt ihn gleich durch den Computer. – Mit anderen Worten: Wir haben inzwischen eine Gesellschaftsordnung, die geradewegs danach verlangt, dass man die Daseinsnotwendigkeit und -berechtigung des Einzelnen unter Beweis stellt durch seinen jeweiligen Nutzen, durch Effizienz. Wenn das so steht, haben wir, biblisch gesprochen, die Auflage, dass jeder sich selbst als Gott entwerfen muss. Er muss die Kontingenz seines Daseins widerlegen, indem er sich selber eine neue Form von Daseinsnotwendigkeit schafft durch die Anerkennung, zu der er andere nötigt, mithilfe von Leistungen, die ihn als unverzichtbar in den Raum stellen – es geht nichts mehr ohne ihn! Wenn er sich erst einmal in diese Illusion gebracht hat, in irgendeiner Chefetage vielleicht, wird er vermeintlich benötigt, dann hat er aufgehört, zufällig zu sein, dann hängt alles von ihm ab, dann ist er ein kleiner Herrgott. So eine Tendenz lässt sich natürlich endlos vermehren, bis zum Herzinfarkt, bis zum Zusammenbruch, bis dass seine Frau ihn verlässt, bis er vereinsamt in Depressionen verfällt – alles lässt sich denken: bis dass seine Firma von irgendeinem Hedgefonds aufgekauft wird. Aber: Er ist am Ende derjenige, der sich lediglich selber ruiniert hat. Das ganze Konzept ist falsch. Sein Wie-Gott-sein-Wollen wirft ihn nur umso mehr auf die Kontingenz seines Daseins zurück.

Wer mithin versuchen wollte, die radikale Kontingenz des menschlichen Daseins zu beantworten, indem er sich selber erst einmal eine Notwendigkeit für sein Dasein schaffen will, folgte einem Konzept, das zwangsläufig ruinös sein wird, für ihn selber, für den Kontakt mit anderen Menschen – ein Illusionsprojekt, ungefähr gleich dem Turmbau zu Babel; so etwas kann nur auf den eigenen Kopf zurückfallen. Anders dagegen die Religion. Sie wird sagen: Du darfst dich betrachten als ein Wesen, das gemeint ist, gemocht ist, geliebt wird – nur dafür gibt es dich. Dann entsteht ein Gefühl, nicht mehr von Zwang, sondern von Dankbarkeit, ein Stück von Freude, die sich weiterreichen lässt. Das ist ein Hauptpunkt in der ganzen Botschaft Jesu: dass wir Menschen uns radikal nicht selber gehören, dass wir selber keinerlei Anspruch auf irgendetwas haben, dass alles, was wir sind, geschenkhaft ist. Und dieses Geschenk müssten wir jetzt weitergeben, in der Freude darüber, leben zu dürfen im Hintergrund einer Macht, die möchte, dass wir sind. Das verbindet sich mit dem Schöpfungsgedanken.

Wohlgemerkt, dieser Gedanke stammt in keiner Weise aus der Ursachenforschung nach bestimmten Naturzusammenhängen. Er hat überhaupt nicht nötig, irgendetwas erklären zu wollen. Er verbleibt ganz und gar in den Fragen, die nur wir Menschen an die Welt und an uns selber richten können, und er stiftet eine Antwort, die der Daseinshermeneutik dient, der Vermittlung von Sinnzusammenhängen, nicht von Kausalzusammenhängen.

Um es noch einmal zu verdeutlichen: Der britische Biologe Richard Dawkins hat in »Der blinde Uhrmacher« – damals ein wichtiges Buch – als Darwinist, als bekennender Atheist sehr zu Recht geschrieben: »Es war bis 1859 unmöglich, nicht an Gott zu glauben.« Unmöglich, weil kein Mensch sich vorstellen konnte, wie die Schönheit einer Rose oder die Eleganz einer Katze oder die Geschmeidigkeit eines Fisches, der durchs Wasser gleitet, durch bloße Zufälle hätte entstehen können. Das alles ist so viel fantastischer, als was wir Menschen uns ausdenken, dass man überhaupt nur eine unendlich überlegene Vernunft zur Erklärung glaubte gelten lassen zu können. Vor Darwins »Entstehung der Arten aus natürlicher Zuchtwahl« war diese Ansicht absolut plausibel. Jede andere Erklärung schied aus. Es spielt auch heute noch eine große Rolle. Bloße Zufälle erklären natürlich gar nichts. Was aber Charles Darwin gefunden hat, ist darin genial, dass er die Verknüpfung von Notwendigkeit und Zufall im Getriebe der Evolution als wirkliche Erklärungsgrundlage erkannt und formuliert hat.

Machen wir es uns folgendermaßen klar: Betrachtet man das Geschehen der Evolution, hat man an jeder Stelle Zufälle, die erklärbar machen, warum es Veränderungen gibt in Gestalt der Mutationen im Erbgut. Das ist der eine Teil. Damit verknüpft ist ein hoher Ausstoß an Leid und Schmerz und unvorhersehbaren Tragödien und Absurditäten – gerade das, was für Theologen so ganz schwer in ihre Schöpfungskonzeption einzubauen ist: das Leid, die Grausamkeit, die Sinnlosigkeit. Arthur Schopenhauer hat das meisterlich formuliert. Die Theologen haben mit der Konstruktion vom Teufel versucht, sich aus der Affäre zu ziehen, doch sich dafür sofort den Widerspruch eingehandelt, dass Gott nicht gerade den Eindruck macht, allmächtig zu sein, wenn da irgendein Gegenspieler ihm auf der Nase herumtanzt bis zum Jüngsten Tage. Wenn er allmächtig ist, warum lässt er denn das zu? Das mit dem Teufel ist eine Antwort, so mythologisch, dass für jeden Denkenden sich mehr Fragen damit verbinden als Antworten. Darwin ganz anders. Darwin erklärt all die Schattenseiten der Natur als das geheime Getriebe, als den Motor der Evolution, als notwendig in dem Sinne, dass es ohne diese Mechanismen keine Weiterentwicklung gäbe. Gleichwohl gibt es eine unerbittliche Notwendigkeit in der Funktionsprüfung, in der Tauglichkeitsprüfung der zufällig sich durch die Selektion verändernden Lebensformen, durch die Bedingungen der Umgebung, im Körperinneren schon als Umgebung für die Gene, aber dann spätestens durch die klimatischen, geografischen Bedingungen, unter denen Lebewesen gewissermaßen in freier Wildbahn ihr Dasein fristen müssen. Da wird nur zugelassen, was funktionieren kann, und nur ein funktionsfähiges Individuum wird wieder seine Gene weitergeben, doch, wohlgemerkt, ohne dass es auf das Individuum dabei weiter ankommt. Noch Freud konnte sich diese Weltsicht zu eigen machen mit der Aussage, die individuelle Existenz sei in seinen Augen biologisch betrachtet so viel wie ein Majoratsherr oder ein Kontorverwalter, der ein fremdes Gut hütet und auf die Bahn bringt, das ihm für kurze Zeit leihweise zur Verfügung gestellt wurde; dann tritt er ab und hat mit dem weiteren Gang der Dinge nicht mehr viel zu tun.

Das Individuum also ist in dieser Sicht nichts weiter als eine Überlebensmaschine für die Weitergabe der Gene, und es hat die Pflicht der Fortzeugung. Hat es die erledigt, ist es überflüssig. Bei vielen Tierarten bedeutet dies dann auch das Ende der individuellen Existenz. Lachse zum Beispiel laichen ab und sterben, nachdem sie unter unglaublichen Anstrengungen über Tausende von Meilen und Sprüngen flussaufwärts an den Ort zurückgekommen sind, an dem sie selber zur Welt kamen. Der Pessimismus dieser Weltbetrachtung deutet noch einmal an, dass man bei dieser Art der Welterklärung nie im Leben auf die Idee eines gütigen Schöpfers kommen wird, ja, gar nicht kommen darf. Aber die Tauglichkeit zum Erklären von Weltzusammenhängen ist im Darwinismus genial getroffen, weil alles scheinbar Negative plötzlich in dieser Mischung aus Notwendigkeit

und Zufall seine Einheit bekommt und eine synthetische Erklärungs-
dichte erfährt. Plötzlich kann man erklären, wie es kommt. Die Höherentwicklung der Arten aus dem Kampf ums Dasein bringt das
Beste hervor, was wir heute sehen. Mechanismen dieser Art werden
wir kulturell niemals handhaben dürfen, aber wir stellen fest, dass die
Natur es so tut.

Der Mensch – Krone der Schöpfung?

Die Evolution geht ja weiter. Man muss in Millionen Jahren denken.
Was Sie ja in Ihren Büchern immer wieder faszinierend dargestellt
haben: Wir stehen in einem Evolutionsprozess, auch der Mensch. Ist der
Mensch denn die Krone der Schöpfung?

Nein, oder nur in einem genau zu definierenden Sinne. Zum Menschen gehört, dass er Bewusstsein mit Sprache verbindet. Das zeichnet ihn aus vor allen anderen Lebewesen, darin besteht die Individualität, darin beruht seine Personalität, darin ruhen die menschlichen Gefühle, die Planbarkeit von Zukunft, die Weitergabe von Erfahrungen, die sich austauschen, daraus ergibt sich eine ungeheure Kondensation von Wissen, das nur durch Sprache weiterzugeben ist. Damit beschreiben wir, dass die Evolution durch die menschliche Kultur sich völlig neue Felder geschaffen hat. Manche Biologen sind der Meinung, dass auch die Kultur sich nach den gleichen Gesetzen voranentwickelt hätte wie die Evolution der Lebewesen und dass also Geschichtsphilosophie in den gleichen Mechanismen zu betreiben wäre wie Evolutionsforschung. Auch die Entstehung der Sprachen glaubt man in Analogie beschreiben zu können zu der genetischen Diversifikation von Arten. Da sind viele Parallelen möglich, die sehr nachdenklich machen. Wenn dem so wäre, unterläge auch die kulturelle Evolution denselben Mechanismen wie die biologische Evolution. Mir aber scheint das zumindest nicht beweisbar. Auf jeden Fall scheint mir nicht erwiesen, dass irgendeine Zielvorstellung mit der Evolution verbunden sein sollte. Das war sie nie, mit der Entwicklung der Kultur aber in zunehmendem Maße sehr wohl.

Ein Konfliktpunkt zwischen Theologie und Biologie lag ja immer gerade in diesem Punkte und liegt bis heute darin, dass, wenn ein Gott schafft, er vorgestellt wird als planende Vernunft. Er muss vermeintlich irgendein Konzept gehabt haben, ein Intelligent Design zumindest, das sich dann aufführt in Raum und Zeit. Gott hat den Menschen vorhergesehen und gewollt – das gehörte für diese Art von Schöpfungsglauben zum gusseisernen Bestand der Schöpfungstheologie. Alles ist finalisiert auf die Krone der Schöpfung, als da ist der Homo sapiens. Die Biologen haben sich dieses Weltbild nie zu eigen machen können und dürfen, schon weil sie sehen, dass die Mutationen keinen Zielvorstellungen folgen. Selbst wenn wir die Evolution zurückdrehen würden auf irgendeinen beliebigen Zeitpunkt, sagen wir: vor ungefähr sechs Millionen Jahren, als die Vorgänger des heutigen Schimpansen von den Vorgängern des heutigen Menschen sich trennten, und wir würden von da an einfach noch mal laufen lassen, wie Evolution sein könnte, so gibt es wohl keinen Naturwissenschaftler, der sagte, es sei ihm vorhersehbar, wie es jetzt weitergehen würde. Es wäre vieles möglich, weil die Zufallsbedingungen so reich sind und weil schon kleinste Unterschiede am Ort ganz andere Ergebnisse zur Folge haben würden. Man spricht von der Sensibilität der Anfangsbedingungen in der Entwicklung komplexer Systeme. Eine planende Vernunft an keiner Stelle.

Ich nenne nur ein kleines Beispiel: Es erstreckt sich heute die Landbrücke von Panama zwischen Nord- und Südamerika, und sie ist es, die vor rund 2,5 Millionen Jahren den Golfstrom aufgebaut hat. – Damit veränderte sich das gesamte Klima. Es faltete sich zusätzlich im ostafrikanischen Grabenbruch durch ähnliche geologische Vorgänge ein Gebirgszug auf, der das bis dahin urwaldartige Gebiet in zwei Teile zerlegte. Im Osten davon bildete sich eine Steppe.

Baumbewohnende Lebewesen, ähnlich den Schimpansen, wurden plötzlich in die Steppe ausgelagert, sie mussten völlig andere Nahrungsgewohnheiten annehmen, und sie reagierten sehr unterschiedlich. Der Australopithecus robustus verlegte sich darauf, den Kauapparat zu verstärken und das, was er vorfand, zwischen den Zähnen zu zermahlen. Unsere Vorfahren haben einfach den Speisezettel verbreitert und gelernt, vielfältigere Nahrung aufzunehmen. Sie entwickelten die Jagdstrategien schon der Schimpansen weiter und fingen an, sie jetzt in der Steppe auszuüben.

Mit anderen Worten: Wir haben ein Zusammenspiel vieler Komponenten, dessen Resultat an keiner Stelle vorhersehbar ist. Da spielt die Geologie eine Rolle, die Klimatologie, die Geografie, die Botanik ist sehr wichtig, die Zoologie, die Fauna am Ort natürlich – ein unglaublich komplexes Ineinandergreifen aller möglichen Ursachen. Alles das führte am Ende dahin, dass eine bestimmte Tierart eine bestimmte Entwicklung nahm; am Ende, irgendwann nach riesigen Zeiträumen von Jahrmillionen, beginnt dann ein Lebewesen, nicht nur Steine zu gebrauchen, sondern Abschlagskulturen herzustellen, die ähnlich aussehen, als würden da Werkzeuge gebildet.

Dass die Evolution keine Ziele hat, sondern lediglich Stufe für Stufe auf Engpässe reagiert, die sie sich selber schafft, und dann Notausgänge sucht, mit denen es weitergehen wird, ist die einhellige Meinung der Biologie, mit welcher freilich die Theologen nicht zurechtkommen können. Das ist ein Hauptproblem, naturphilosophisch: Wenn es denn irgendeinen planenden Gott gäbe, der all das geschaffen hätte, um uns Menschen am Ende zu ermöglichen, so unterläge er auch der moralischen Verpflichtung, die jeder planenden Vernunft zu eigen sein müsste. Er hätte Verantwortung für das, was er tut. Es wäre ihm ein höchstes Interesse zuzutrauen, dass er in seinem Plan zumindest das, was sich so mühsam an Land gequält hat, zu seiner Weiterentwicklung gedeihlich zuführen würde. Aber – wie schon am Ende des Perm – schlägt da vor rund 62 Millionen Jahren in der Bucht von Campeche ein Meteorit ein, brechen Vulkane aus, wird die Welt der Dinosaurier am Ende der Kreidezeit im Feuermeer und dessen Folgen versinken. Eine planende Vernunft, die derart vorgeht, sollte außer Kraft gesetzt werden. So etwas gehört nicht in die Chefetage eines Schöpfergottes, wird jeder sagen. So kann und darf auch gerade ein Gott nicht handeln. Aber genau so ist es gelaufen. Zufälle!

Dehnen wir den Gedanken sogar noch aus. Dann sind wir nicht mehr nur auf terrestrische Zusammenhänge angewiesen, sondern auf astronomische. Unsere Erde als Ganzes hat sich vor 4,5 Milliarden Jahren durch riesige Kollisionen von Teilen gebildet, die immer wieder ineinandergeschlagen sind. So ist das Erdinnere noch heute heiß, so hat der Mond sich abgespalten, und dieses Spektakel hat heute noch nicht ganz aufgehört. Die Restbestände, aus denen unser Planetensystem entstanden ist, führen am Rande in der Oort'schen Wolke Kometen mit sich, die ab und die Angewohnheit haben, zu erscheinen oder auch auf der Erde einzuschlagen. Ein Planet zwischen Jupiter und Mars ist gar nicht erst zustande gekommen, wohl aber ein Gürtel, aus dem immer mal wieder Meteoriten auf die Erde stürzen. Wenn sie das tun, vielleicht alle paar hunderttausend Jahre, ist ihre Wirkung dementsprechend unglaublich. Es kann ein ganzes Erdzeitalter aus den Fugen geraten. Damit müssen wir einverstanden sein, weil das so ist. Da sind Zufälle und Notwendigkeiten, die in unvorstellbarer Form den Gang der Evolution bestimmen. Welch ein Theologe will damit zurande kommen unter der Konzeption einer planenden Vernunft? Ein Gott, der planen könnte, dürfte so nicht geplant haben – das ist die simple Wahrheit. Er wäre zu verklagen des Massenmordes, der Rücksichtslosigkeit und der Gefühlskälte. Mit fühlenden Wesen darf man so nicht spielen. Das ist eine menschliche Wahrheit. Aber eben: Sie ist nicht Teil der Natur. Deshalb klafft zwischen dem, was die Naturwissenschaft findet, und dem, was die Theologen glauben, ein riesiger Graben. Diese Kluft ist nicht linear oder synthetisch in einem monistischen Weltbild unterzubringen.

Noch mal zusammengefasst: Nicht der Versöhnung mit der Welt, ihrer Überwindung gilt die Religion?

Genau. Die Religion kann die Menschen nicht lehren, mit dem Naturverlauf in dem Sinne einverstanden zu sein, dass sie dankbar davor niederknien und sagen: »Wie schön ist doch der Meteorit am Ende des Perms oder am Ende des Mesozoikums auf die Erde niedergegangen. Wir danken dir, lieber Gott, dass du so weise warst, denn nur dadurch sind ja wir selbst entstanden.« Zu solchen Zynismen kann doch niemand den menschlichen Intellekt bekehren wollen. Nein, was Darwin gefunden hat, ist eine grausige Blutmühle, die allerdings funktional ist, die Erstaunliches hervorbringt, in gewissem Sinne Weiseres, als wir heute je planen können. – Als Beispiel: Die Bionik wird gerade zu einem Wissenschaftszweig, in dem wir versuchen, uns die unglaublichen Techniken der Natur zunutze zu machen. Vielleicht müssten ja Jumbojets nicht über unsere Stadtgebiete herdonnern, wenn wir es lernen würden, Flügel zu konstruieren, die wie bei einer Eule die Vibration an den Rändern so minimieren, dass sie fast lautlos werden. Eine Eule braucht Geräuschfreiheit im Flug, sonst würde sie nie eine Maus fangen. Bionik versucht, derartige unglaubliche Evolutionsstrategien, die sich in die Körper der Lebewesen eingegraben haben, technisch zu nutzen. Natürlich ist das alles staunenswert, bewundernswert. Aber entscheidend: die Mechanik, die dahintersteht, darf nie die Betriebsanweisung menschlichen Verhaltens werden. Dann hat die Religion die Aufgabe, unsere Menschlichkeit inmitten einer Natur zu stützen, die selber nicht menschlich sein kann und darf.

Auch das wird man sagen müssen: Eine menschliche Natur wäre so etwas wie ein zoologischer Garten, der ganz sicher nicht dahin führen würde, die Lebewesen in ihren gegenwärtigen Lebensformen am Leben zu halten. Die zoologischen Gärten sind so viel wie ein Paradies unter künstlichen Bedingungen, eine Arche Noah, eine Erinnerung an eine Artenvielfalt, die freilich im zoologischen Garten nie in Austausch miteinander tritt. Wir werden doch nie eine Gazelle in einen Löwenkäfig setzen, um den Zuschauern zu zeigen, wie es in freier Wildbahn zugeht. Wir dürfen eigentlich überhaupt die Betriebsbedingungen der Evolution nicht Kindern zeigen, damit alles

schön bleibt und seine Unschuld behält und die Freude eines Zoobe-
suchs überhaupt jenseits der Kinderschutzgesetze anschaubar bleibt.
Wir dürfen den Kindern die Natur, so wie sie ist, eigentlich gar nicht
zumuten, weil wir sie dafür nicht erziehen wollen. Selbst die Tier-
filme, die wir sonntagsnachmittags sehen, werden vielleicht noch zeigen, wie die Löwin die Gazelle anspringt, aber alles Weitere wird ausgeblendet. Nicht mal die einfache Frage: Mit wem haben wir jetzt
Mitleid oder auf wessen Seite stehen wir mit unserer Sympathie?, ist
beantwortbar. Die Löwin will leben, die Gazelle will leben; wen wir
bevorzugen, hängt nur davon ab, wen wir als Erstes gezeigt bekommen haben. Sehen wir das Ganze aus der Perspektive der Gazelle,
wollen wir unbedingt, dass die Löwin danebengreift. Sehen wir das
Ganze aus der Perspektive der kleinen Löwen, die warten, dass sie gefüttert werden, wollen wir, dass die Löwin erfolgreich ist. Fünf Minu-
ten des Zuschauens lenken unsere Sympathien und machen uns völlig parteiisch bei der Betrachtung der Natur. Die Natur aber darf
nicht parteiisch sein. Sie hat überhaupt nicht die Aufgabe, menschlich zu sein. Sie hat uns ermöglicht. Punkt und fertig. Sie gibt indessen keinerlei Antworten darauf, wie wir uns als Menschen verstehen
sollen. Mehr, als dass sie uns ermöglicht hat, wird keine Naturwissenschaft über uns Menschen sagen können.

Deshalb brauchen wir die Religion. Sie hilft uns nicht, die Natur
nach Menschenmaßstab zu begeifen, doch sie ist die wichtigste
Grundlage, selber Menschen zu werden und uns als Menschen
durchzuhalten.

Insofern stehen wir seit 150 Jahren vor einer religiösen Herausfor-
derung, der die Theologen nicht gerecht werden – um es milde aus-
zudrücken. Darwin hat uns als Krone der Schöpfung entthront; aber
mit seinen Gedanken einher verbreitete sich der Atheismus. Wir
haben sein Denken nicht benutzt, um gütiger und weiser zu werden,
wie es in Religionen selbstverständlich ist, die, wie die indische
Frömmigkeitshaltung, die Anthropozentrik der Bibel nie geteilt
haben; im Gegenteil, wir haben die Naturwissenschaften genutzt, um
den alten Artegoismus unserer Spezies noch grausamer, noch profi-

tabeler, noch destruktiver zu gestalten. Alles wartet auf eine neue Ethik, die entsprechend der modernen Sicht der Biologie die Ansprüche des Menschen an die Welt begrenzt an dem Recht auf Leben und Überleben der Lebewesen an unserer Seite. Man kann nicht die Bewahrung der Schöpfung predigen und gleichzeitig, wie der Vatikan es will, alle vernünftigen Maßnahmen gegen die rasende Bevölkerungsvermehrung als »Sünde« verbieten. Täglich sterben 150 Tier- und Pflanzenarten.

Seele

Ihr 7. Band in der Reihe »GLAUBEN IN FREIHEIT« *trägt den Titel* »ATEM DES LEBENS« *und den Untertitel* »DIE SEELE«. *Ein Begriff, der bisher schon mehrmals gefallen ist. Was ist für Sie Seele, ist Seele das Symbol, das die Einheit des Person-Seins des Menschen, das Person-Sein Gottes beschreibt?*

Es ist leider wieder schwierig, Begriffe zu übersetzen. Der Begriff der Seele ist in der abendländischen Denktradition außerordentlich besetzt und vor allem wieder von der kirchlichen Dogmatik aus dem Erbe der platonischen Philosophie mit einer Reihe von Attributen verknüpft. Platon im 5. Jahrhundert v. Chr. wollte mit dem Begriff der Seele begründen, warum wir Menschen Bewusstsein haben, warum wir denken können, warum bestimmte geistige Ideen uns innewohnen, warum wir etwas anderes sind als die bloße Materie, warum wir leben und nicht einfach nur toter Stoff sind. Für all diese Fragen fand er eine aus der ägyptischen Mythologie stammende, aber auch intellektuell fast evidente Antwort: Das alles, sagte er, liegt daran, dass in uns ein Geist tätig ist, der über sich nachdenken kann. Und diese Fähigkeit sollte der menschlichen Seele verliehen sein. Mit Seele meinte er eine geistige Substanz, die dahin führt, dass der Körper belebt wird, dass wir zu Geistestätigkeiten imstande sind. Weil die

Seele so etwas völlig anderes ist als das Materielle, war der Seele Unsterblichkeit zuzuschreiben.

Lehren wie diese hatten sofort enorme Kernsequenzen. Es ist ein erschütternder Dialog, den Platon seinen Lehrer Sokrates mit seinen Schülern im Gefängnis von Athen führen lässt, der Dialog »Phaidon«, wo Sokrates darüber nachdenkt, dass man ihn jetzt töten wird. Er muss nur noch den Mann rufen, der ihm das Gift geben wird; auch wie das stattfindet, weiß er. Er hat sich vorher noch gebadet, damit hernach für den Bestatter keine Schwierigkeiten mit seinem Körper sein werden. Er hat so viele Gedanken geäußert, warum die Seele unsterblich sei – wie eine Musik, die im Körper erklingt. Dazu sagt einer seiner Schüler: »Aber die Musik ist doch nicht mehr aufführbar, wenn die Leier zerbricht.« Und Sokrates antwortet: »Es gibt doch die Leier nur, um die Musik aufzuführen. Die Musik ist früher als die Leier. Die Idee der Musik liegt doch der Leier selbst zugrunde. Die Leier stirbt, aber die Idee der Musik nicht.« Und jetzt: »In der Welt der Götter wird man keine Leier brauchen, um die Musik zu hören.« Auf diesen Zustand freut sich Sokrates und argumentiert schließlich mit mythischen Bildern. Die Richter in Athen benehmen sich lächerlich, und ganz Griechenland wird sie für ihre Dummheit verachten. Aber im Tode wird er seinen wahren Richtern begegnen. Endlich wird er Menschen begegnen, mit denen es sich lohnt, zu reden. Die großen Naturphilosophen, die kann er wiederhören und mit ihnen all die Fragen diskutieren, die so schwer beantwortbar scheinen. Sokrates freut sich, zu sterben und diese Erde zu verlassen.

Das waren so wunderbare, tröstliche Gedanken und philosophisch so plausibel, dass man sie im Christentum verbunden hat mit der Deutung auch unserer menschlichen Existenz. Insbesondere den Tod Jesu suchte man zu verbinden mit dem Glauben an Auferstehung, und zu diesem Zweck hat man sehr komplizierte metaphysische Theorien über die menschliche Daseinsform abgeleitet. Weil sich so viel an Hoffnung und weil sich so viel an Weisheit mit dem Begriff der Seele verbunden hat, fällt es unglaublich schwer und scheint es ein riesiges Loch zu hinterlassen, wenn man sagen wollte, eine solche Seele gebe es gar nicht. Aber das genau ist der Zustand, in den uns die biblische Theologie protestantischerseits vor 100 Jahren schon hat stürzen müssen, der aber katholischerseits abgewehrt wurde. Es wird jetzt aber auch der Zustand, in den die moderne Neurologie uns stürzt mit jenem vorhin zitierten Satz von William James: »Bewusstsein ist keine Substanz, sondern ein Prozess.« Das gehört zum ganzen evolutiven Denken: Es gibt nicht Substanzen, es gibt nur Prozesse, es gibt Strukturen, die durch Prozesse sich aufbauen. Es gibt Übergänge vom Chaos zur Ordnung durch ständige Rückkopplungen. Alles das muss begriffen werden als dynamisch, nicht statisch. Dieses ganze Denken also in Substanzkategorien, in statischen Begriffen, ist methodisch obsolet. Es ist nicht als eine Einzelbehauptung, sondern in dem ganzen Denkmodell widerlegt. Was da geschieht, ist gigantisch. Das ganze Bauwerk der tradierten Metaphysik geht da zu Bruch, und zwar in den Grundannahmen, nicht länger nur im Dachreiter sozusagen. Es ist so etwas wie der Einsturz des Kölner Doms als Ganzes. Damit muss man erst mal fertig werden.

Vielleicht hilft es, wenn ich tatsächlich mit der biblischen Theologie beginne. Denn was die wenigsten wissen, was man ihnen förmlich verheimlicht hat, ist die Tatsache, dass Jesus selber an die Unsterblichkeit der Seele im platonischen Sinne nie und nimmer geglaubt hat. Es war eine völlig fremde Idee im hebräischen Kulturraum, in dem Jesus lebte. Jesus hat so nicht gedacht. Er musste auch so nicht denken. Jesus hat ein anderes Bild der ägyptischen Mythologie über die Tradition der Pharisäer übernommen, das von Auferstehung spricht. Auferstehung war im jüdischen Sinn die Hoffnung, dass Gott unser individuelles Leben im Tode nicht zurücklässt, sondern neu schafft, eine neue Schöpfung, die er in Identität mit uns selber in die Wirklichkeit setzt. Der Unterschied zwischen der Lehre von der Unsterblichkeit der Seele und dem Gedanken der Auferstehung ist jetzt gewaltig. Die Kontinuität zwischen der Person, die wir jetzt sind, und der Person, die wir jenseits der Todesmarke zu sein erhoffen, ist gelegen bei dem Theorem von der Unsterblichkeit der Seele in der Identität einer Substanz, die den Tod überdauert – gewissermaßen eine metaphysische Natureigenschaft unserer selbst. Streng genommen brauchen wir dafür keinen Gott. Wenn wir so sind, ist Unsterblichkeit die natürliche Eigenschaft unserer Seele. Auch Platon brauchte in diesem Sinne keinen Schöpfergott. Jüdisch hingegen gedacht, braucht man im Sinne Jesu ganz unbedingt einen Gott. Denn der Mensch stirbt als Ganzer, nichts davon überlebt, man sieht, wie alles zerfällt. Das ist die empirische Tatsache in Anbetracht des Todes. Der Glaube aber ist, dass Gott uns nicht im Tode lässt, sondern die Identität, die wir sind, in seinen Händen liegt. Gott, der wollte, dass es uns gibt, kann wieder wollen, dass es uns geben soll. Der Tod ist dann nur das Durchgangstor zur Ewigkeit. Die Identität unserer selbst liegt also ganz und gar im Glauben an Gott, in nichts anderem. Es ist kein Zutrauen in unsere Natur, es ist ganz und gar ein Vertrauen in Gott. Davon lebt Jesus. Das steht hinter jenem Zitat aus Psalm 31 am Karfreitag im Lukasevangelium, wenn Jesus sterbend sagt: »In deine Hände gebe ich mich.«

Mit diesem Glauben kann und könnte auch die heutige Neurologie zurande kommen. Sie kann lediglich negativ feststellen: Was wir Bewusstsein nennen, was wir Sprachfähigkeit nennen, was wir Geistestätigkeit nennen, das alles sind Produkte des Gehirns für das Gehirn. Im Tod stirbt unser Körper. Das Gehirn ist ein Teil unseres Körpers, also stirbt das alles mit. Der Prozess, aus dem Bewusstsein hervorgeht, findet im Tod sein Ende. Dem ist so. Damit ist Platon widerlegt. Ich glaube, das muss man anerkennen. Wenn man aber sagt: »Ich glaube an Gott«, so brauchte man das ganze Konstrukt der unsterblichen Seele nicht mehr. Wenn wir jetzt noch von »Seele« reden, nachdem diese Rede eigentlich theologisch und neurologisch erübrigt ist, bleibt eine fast romantische, emotionale Gestimmtheit, die dem Begriff assoziativ innewohnt. Wer von Seele spricht, meint etwas anderes als psychisch. Es betrifft rein linguistisch ein anderes Feld. Die Psychologie redet empirisch von Psyche, und auch sie meint damit etwas im Grunde mechanistisch Beobachtbares. Wer indessen von Seele oder von Beseeltheit spricht, meint die Innenwahrnehmung der Dinge. Man kann auch sagen, dieser Mensch hat eine gute Seele oder ist eine gute Seele.

Damit wählt man ein poetisches Wort…

Unbedingt. Der Begriff der Seele ist ganz und gar poetisch geworden und beschreibt das Innerste des Subjekts. Das ist eine Sprache, die die Mystiker vor über 600 Jahren aufgebracht haben und bei der ich auch eine mögliche Anknüpfung sehe. Sie sprachen von dem »Seelenfünklein«. Da war »Seele« noch viel dichter; das Innerste der Seele sollte da in Gott zur Sprache kommen. Wenn Sie das poetisch, also sehr emotional getönt, aufgreifen, ist »Seele« ein wunderbares Wort, das wir nicht verlieren sollten. Zumindest was seelenlos ist, wissen wir leider nur allzu gut. Wir identifizieren es sofort mit grausam und rücksichtslos und mechanisch manipulativ. Ein Mensch hat eine gute Seele – damit meinen wir, er ist weitherzig, er ist einfühlsam, er ist sensibel, er ist mitleidig. Das ist ein schönes Wort.

Seele bedeutet so viel wie: sich nach Heimat sehnen?

Seele und Sehnsucht kann man sprachlich sogar einander zuordnen. Etymologisch wird das etwas schwierig sein. Aber das deutsche Wort »Seele«, meint man, könne kommen aus dem »aus dem See Gezogenen«, und vermuten ließe sich, dass in der Seele wirklich eine solche Sehnsucht steckt nach einer Weite, nach einem tragenden Element, aus dem sie selber kommt, viel größer als sie. Dann wären wir beim Heimweh in Gedanken, die die Psychoanalytiker immer wieder hatten: Eine ganz große Sehnsucht im menschlichen Herzen sei das Symbol des Wassers, der Rückkehr in den Mutterschoß. Wenn das »Seele« ist, dann fühlen wir gewissermaßen das Verlangen nach Rückkehr in den Ursprung. Das ist ein schönes theologisches Thema. Ich glaube deswegen, wir müssten, wie fast alles in der Theologie, auch den Begriff der »Seele« herausnehmen aus den kategorialen Festlegungen und in die Sprache der Dichtung überführen, so wie wir es vorhin mit »Sünde«, mit »Gnade«, mit »Glaube« versucht haben; wir müssten eine Sprachwelt organisieren, die sich dichterisch mitteilt; auf jeden Fall müssen wir das ganz zentral versuchen mit einem Begriff wie »Seele«.

Vielleicht ist es hilfreich, zum Thema Seele und Unsterblichkeit ein dichterisches, mythisches Bild aufzugreifen: die Erzählung von dem thrakischen Sänger Orpheus und seiner Geliebten, Eurydike. Als sie starb, ging Orpheus ihr nach in die Unterwelt, um sie ins Leben zurückzuholen, doch er scheiterte und verlor sie endgültig; bis dahin kennen den Mythos wohl alle. Doch Ovid erzählt weiter: Nach Jahren der Trauer und der klagenden Lieder starb Orpheus auch, und jetzt fand er wieder als lebend Eurydike. Es war sein Irrtum gewesen, den Tod als endgültige Trennung zu glauben; wir werden uns wiedersehen, und das eigentliche Leben beginnt erst. So zu glauben heißt, richtig durch diese Welt zu gehen.

Herr Drewermann, wenn ich Ihr umfangsreiches Werk anschaue, dann führt dadurch die zentrale Frage: Wo kommen wir her, in welcher Welt leben wir, und was lässt sich erwarten? Und das entfalten Sie in unterschiedlichen Facetten in den sieben Bänden »GLAUBEN IN FREIHEIT« – Angst, Person, Symbolismus, »JESUS VON NAZARETH«, Befreiung zum Frieden, »DER SECHSTE TAG«, Paläontologie und die Frage der Schöpfungslehre, »UND ES GESCHAH SO« – als Auseinandersetzung mit der Biologie und Theologie. »IM ANFANG«, das ist die Frage nach der Kosmologie, und dann die beiden Bände »ATEM DES LEBENS«, der Frage nach der modernen Neurologie und ihren Folgerungen. Vielleicht noch einmal grundsätzlich: Wie verfolgen Sie diesen Strang, welchen Bogen spannen Sie, und wie wollen Sie den Leser führen, von wohin zu welchen Zielen?

Sie haben völlig recht. Es sind im Grunde die alten, klassischen Fragen, die ich Zug um Zug beantworten möchte. Immanuel Kant hat das sehr schön zusammengefasst: Die Philosophie, auch die Theologie, sollte sich beschäftigen mit diesen drei Grundproblemen: »Was ist der Mensch? Was muss ich tun? Was darf ich hoffen?« Ich habe im Grunde seit Kindertagen die dogmatische Theologie als äußerst unzureichend betrachtet, weil sie unglaublich viel zu wissen vorgibt. Prüft man es nach, sind ihre Beweise nicht nur lückenhaft, sondern leer, widersprüchlich ihre eigenen Gedanken, eine Mixtur aus griechischer Philosophie, aus biblischer Lehrtradition, aus bestimmten philosophischen Theoremen des Mittelalters, verknüpft mit einem unglaublichen Machtanspruch, der alternative Konzepte gar nicht zulässt. Mit anderen Worten: Es ist mir diese Art von Dogmatik stets als Zwangssystem erschienen. Den Grund dafür glaube ich, wie gesagt, darin zu sehen, dass hier stets von oben nach unten gedacht wird. Man glaubt, aus der Bibel eine Offenbarung destillieren zu können, die es dann ermöglicht, im Status göttlichen Wissens die Propagandamühle einzuschalten, um möglichst viele Menschen in den Apparat der Kirche hineinzuhomogenisieren. Die Welt aber ist anders. Die Menschen leben anders. Zu denken ist von unten her. Die Frage lautet also: Was suchen wir? Welche Probleme wollen wir eigentlich lösen? Was sind die Konflikte, die wir austragen müssen? Mit anderen Worten: Das Ganze steht auf dem Kopf, und man müsste es andersrum drehen.

Darum war es mein Bemühen, zunächst einmal darüber nachzudenken, weswegen Menschen Religion brauchen. Der 1. Band von »GLAUBEN IN FREIHEIT« verrät gerade dieses Programm: Ein Glauben kann überhaupt nicht im Status der Unfreiheit existieren. Aber wie formuliert man alles das, was am Christentum richtig scheint, auf eine Art, die sich in Freiheit leben und verstehen lässt? Uns Menschen sind die Probleme der Angst und des Personseins zentral. Dieser Erlebnisse wegen, der Angst und des Personseins wegen, stellen wir Fragen an die Natur, auf welche die Religion antworten sollte. Aber sie kann es kaum anders, als dass sie eine paradoxe Form annimmt. Wir sagten bereits: Menschsein unterscheidet sich sehr von dem, was Tiere erleben, indem jede Angstsituation durch planende Vernunft, durch Vorhersehbarkeit oder Vorstellbarkeit von Zukünftigem ins Unendliche getrieben werden kann. Eine Antilope, die an der

Quelle trinkt, wird sichern, ob ein Raubtier in der Gegend ist, und sie wird die Distanz kalkulieren, die eine Fluchtmöglichkeit offenlässt. Danach ist keine Angst mehr nötig. Wir Menschen wissen, dass wir so oft der Todesgefahr entfliehen können, wie wir mögen, irgendwann wird der Tod zustoßen, und es gibt kein Entrinnen mehr. Er hockt, dieses Skelett, jeden Moment neben uns, aber irgendwann wird er zugreifen, beliebig, egal wann. Nur wir Menschen haben solch eine Angst. Wir verunendlichen alle denkbaren Angstsituationen der Tierpsychologie ins Unendliche. Die Religion nun versucht, Geborgenheitserfahrungen aus dem Tierreich, die sich bewährt haben, ebenfalls zu verunendlichen. Gerade das geschieht durch Symbolbildung.

Ein Tier kann Schutz suchen, etwa in einer Höhle oder auf einem Baum, es kann seinen Durst an seiner Wasserstelle befriedigen. Wir Menschen können Höhle, Baum und Wasser in Symbole überführen. Da ist das Symbol des Baums plötzlich als Kreuz gegenwärtig, des Wassers als Taufbrunnen, der Höhle als Kircheninnenraum. Wir haben Sicherungsräume, die sich im Tierreich situativ bewährt haben, speziell in der Evolution der Säugetiere natürlich, religiös verunendlicht und machen daraus Symbole, die Vertrauen schaffen sollen in Erwartung einer Welt, die wir nicht mehr sehen. Das heißt, wir antworten religiös auf die Verunendlichung der Angstsituationen, indem wir symbolisch Vertrauenssituationen verunendlichen. Das wollte ich im 1. Band von »GLAUBEN IN FREIHEIT« beschreiben, der den Untertitel trägt: »Dogma, Angst und Symbolismus«. Eine Art von psychologischer, evolutiv fundierter Fundamentaltheologie sollte das werden, die zeigt, weswegen wir Religion brauchen und wie prinzipiell in jeder Religion religiöse Antworten organisiert sind. Um das zu verdeutlichen, habe ich als Titelbild des Buches eine Darstellung von Edvard Munch gewählt: ein Liebespaar, das unterwegs ist in einen Wald hinein. Da erscheint die Natur als ein schweigender, dunkler Hintergrund von möglicher Geborgenheit, aber auch von möglicher Gefährdung. Das Entscheidende ist die Verbundenheit von auch nur zwei Menschen. Die letzte Antwort auf alle

Beunruhigungen unseres Daseins sollte in der Liebe liegen. Die erlaubt dann auch den rechten Umgang mit den religiösen Symbolen. Denn es ist wichtig zu sagen: Alle Symbole bleiben ambivalent. Sie können uns, je nach Gebrauch, unter den Vorzeichen der Angst uns bis ins Psychotische treiben. Wir realisieren dann nicht mehr den symbolischen Inhalt, sondern wir nehmen die Symbole wörtlich. Unter den Voraussetzungen von Vertrauen aber öffnen Symbole sich zu einer quasi dichterischen Sprache. Das Missverständnis, Symbole wörtlich zu nehmen, ist der Grund dafür, dass der Dogmatismus der katholischen Kirche ohne jede Übertreibung verdient, als Zustand eines kollektiv krankhaften, quasi psychotischen Bewusstseins beschrieben zu werden. Man darf in der katholischen Dogmatik Symbole nicht als Symbole lesen. Menschen, die man dahin bringt, werden die sinndeutenden Bilder auf eine Art vergegenständlichen, wie man es in der Psychiatrie antrifft. Genau das wollte ich verhindern. Es sollte wieder eine Erlaubnis geben, Symbole als solche überhaupt wahrzunehmen.

Was ich meine, mag ich noch mal in einem anschaulichen Bild darstellen. Mir hat einmal eine Frau erzählt, wie das zuging in ihren Kindertagen: Sie kam als Mädchen in die Küche, ihre Mutter hatte etwas zu tun und sagte zu ihr, sie solle im Garten spielen gehen. Die Tochter wollte aber bei der Mutter sein, und jetzt begriff sie, dass die Mutter sie irgendwie loswerden wollte. Wenig später schlug die Mutter ein anderes Spiel vor: Die Tochter sollte spielen, wie sie zu ihrer Tante fahre. Die Patientin schilderte, wie sie daraufhin losmarschiert ist. Sie wusste, wo der Bahnhof liegt, ziemlich weit entfernt sogar, sie wusste, wo ihre Tante wohnt, sie wusste auch, wie man mit dem Zug fahren müsste. Sie war ungefähr vier Jahre alt; Gott sei dank hat dann irgendeine Bekannte sie abgefangen und wieder nach Hause zurückgebracht. – Was ist in diesem Moment passiert? Die Botschaft der Mutter war höchst ambivalent. Sie konnte nicht sagen: »Jetzt hau endlich ab, ich hab hier was Besseres zu tun.« Sie wollte sagen: »Ich bin doch eine liebe Mutter, ich möchte nur, dass du spielst und mich in Ruhe lässt.« Aber die Tochter hat doch verstanden, dass sie lästig war und dass die Mutter sie loswerden wollte und sie am liebsten bei der Tante sehen mochte. Was ist jetzt ein Symbol? Spiel wäre ein Symbol. Hier aber wurde aus einem Symbol ein Ernstfall. Es war für die Patientin überhaupt kein Spiel, es war für sie eine Handlungsanweisung in der Realität. Die Ambivalenz der Mutter wurde plötzlich eindeutig, und aus dem Symbol wurde etwas vollkommen anderes. Das Spiel setzte sich mit einem Mal in eine Aufforderung um. – So ist es, wenn man Angst missversteht, wenn man Symbole ganz anders deutet, als sie gemeint sind. Das macht der Hintergrund der Angst, der sie plötzlich festlegt, als wäre ein Symbol eine Kategorie, ein Zeichen, ein Sachverhalt. Dann bricht der ganze Deutungsrahmen auseinander und legt sich aus in Eindeutigkeit. So etwas tut die kirchliche Dogmatik, und deshalb ist der 1. Band »GLAUBEN IN FREIHEIT« nach meiner Schätzung so wichtig. Er schafft erst einmal Klarheit, wie Religion redet und wie man sie verstehen müsste.

Befreiung zum Frieden

Der 2. Band von »GLAUBEN IN FREIHEIT«, »JESUS VON NAZARETH«, *befreit zum Frieden?*

Das ganze Christentum tritt an als Erlösungsreligion, und so verstehe ich die Person Jesu. Zusammen bricht der ethische Optimismus, die Reduktion des Menschen auf Vernunft und freien Willen – und die Auseinandersetzung mit den tiefen Problemen der Angst, der Verlorenheit, der Tragödien des menschlichen Lebens hebt an. Ich wollte diese Botschaft Jesu um ein Problem zentrieren, das mir als Kriterium signifikant scheint: Solange es Krieg auf Erden gibt, kann das Christentum keine Wirklichkeit haben. Beides ist miteinander nicht vereinbar. Also bedeutet Erlösung der Welt, unter anderem und jedenfalls zentral, der Frage nachzugehen: Was trägt die Botschaft Jesu dazu bei, Frieden zu schaffen? Das wollte ich anhand der biblischen Zeugnisse von der Person Jesu auf allen Ebenen durchgehen: als erstes individuell die Zwänge, die Ängste, die im Menschen liegen und die ihn zum Feind seiner selbst werden lassen, und auch die inneren Zerrissenheiten, die Neurosen, die geheilt werden müssen, wie es im Neuen Testament therapeutisch vorgebildet ist. Dann erhebt sich die Frage, wie Menschen untereinander eine Angst aufbauen, die bis zur Kain-und-Abel-Szene führt. Minderwertigkeitskomplexe spielen da

188

eine Rolle, Konkurrenzsituationen können eine mörderische Dynamik entfalten. Wie löst man diese Konflikte entlang der Botschaft Jesu auf? Des Weiteren ist deutlich, dass Kriege nicht geführt werden, weil Einzelne sie vom Zaune brechen oder sadistische Potenziale ausagieren wollen. Das Paradox ist, dass Menschen, die an sich gute Familienväter und liebe Ehegatten sind, die eigentlich gute Bürger sind, welche nur ihre Pflicht tun wollen, im Kriegsfall in Handlungen verwickelt werden. Das Unheimliche am Krieg ist, dass man die soziale Komponente der Psychologie, die Gruppendynamik, vor Augen sehen muss. Am Ende tun Menschen für ihre Gruppe die ungeheuerlichsten Dinge, aber sie tun sie mit dem Impuls der Kameradschaft, der Treue, der Hingabe, des Pflichtgefühls, mit lauter ethisch hochrangigen Motiven. Diese Missbrauchbarkeit im Ganzen muss deutlich werden, und da ist die Botschaft Jesu sehr wichtig: Es gibt kein Volk, das sich absolut setzen dürfte, keine Gottheit, die Nationalegoismen unterstützen könnte. Es gibt nicht »unseren« Gott. Es gibt keinen gruppenspezifischen Gott, es gibt nur einen Gott für alle Menschen. Das ist Religion. – Noch einen Schritt weiter ist klar, dass wir nicht Kriege führen im Dienste unserer Gottheit, die wir so lieb hätten, dass wir sie auch anderen zumuten möchten, sondern dass wir bestimmte Wirtschaftsinteressen vertreten, ganz handfeste, manipulative Zielsetzungen. Also muss man sich um die Wirtschaftsstruktur kümmern. Auch da hat Jesus zum Reichtum und zum Geld kräftigere Worte gefunden als über den Teufel. Wie kann man eine Wirtschaftsform im Sinne Jesu aufbauen, sodass wir nicht die aggressivste Wirtschaftsform in Gestalt des Kapitalismus erhalten müssen im Aberglauben, am Ende Frieden erwarten zu können? Auch das wird in »JESUS VON NAZARETH – BEFREIUNG ZUM FRIEDEN« durchgearbeitet. Und schließlich bleibt die Sprache, die die Kirche von Jesus selber aus dem Neuen Testament entwickelt hat. Ein Haufen von Begriffen ist da dogmatisiert worden, der immer wieder zu Abspaltungen führen muss und endlose Auseinandersetzungen zwischen den Konfessionen und zwischen den Religionen bis heute heraufbeschworen hat. Wie kann man von Jesus so sprechen, dass die Worte, die das Neue

Testament für ihn findet, Gültigkeit beanspruchen dürfen, indem sie Menschen frei machen und zusammenführen? Was bedeutet zum Beispiel das Wort »Menschensohn«? Oder wenn wir sagen: Jesus ist der »Herr« oder der »König« oder der »Erlöser« oder der »Heiland« – wie auch immer. Das ist das Thema des 2. Bandes von »GLAUBEN IN FREIHEIT«.

Der 3. Band, »DER SECHSTE TAG« – Auseinandersetzung mit der Paläontologie« ist im Grunde eine Schöpfungslehre?

Ein Teil davon. Es beginnt mit dem sechsten Tag als Zeichen der Schöpfung des Menschen. Es ist ein großes Problem für die dogmatische Theologie gewesen, wie man den Menschen versteht. Solange man ihm eine unsterbliche Seele zutraut, ein Bewusstsein, das von Gott geschaffen ist, ist seine ganze Existenz nur begreifbar durch einen besonderen Schöpfungsakt. Das gehört tatsächlich bis heute noch zur kirchlichen Lehre. Im päpstlichen Lehramt glaubt man, dass die Schöpfungslehre mit der Evolutionslehre vereinbar sei, indem ja der Körper des Menschen sich evolutiv entfaltet haben könne aus tierischen Vorfahren, aber die unsterbliche Seele, den Vernunftbesitz, habe Gott durch einen besonderen Schöpfungsakt den tierischen Ursprüngen eingehaucht. Anders sei der Mensch nicht begreifbar. Mit anderen Worten: Man hat für den Menschen eine absolute Ausnahme in seiner Stellung im Naturzusammenhang zu reklamieren. Eben darum sollte er ja als die Krönung der Schöpfung begriffen werden.

Die Paläontologie hatte es sehr schwer, sich gegenüber diesen Einflüssen der kirchlichen Lehre mit ihrem ganzen Propagandaapparat nach und nach in 150 Jahren durchzusetzen. Das Problem lag bereits in der Evolutionstheorie Charles Darwins begründet. Er hat selber ein bedeutendes Buch geschrieben, nicht nur über die Herkunft der Arten, sondern auch über die Entstehung des Menschen. Darin war naturgegebenermaßen zu seiner Zeit noch vieles spekulativ, noch lange nicht erforscht – der Neandertaler wurde damals gerade erst gefunden. Von der Tiefendimension der Zeit hatte man damals noch nicht die wirkliche Kenntnis. Man muss sich erinnern: Es galt, als ich zur Schule ging, für unglaublich und erschütternd, dass man von 600 000 oder vielleicht von einer Million Jahre der Anthropogenese sprach. Das galt für ungeheuerlich, weil das, was wir Geschichte nennen, bestenfalls 6000 bis 10 000 Jahre, vom Neolithikum bis heute, sich erstreckt, und dieser winzige Zeitraum sollte nun um ganze Größenordnungen vermehrt werden. Das öffnete einen Abgrund vor den Füßen der menschlichen Selbstbetrachtung.

Und vor allem die Art und Weise der Entstehung des Menschen war konträr zu dem, was man im Sinne einer unmittelbaren Schöpfung durch Gott erwarten durfte, es entsprach aber ganz und gar dem emprischen Bild des Menschen. Menschen führen Kriege, Menschen können zu unglaublichen Formen der Grausamkeit neigen, sie können kannibalische Impulse äußern. Sie verraten so viel Schreckliches aufgrund ihrer Herkunft aus der Tierreihe, dass man erstaunt sein muss, wie all das in der Seele eines Lebewesens Platz haben kann, das gerade aus der Hand Gottes hervorgegangen sein soll und das als sein kostbarster Teil der Schöpfung für ein Abbild des Göttlichen selber gelten soll. Ein solches Wesen sollte sich nicht so aufführen, wie es das all die Zeit über getan hat. Der Darwinismus erklärt auch an dieser Stelle die kulturelle Wirklichkeit sehr viel besser als der tradierte Schöpfungsglaube.

Um den zu beweisen, hatte man alle möglichen Wahrscheinlichkeitstheorien bei der Hand: wie unwahrscheinlich es doch sei, dass ein Lebewesen einen Vorzug darin im Kampf ums Überleben gehabt habe, Bewusstsein zu entfalten. An der Stelle müssen wir heute aber wohl nicht länger diskutieren. Ich habe in »DER SECHSTE TAG« das, was die Paläontologen heute sagen können über die Entstehung des Menschen im Verlauf der letzten 15 Millionen Jahre, 6 Millionen Jahre, 2,7 Millionen Jahre, 1 Million Jahre vom Ardipithecus ramidus bis zum Homo sapiens versucht zu verbinden mit einer Reihe von neuen Problemen, die sich auch an die Theologie melden.

Als Beispiel: Selbst in der nächsten Entstehungsgeschichte unserer selbst stoßen wir auf das Problem des Aussterbens des Neandertalers. Er war nach allem, was wir heute sagen können, ein Homo sapiens. Wir können darüber diskutieren, ob er in unserem Sinne sprechen konnte, aber sicher verfügte er über kulturelle Leistungen, die ohne Sprachvermögen, so rudimentär auch immer, schwer ableitbar wären. Und noch weiter rückwärts: Es konnte auf der Stufe des Homo erectus noch lange vor dem Neandertaler ein Wesen existieren, das Speere herzustellen vermochte, die nicht nur eine hohe Kenntnis des verwertbaren Materials, sondern auch eine hohe Stufe planender Vernunft und handwerklichen Geschicks verraten. Da muss es Lehrtraditionen gegeben haben. Also muss es vor über 400 000 Jahren schon Lebewesen gegeben haben, die ihr Können nicht nur handwerklich durch Zeigen, sondern auch durch sprachlichen Kommentar, durch Kulturtradition in menschlichem Sinne, zu vermitteln vermochten. Der Neandertaler vor 175 000 Jahren ist, durch die Eiszeit angepasst, aus diesen Gegebenheiten entstanden. Alles spricht dafür, dass er ein Homo sapiens war. Würde eine solche Spezies hier in unseren Raum eindringen, so würden wir wahrscheinlich das Weite suchen und den Zoodirektor anrufen, aber das wäre ein großes Unrecht. Denn würden wir ihn näher kennenlernen, würden wir ihm eine gute Chance geben, sich irgendwie mit uns zu verständigen.

Doch nun das theologische Problem: Der Neandertaler ist ausgestorben, so radikal, dass wir nach den Untersuchungen, die man in Leipzig genetisch vor ein paar Jahren angestellt hat, denken müssen, dass es keinerlei genetische Verknüpfung mit dem heutigen Menschen gibt. Das heißt: Die Gruppe von Homo-sapiens-Vertretern, die in Afrika vor ungefähr 150 000 Jahren entstanden sind und vor etwa 50 000 Jahren Europa betreten haben und mit den Neandertalern in Kontakt gekommen sind, hat sich nicht biologisch mit ihnen vermischt. Man hat geglaubt, dass das Aussterben des Neandertalers durch kriegsähnliche Einzelaktionen provoziert gewesen sei oder auch durch klimatische Veränderungen oder durch einen krankheitsbedingten Rückgang. Wahrscheinlich ist das alles in Betracht zu ziehen, aber am einfachsten wird es sein, anzunehmen, dass unsere Vorfahren in den Reproduktionserfolgen im Vorteil waren. Sie hatten einen erweiterten Speisezettel, der Neandertaler war demgegenüber ein ausgesprochener Jäger. Unsere Vorfahren müssen mehr Nahrungsressourcen für sich entdeckt haben. Sie konnten also vor allem ihre Kinder besser großziehen. Sie konnten sich statistisch besser vermehren, und sie müssen den Streit um bestimmte zu bevorzugende Areale, Reviere, immer wieder gewonnen haben. Die Neandertaler befanden sich daher auf dem Rückzug über etliche Jahrzehntausende hin bis zu ihrem Aussterben. Und das Erstaunliche: Es müssen diese beiden Gruppen sich für so fremd gefunden haben, dass wenig Attraktion bestand, sich zu vermischen, also nicht einmal kriegsgefangene Sklaven zu halten. Damit stehen wir theologisch vor einem Problem.

Da ist in Gestalt des Neandertalers ein Lebewesen, das seine Verstorbenen beerdigt hat. Das wissen wir. Neandertaler haben ihre Toten bestattet. Ihnen war also das Sterben ein Problem. Sie hatten Riten, ganz offensichtlich. Sie hatten mithin bereits das, ohne Zweifel, was wir als Religion betrachten, wie auch immer im Einzelnen die aussah. Wir können vermuten, dass der Feuergebrauch eines der Symbole war, über die Existenz nachzudenken: Wie entsteht Wärme, wie entsteht Licht aus Totem und aus Nacht? Das ist ein Problem, das in der Symbolsprache der Religion so zentral ist, dass noch heute im Christentum in jeder Osternachtfeier der Priester im Grunde verpflichtet ist, die Auferstehung Jesu durch Schlagen von Steinen zur Feuergewinnung nachzubilden. Riten sind das, die weit über den Neandertaler zurückreichen. Wenn man spekulativ ist, müsste man denken, der Neandertaler habe solche Osternachtriten bereits zur Verfügung gehabt zur Sinninterpretation seines Daseins. Er wird zudem die Zyklen der Natur sinndeutend benutzt haben. Man vermutet demgemäß, dass er Blumen den Verstorbenen beigegeben hat. Ganz sicher ist das nicht – es können auch Pollen einfach so in die Gräber verweht worden sein. In jedem Falle spricht die Bestreichung der Toten mit Rötel durch die Neandertaler eine sehr deutliche Sprache. Er wird geglaubt haben, dass Menschen nicht sterben, sondern auferstehen, so wie die Natur immer wieder aufersteht, und er selbst ist nur ein Teil darin. Lebewesen, die so denken können auf dem Wege zu uns selbst, sind ausgestorben, sie sind folgenlos ausgestorben. Das zu sagen, bedeutet natürlich auch, die Frage aufzuwerfen, ob nicht unserer Spezies just das Gleiche blühen kann. Wer würde schon glauben, dass es uns in 10 000 Jahren noch gäbe, in 100 000 Jahren gar? Die Neandertaler hatten 170 000 Jahre hinter sich, als sie von der Bühne der Geschichte verdrängt wurden. Wer wagt zu prognostizieren, dass eine Spezies, so verrückt wie die unsere, derart rabiat im Umgang mit allen Naturressourcen und mit sich selber, eine Chance hätte, 170 000 Jahre abzuleisten? Dabei wäre das nur ein Zehntel dessen, was wir in der Entwicklung von Lebewesen, die zu Vernunftgebrauch, Werkzeugherstellung fähig waren, vor rund zwei Millionen Jahren und noch weiter rückwärts, auf dem Wege zu uns selbst anzunehmen haben.

Deshalb ist ja der Band »DER SECHSTE TAG« für mich so spannend gewesen, weil er auch die Entstehung der Religion, des Schamanismus, der Bilder, die vor über 20 000 Jahren aufgetaucht sind, noch einmal neu in der Geschichte der Evolution und auch in der Religionsgeschichte besser beantworten lässt. Wir leben im Grunde in einem Geschichtsbewusstsein, das bestenfalls zu den Basiserfindungen des Neolithikums zurückgeht, bis 8000 v. Chr. ungefähr. Da bildet sich alles, was wir Religion, Mythos, Kultur nennen. Aber jetzt, in der Paläontologie, finden wir Unglaubliches, viel, viel Älteres, ein Nachdenken über Tod und Fruchtbarkeit, über Sterben und Wiedergeburt, über Mensch und Tier, über Höhle und Welt – das alles sind aufregende Dinge. Man hat soeben im Schwäbischen ein winziges Figürchen gefunden, eine Sensation. Man kennt die Venus von Willendorf, eine Frau, die einen Kopf hat, den sieben Haarbänder umgeben, man denkt dabei sogar an die Mondphasen und an die Zahl der Wochentage; aber ihre Gestalt ist die geborene Fruchtbarkeit: Sie hat kein Gesicht, keine Beine, Ärmchen hat sie nur ganz dünn, dafür aber einen Riesenleib. Jetzt gerade aber hat man im Schwäbischen eine

194

Frauenstatuette gefunden, die überhaupt keinen Kopf braucht, sie ist nur noch ein Anhänger – ein reiner Körper. Geburt – das ist das Mysterium der Eiszeit. Man kann nicht anders denken, als dass da eine Religion ihre eigenen Symbole findet und ums Leben ringt. Alles, was uns leben lässt, ist geschuldete Gnade von etwas Unverdientem. Das spüren die Menschen. Und nun wir selber: Wenn wir entdecken, dass Menschenformen wie wir haben aussterben können, was sollten wir dann denken über unser Schicksal?

Und das nächste Buch »UND ES GESCHAH SO« – eine Eschatologie?

Eher Biologie. Das geht zurück auf eine Frage, die jeder hatte, der in den 1950er-Jahren in die Schule ging. Es war eine Zeit, die man heute im Rückblick nur schwer sich vorstellen kann. Die Frage, wie sind die Menschen entstanden, war damals voll im Umbruch und war revolutionär. Dass schon der Australopithecus Werkzeuggebrauch haben sollte, widersprach der christlichen Schöpfungslehre über die Menschwerdung eigentlich diametral. Aber man konnte immer noch sagen, wie die Kirche es tat: »Der Körper hat sich entwickelt, aber die Seele hat Gott geschaffen.« Doch ein Problem blieb natürlich auch dann noch: Wie ist denn das Leben überhaupt entstanden?

Man muss sich vorstellen, dass die Chemie in den 1950er-Jahren noch in einem Zustand war, dass man organische und anorganische Chemie in zwei getrennten Fächern sah, und wie beides einen Übergang bilden konnte, war selbst den Chemikern unbegreifbar. Für die Theologen hielt sich da ein anbaubares Feld für ihren Schöpfungsglauben. Es musste natürlich Gott sein, der das Leben geschaffen hatte. Das folgte dem alten Virchow noch im 19. Jahrhundert: Jede Zelle kann nur abstammen von einer Zelle, aber woher kam die erste Zelle? Die muss geschaffen worden sein, und das war der Anfang des organischen Lebens. – Man muss noch mal sagen: Kein Naturwissenschaftler kann zufrieden sein mit einer Antwort, die ein Naturproblem beantworten will damit, dass Gott es halt so und nicht anders gemacht hätte. Es ist in die ganze Methodik der Naturwissenschaft ein solches Theorem nicht hineinzubringen. Es ist nicht die atheistische Gesinnung von Naturwissenschaftlern, dass sie solche Antworten nicht hören wollen. Sie können sie schlechterdings nicht brauchen. Ein Chemiker hört auf, ein Chemiker zu sein, wenn er erklären will, dass das Leben nur erklärbar sei durch einen Schöpfungseingriff Gottes. So kann es nicht gewesen sein. Naturwissenschaftlich nicht! Also muss man die Chemie bemühen, diese Übergänge zwischen anorganischer und organischer Chemie zu erforschen.

Das waren um 1952 schon ganz interessante Dinge. Man entdeckte damals die Doppelhelix, also immerhin die Basis der heutigen Genetik, und man entdeckte, wie es möglich ist, durch ein chemisches Gemisch, das die Uratmosphäre darstellen sollte, durch elektrische Lichtentladungen Aminosäuren herzustellen. Kein Schöpfungseingriff also, sondern ganz einfache Bedingungen schufen die Basisstrukturen von Leben durch Rekonstruktion der Uratmosphäre und deren Zusammensetzung. Für die Theologen war das Ganze aufregend. Es war damals auch noch die Zeit, in der der dialektische Materialismus als Weltanschauung konkurrierte mit den westlichen, christlich geprägten Glaubensformen. Man verstieg sich zu der Behauptung, dass, wenn im Weltall irgendwo noch einmal Leben gefunden würde, dies ein Beweis dafür sei, dass Leben durch Naturnotwendigkeit überall unter gegebenen Bedingungen entsteht und daher nicht die Folge eines Schöpfungseingriffs sein könne. Man glaubte, mit astronomischen Mitteln Gott auf den Prüfstand stellen zu können. Ist Leben etwas so Einmaliges, dass es nur von Gott stammen muss, oder ist es durch Naturnotwendigkeit ableitbar unter gegebenen Bedingungen? Leben auf dem Mars galt daher als mögliche Widerlegung des Schöpfungsglaubens, und umgekehrt: Die statistische Unmöglichkeit, dass Leben durch Spontanzeugung entstehen könnte, bewies Gott. So war das.

Ich denke, dass diese Situation ganz gut beschreibt, wie die Theologie aus Gott ein jagdbares Wild gemacht hat, das beim Fortschritt der Erkenntnis von Lichtung zu Lichtung gehetzt wird. Seit Ausbreitung des naturwissenschaftlichen Wissens im 20. Jahrhundert, spätestens von den 50er-Jahren an, bewegt die ganze Schöpfungstheologie sich auf dem Rückzug. Jede noch eben feste Position ist inzwischen geräumt worden. Woher kommen die Menschen? Das erklärt uns die Paläontologie. Die Frage, wie Leben entsteht, können wir heute durch Molekularbiologie plausibel machen. Das Problem ist eigentlich nicht, dass wir das nicht erkennen könnten. Das Einzige, was wir nicht wissen, ist, wie es wirklich stattgefunden hat. Wir haben, um einen Biochemiker zu zitieren, Boulevards der Wahrscheinlichkeit, wie aus anorganischer Materie Lebensformen sich gebildet haben können. Was wir nicht genau wissen, ist, wie das wirklich passiert ist. Zeigen können wir, dass Zellen so strukturiert sind, dass Zufälle ihrer eigenen Entstehung sich verewigt haben. Das Leben musste immer weiterarbeiten mit dem, was gerade vorhanden war. Es konnte sich nie noch einmal neu erfinden, sondern musste unter den Bedingungen, die es selbst gebildet hatte, weiterexperimentieren. Deswegen sind mitunter Strukturen erhalten geblieben, die bei einem Intelligent Design längst ausgetauscht worden wären. Die Natur ist aber blind. Sie kann sich selbst nicht korrigieren. Sie kann nur weitermachen, so wie sie ist. Das gibt der Evolutionsbiologie natürlich Anhaltspunkte genug, zu zeigen, in welchen Schritten von Zufällen die Entwicklung des Lebens sich gebildet hat. Wir können ungefähr zurückgehen bis auf die Zeit vor etwa 3,5 Milliarden Jahren, um den Anfängen des Lebens beizuwohnen. Wir können zeigen, dass Lebensentste-hung sogar ohne Sonnenenergie bei den Archebakterien zustande kommt, wir sehen, wie primitiv deren Stoffwechselprozesse waren, wir können feststellen, dass sich unsere Sauerstoffatmosphäre erst sehr spät gebildet hat als Folge des Lebens. Das Leben hat sich mithin seine Umwelt überhaupt erst selber geschaffen, um sich höher weiterentwickeln zu können. Sauerstoffatmung ist etwas so Aggres-sives, aber auch Dynamisches, dass alle Höherentwicklung des Lebens an die Folgewirkung der Sauerstoffatmung gebunden ist. Eigentlich ist Sauerstoff ein Giftgas, das das Leben mal abgesondert hat, es stellte eine schwere Krise dar, in welche die Evolution selber gedriftet ist.

Das alles können wir heute rekonstruieren. Ich beschreibe es ziemlich ausführlich in dem Band »UND ES GESCHAH SO«, wobei der Akzent auf dem »so« liegt. Es geschah eben nicht so, wie es im Sechs-Tage-Werk der Bibel als geradliniger Schöpfungsprozess vorgestellt wird. Es sind so viele abenteuerliche Katastrophen im Evolutionsgeschehen angesiedelt, so viel an Sinnlosigkeit.

Ich gebe erneut ein kleines Beispiel: Vor einer Weile, nach dem Desaster des Tsunamis, der Weihnachten vor fünf Jahren ganze Teile in Borneo und Thailand verwüstet hat, fragte eine Fernsehjournalistin, was ich damit mache. Sie sah mit Recht die Frage nach Gott gestellt. Wie kann denn ein gütiger Gott eine solche Katastrophe zulassen? Was hat er sich dabei gedacht? Ich versuchte zu antworten, dass die Frage wie üblich sich so nicht beantworten lasse. Ein Erdbeben ist Teil der Plattentektonik. Das Erdinnere mit seiner Wärme führt dahin, dass die Kontinentalplatten zusammengedrückt oder auseinandergetrieben werden. Sie sind wie riesige Laufbänder über Tausende von Kilometern. Aber in den Subduktionszonen bilden sich Spannungen, in den Bruchzonen bilden sich enorme Energien, die sich freisetzen, so auch bei Ausbruch eines solchen Erdbebens. Der Natur ist es selbstredend egal, was an der Oberfläche passiert, ob in der Wüste Gobi die Wildesel dabei sterben oder ob in San Francisco am San-Andreas-Graben Hunderttausende von Menschen ins Loch sinken. Sie kann überhaupt nicht anders. Sie muss ihre Mechanik durchführen. »Ja, und hat denn das jetzt irgendeinen Sinn?« Ich antwortete: »Wenn es biologisch einen Sinn hätte, müssten wir noch ganz andere Katastrophen voraussetzen. Es ist möglich, dass das einen Sinn bekommt, nämlich dadurch, dass ganz neue Gebirge entstehen, die die Genpools voneinander trennen und neue Artentwicklungen schaffen, oder dadurch, dass Meere sich bilden, die biologisch den Austausch innerhalb der Populationen unmöglich machen. Wir müssten Katastrophen in viel größerer Zahl über viel längere Zeiträume mit viel höheren Opferzahlen ausstatten, um ein bisschen zu begreifen, wie die Evolution selber arbeitet. Wir erhalten bei einem einzelnen Erdbeben lediglich eine winzige Momentaufnahme von der Mechanik, die wir als Eintagsfliegen in ihren Dimensionen noch überhaupt nicht spürbar wirklich erahnen. Was das für einen Sinn hat, kann man so beantworten: In dieser Weise funktioniert das hier auf dieser Erde. Es zeigt vor allem, dass die Erde noch warm genug ist, um uns als Lebewesen zuzulassen. Wäre sie kalt genug, dass es keine Erdbeben mehr gäbe, gäbe es auch uns nicht. Das alles hängt auf eine unglaubliche Weise miteinander zusammen.«

Aber wenn Sie fragen, was der liebe Gott damit zu tun hat, dann muss man sagen: dass wir lernen, uns als Kurzzeitwesen mit Güte zu behandeln. Ich denke mir, es könnte ein theologischer Impuls sein, sich auf das nächste Erdbeben vorzubereiten, das ganz sicher kommt, und die UNO mit einem Durchlaufkonto von zwei Milliarden Dollar für Katastrophenhilfe auszustatten. Wir haben heute bereits Hubschraubereinsätze zum Verschießen von Sprenggranaten in 24 Stunden auf jeder Stelle der Erde, aber wir haben keine Hubschrauber, um Erdbebenopfern in den ersten 24 Stunden, wo es darauf ankommt, zu helfen. Der Gedanke auch nur scheint heute noch ganz unmöglich, er muss aber möglich sein: Wir brauchen nicht globale Kriegs-, sondern Hilfsbereitschaft. Das hat Gott damit zu tun. Dass die Welt so ist, wie sie ist, müssen wir hinnehmen. Aber wie wir damit umgehen, ist eine Frage nach Gott.

Es ist die Frage auch: Wie gehen wir mit Leben um, wenn wir begreifen, wie eng alles Leben zusammenhängt? Was für ein Recht nehmen wir uns, Tieren jede beliebige Qual zuzufügen, bloß um den Wahnsinn in unseren eigenen Köpfen an sie zu delegieren? Wir sollten so etwas mit Menschen nicht machen, und wir dürfen so etwas auch mit Tieren nicht machen. Wer evolutiv denkt, braucht eine neue Ethik. Auch dafür ergreife ich natürlich Partei, indem ich den Schöpfungsgedanken vertiefter denke, als es in dieser absurden Eingreiftheorie möglich ist, dass Gott die Unbeantwortbarkeiten der Naturwissenschaften auf so glänzende Weise den Theologen zur Auskunft anvertraut hätte. Das ganze Weltbild, wonach die Theologie die oberste Wissenschaft ist, die herausstellt, was die Naturwissenschaften erkennen können und dürfen, gehört dem Mittelalter an.

Warum gibt es das Universum?

»IM ANFANG – DIE MODERNE KOSMOLOGIE UND DIE FRAGE NACH GOTT«, Band 5 von »GLAUBEN IN FREIHEIT«.

Das ist und war die letzte spannende Frage. Woher die Menschen kommen, wie die Tiere sich entwickelt haben, woher das Leben kommt – all das kann und braucht die Theologie nicht mehr zu beantworten. Aber sie hatte immer noch ein Ass im Ärmel, sie saß am Pokertisch und wusste, wir kriegen die Naturwissenschaft immer noch über den Tisch gezogen, nämlich durch die Frage: Warum gibt es das Universum? Auch dieses Problem hat eine eigene Geschichte.

Man muss sich nur einmal vorstellen, wie rasch sich unser Wissen verbreitert hat. Im Jahre 1900 noch hatte keiner der Lebenden irgendeine Ahnung, warum die Sonne leuchtet. Die gesamte Thermodynamik des 19. Jahrhunderts konnte dieses Phänomen nicht erklären, und eine andere Physik existierte nicht. Wir waren in dieser Frage nicht viel weiter als die alten Griechen, als Sokrates, wenn er sterbend seinen intelligenten Gesprächspartnern begegnet wäre im 5. Jahrhundert v. Chr.: Da ist ein heißer Stein am Himmel. Dass er nicht mit Kohle beheizt wurde, das haben wir inzwischen herausgefunden. Aber wie es funktioniert, ob es durch reine Schwerkraftwirkung zustande käme, wussten wir noch vor 110 Jahren nicht. Wir hatten keine Ahnung, nicht einmal darüber, warum die Sonne scheint. Das änderte sich erst im Jahre 1905 durch Einsteins spezielle Relativitätstheorie: Materie ist im Grunde umgewandelte Energie. Das war die Formel dafür. Aber Einstein – zehn Jahre später mit der allgemeinen Relativitätstheorie – kam zu der Entdeckung, dass es im Kosmos sonderbar zugeht. Eigentlich müsste der ganze Kosmos durch die Gravitation kollabieren. Um das zu vermeiden, führte er einen eigenen Faktor ein, der dagegenwirkt und den Kosmos stabilisiert. Später meinte Einstein, das sei eine Eselei gewesen. Dafür spricht auch manches, selbst wenn neuerdings die Idee sogar schon wieder mit dem Konzept der dunklen Energie interessant wird. Einstein war immer genial. Das Problem, das er hatte, war aber im Grunde ein religionsphilosophisches, ob das Universum überhaupt einen zeitlichen Beginn haben könnte oder ob es nicht spinozistisch als die Gottheit selber mit Ewigkeitscharakter auszustatten wäre. Einstein dachte spinozistisch: Das Universum hat keinen Anfang und kein Ende. Darum muss man ihm einen Stabilitätsfaktor zusprechen, einen Faktor, der gegen die Gravitation anwirkt und Fluchtbewegung und Anziehungskraft wohltätig im Gleichgewicht hält. Bis dahin hatten die Theologen eigentlich nichts anderes zu tun, als die Frage zu beantworten, ob Gott die Welt an einem Anfang geschaffen habe oder ob sie gleichunendlich in der Zeit wie Gott selber sei. So hätte ein Mann wie Giordano Bruno gedacht. Theoretisch hätte man eigentlich mit beiden leben können.

Nun aber hatte Edwin Hubble im Jahre 1923 schon entdeckt, dass die uns nächste Galaxie, der Andromedanebel, die Messier-Galaxie 31, kein Teil unserer Galaxie sei. Zum ersten Mal glaubte man bewiesen zu haben, dass es Lichtphänomene im Kosmos gibt, die nicht unserer eigenen Milchstraße zugehören. Das hatte Immanuel Kant schon vermutet. Die Galaxien, die Nebel im Weltraum, seien eigentlich riesige Sternanhäufungen wie unsere Milchstraße, aber eben außerhalb unserer Milchstraße. Das wird in den 20er-Jahren des 20. Jahrhunderts jetzt sichtbar und nachweisbar. 1929 deutete Hubble die Rotverschiebung im Spektralbereich der Galaxien als Dopplereffekt, als Beweis für die Fluchtbewegung der Milchstraßen. Wenn aber die Galaxien sich auseinanderbewegen, und man kann ihre Fluchtgeschwindigkeit messen, so kann man einfach umrechnen, wann sie an einer Stelle vereinigt waren. Die Welt musste also einen Anfang gehabt haben, einen Anfang in der Zeit. Das war für die Theologen höchst bedeutungsvoll. Nach und nach konnte ihnen abgenommen werden, zu beschreiben, wie die Welt sich entwickelt hat. Es machte ein gewisses Grauen, wie unglaublich die Entfernungen im Kosmos sich dehnten. Die räumliche Erstreckung, auch die Ausdehnung der Zeit selber war in der Paläontologie bereits erschreckend und in der Geologie geradezu bedrohlich. Man musste plötzlich mit Hunderten von Millionen, mit Milliarden Jahren rechnen, und die Bibel hatte ganze 7000 Jahre aufzubieten, um die Schöpfung zu beglaubigen. Die Parameter von Raum und Zeit passen nicht, das sah man jetzt. In der Bibel geht es hurtig ab: Da zimmert Gott die Bühne, dann kommt der Mensch, und dann sind wir da – von Adam bis Adenauer ungefähr 8000 Jahre. Unter dieser Voraussetzung ist der Schöpfungsglaube sehr plausibel. Aber jetzt – 4,5 Milliarden Jahre für den Planeten Erde, und wann hat der Kosmos begonnen? Das war in den 1920er-Jahren ebenfalls rein spekulativ. Man wusste nicht genau, wie groß die Fluchtgeschwindigkeit der Galaxien ist; man denkt erst heute an ungefähr 14 Milliarden Jahre; da läge der Anfang des Universums in der Zeit.

Doch nun: »Ist das nicht der Beweis dafür, dass Gott in diesem Augenblick den Kosmos geschaffen hat? Nichts entsteht durch nichts. Wenn die Welt einen Anfang hat, muss es einen Grund geben für den Anfang, und der kann doch erneut nur Gott sein, denn der Anfang kann sich nicht selbst angefangen haben.« Da war die Theologie im ureigensten Element, und es funktionierte wunderbar. »Wir wissen, warum es alles gibt und warum es alles nicht gibt. Der Anfang der Welt ist der Beweis für die Schöpfung.« Jesuiten argumentierten so, Georges Lemaître argumentierte so. Die ganze Kosmologie seit den 1920er-Jahren basierte auf dem Phänomen des expandierenden Weltalls, in den 60er-Jahren dann die Entdeckung der Hintergrund-

202

strahlung, die vom Uranfang her immer noch als Echo des Urknalls aufgenommen wird. Es war für die Kosmologen nicht ganz einfach, zu sagen: »Die Theologen vertun sich hier. Sie führen eine Größe ein, die nicht der Physik angehört; was sie sagen, ist keine physikalisch mögliche Aussage, Gott habe das All geschaffen.« Aber wie das All zustande kam, wusste man auch nicht. Einstein bekannte sich inzwischen natürlich zum expandierenden Weltall, aber die Physik, die mit der Relativitätstheorie verknüpft ist, kann den Anfang nur als Singularität beschreiben. Das heißt, sämtliche uns bekannten vier Grundkräfte der Natur kollabieren in diesem Zustand. Es gibt da keine physikalischen Aussagen mehr, die dahinter zurückführen würden. »Der Anfang ist der Anfang.« Damit behalf man sich. »Worüber wir keine Aussagen machen können, darüber können wir eben keine Aussagen machen.« Die Physik selbst kollabierte in der Singularität. »Mehr können wir nicht wissen. Was davor war, wissen wir nicht.« Freud hätte gesagt: »Das Unwissen ist das Unwissen; keinerlei Erlaubnis, irgendwas zu glauben, geht daraus hervor.« Das ungefähr entsprach vor etwa 30 Jahren auch noch der Haltung der Astronomen und der Kosmologen. Inzwischen hat das Weltbild sich sehr geändert.

Paradox ist die Tatsache, dass Einstein selber durch die Deutung des Comptoneffekts, für den er den Nobelpreis erhielt, die Grundlage geschaffen hat für die Quantentheorie oder Quantenphysik. Die Quantenphysik ist ein ganz anderes Modell. Einsteins Relativitätstheorie zieht im Grunde die letzte Konsequenz aus der klassischen Physik. Die Quantenphysik hingegen ist in der ganzen Methodik anders. Sie arbeitet mit Wahrscheinlichkeiten. Einstein hat den Rest seiner Tage darauf verwandt, zu zeigen, dass diese Art zu denken nur ein rechnerischer Trick sei, vielleicht eine geschickte Manipulation der Experimentaldaten durch einen hohen Aufwand an Mathematik, »aber das kann«, so drückte er sich aus, »nicht der wahre Jakob sein. Wenn es das wäre, würde ich lieber Portier im Spielsalon geworden sein als Physiker.« Einstein hat immer wieder Gedankenexperimente gestartet, um die Quantenphysik als unmöglich hinzustellen. An jeder Stelle aber hat Einstein die Partie verloren. Die Quantenphysik ist die beste Beschreibung, vor allem im Mikrokosmos. Einsteins allgemeine Relativitätstheorie hingegen beschreibt vor allem die Gravitation. Bei den unerhörten Materieansammlungen von Sonnen oder Schwarzen Löchern ist sie die Methode der Wahl. Die Frage aber ist jetzt: Wie kriegt man das Allergrößte und das Allerkleinste zusammen? Beides muss zusammenhängen. Aber gibt es eine Quantengravitation, gibt es eine Physik, die beides zusammenbringt? Das war die Arbeit im Grunde der letzten 20, 30 Jahre in der Physik.

Eine ähnlich merkwürdige Situation entstand wie die in der Biologie oder in der Biochemie: Es gibt quantentheoretisch und mathematisch alle möglichen Modelle, die uns zeigen, wie aus einem Zustand der Quantenvakuumfluktuation sich unter anderem so etwas gebildet haben kann wie unser Universum oder wie viele Universen. Was wir aber nicht sagen können, ist, wie es gerade zu unserem Universum kam. Allerdings: Schon die Tatsache, dass wir mathematische Wahrscheinlichkeiten formulieren können, die uns das, was heute als Urknall bezeichnet wird, entstehen lassen, zeigt, dass auch in diesen Bereichen die Theologen ihre Zuständigkeit verloren haben. Die Tatsache bereits, dass Theorien über die Möglichkeit des Anfangs möglich sind, enthebt die Argumentation ihrer Gültigkeit, Gott habe diesen Anfang setzen müssen. Es entstehen womöglich ja immer wieder Universen, in gigantischen Zeiträumen, in gigantischen Entwicklungen. Die allermeisten von ihnen werden nicht funktionstüchtig sein und kollabieren. Es werden aber auch Universen überleben, die funktionstüchtig sind. Vielleicht müssen wir den Darwinismus nicht nur auf die Entstehung des Lebens anwenden, sondern sogar auf die Entstehung des ganzen Kosmos. – Das ist jetzt, sehr vergröbert, ungefähr der Gedanke, der bei Kosmologen heute in der Tat eine Rolle spielt. Wir entwickeln eine Quantenphysik etwa in Gestalt der Schleifen-Quantengravitation, die uns die Entstehung des Kosmos sogar in ihren Wahrscheinlichkeiten plausibel macht und eigentlich einen »Anfang« so wenig zulässt, wie wenn wir die Kante eines Möbius-Bandes entlangliefen. Wir brauchen bei all den Beschreibungen keinen Gott mehr.

Mit anderen Worten: Wir kehren zurück zu einem Denken, das vor 250 Jahren begonnen hat und sich wieder mit dem Namen Immanuel Kant verbindet. Kant war in diesem Punkt genial. Er ist der Erste, der über zwei Dinge nachgedacht hat: Zum einen, ob der Zustand des Kosmos immer schon so war, wie er ist. Kant war der Erste, der sagte: »Das ist unmöglich. Alles, was ist, hat eine Geschichte. Und die müssen wir beschreiben.« Diese Idee griff der Zeit ungeheuer, fast um 100 Jahre, voraus. Die kantische Physik war die newtonsche, und sie arbeitete hauptsächlich mit dem Gravitationsgesetz. Der Elektromagnetismus war noch gar nicht entdeckt, – wir sind im 18. Jahrhundert. Aber das Genie Kants zeigte sich darin, dass er unter Anwendung einer einzigen Naturkraft, der Gravitation, imstande war zu beschreiben, wie aus uranfänglichem Chaos unser Planetensystem sich gebildet haben könnte. Das Kant-Laplace'sche System wurde geboren. In all dem war kein Gott nötig. Nichts weiter als eine einzige Naturkraft, die Newton beschrieben hatte, erklärte die Welt. Und zum Zweiten: Wenn das gilt beim Aufbau unseres Planetensystems, warum nicht beim Aufbau unserer Galaxie, warum nicht beim Aufbau des ganzen Universums? Kant ahnte, dass diese Fragen alle noch kommen würden, aber leider auch, dass er sie zu seiner Zeit nicht würde beantworten können. Doch der gedankliche Impuls, die Methodik, war voll ausgeprägt um 1760. Das ist unglaublich. Natürlich hätte es die Theologen damals schon in hohe Aufregung versetzen müssen. Stattdessen wurde Kant bis 1965 auf den Index der verbotenen Bücher gesetzt. Jetzt aber holt uns all das wieder ein, was man vor 250 Jahren schon hätte lesen müssen, um sich geistig auf der Höhe der Neuzeit zu befinden. Jetzt allerdings sind wir bei viel komplexeren Fragestellungen und besseren Antwortmöglichkeiten angelangt. Die Grundtatsachen dessen und die Probleme ihrer Interpretation haben sich aber nicht geändert, und die habe ich versucht darzustellen in dem Band »IM ANFANG«. Es erhärtet sich die Aussage, dass wir Gott nicht über die Visierlinie der Welt in den Blick bekommen, sondern nur im Bannkreis einer Liebe, der wir im Schweigen der riesigen Räume des Weltalls begegnen.

Die moderne Neurologie und
die Frage nach Gott

Und dann kommen zwei dicke Bände »ATEM DES LEBENS. DIE MO-
DERNE NEUROLOGIE UND DIE FRAGE NACH GOTT«, und darüber haben
wir schon intensiv gesprochen. Da geht es vor allen Dingen um die Seele,
das Bewusstsein, die neuronalen und chemischen Prozesse in unserem
Gehirn, was die Neurologie uns heute schon alles zeigt und sagen kann.

Das ist auch für mich selber sehr aufregend gewesen, vor allem wegen
der Angstproblematik. Ich habe über Angst so viel nachgedacht, exis-
tenzphilosophisch, psychoanalytisch. Aber natürlich wusste ich, dass
Angst als Erstes ein Körperzustand ist. Das weiß man seit den 1920er-
Jahren. Man kann einfach an den hormonellen Werten von Cortisol
oder Adrenalin messen, ob ein Tier in Angst ist oder nicht. Die
Psychosomatik begann tatsächlich mit solchen Forschungsdaten.
Also es ist unvermeidbar, dass wir der Neurologie nachgehen. Die
zeigt, in welcher Mechanik Angst im Gehirn aufgebaut wird.

Nehmen Sie, um das noch einmal zu verdeutlichen, eine einfache
Beschreibung. Jemand geht über die Straße und erlebt im letzten
Augenblick, als er das Quietschen der Reifen hört, dass er beinahe
unters Auto gekommen wäre. In Bruchteilen von Sekunden reagiert
er, springt aufs Trottoir zurück, ist gerettet. Jetzt erst merkt er, dass
sein ganzer Körper Angst war, und die wirkt sich noch aus. Er ist

kreidebleich, ihm zittern die Beine, er transpiriert, er hechelt in der Atmung, sein Herz rast – das alles ist der Körperzustand Angst; Angst ist eine Augenblicksreaktion, unterhalb der Bewusstseinsschwelle. Es soll nicht auch nur den Bruchteil einer Sekunde lang darüber nachgedacht werden, was jetzt zu tun ist, denn wenn jemand das täte, wäre es allemal zu spät. Für eine reine Fluchthandlung braucht man kein Bewusstsein. Sie ist im Körper verschaltet, und unser Gehirn hat darauf sofort eine Antwort. Aber diese Antwort ist neurologisch sehr komplex. Da existiert eine Expressleitung, die vom Präfrontalen Cortex zu der Zone führt, in der Angst verarbeitet wird, zur Amygdala; die wieder informiert den Hypothalamus; der informiert die Hypophyse durch Absonderung eines bestimmten Sekrets, des Cortikotropen Releasinghormons (CRH). Von da geht es zu der Nebennierenrinde durch Ausschüttung von adrenocorticotropem Hormon (ACTH), und dann von der Nebennierenrinde wird Cortisol ausgeschüttet. Eine andere Bahn geht übers Rückenmark und führt zum Ausstoß der Flucht- und Angriffshormone Adrenalin und Noradrenalin. Mit all dem sind die Veränderungen vor allem im Kreislauf verbunden – Erweiterung der Bronchien, Gefäßverengungen, die Herzfrequenz wird hochgetrieben, die Glykogendepots werden geöffnet. Das Ergebnis ist eine Höchstfähigkeit zur muskulären Anspannung. Es ist möglich, zu Angriff oder Flucht augenblicklich eine maximale Energie bereitzustellen.

Und dem Zweck dient die Angstanwort. Es muss augenblicklich etwas geschehen, und der ganze Organismus wird darauf präformiert. Sekunden später erst merkt man, was passiert ist, und kann darüber nachdenken.

Es gibt daneben eine zweite Leitung, die noch einmal zur Amygdala läuft, aber kortikal geschaltet ist, und die die Frage aufwirft, ob es sich lohnt, noch weiter Angst zu haben, und sogar, ob es sich lohnt, überhaupt Angst gehabt zu haben. Darin liegt die Chance der Psychotherapie. Wir können noch mal darüber nachdenken, ob die Angst, die wir rein mechanisch vielleicht aus Erfahrungen der Kindheit oder durch bestimmte Phobien in uns tragen, sich im gegenwärtigen Erleben wirklich lohnt und wie wir sie abtrainieren können. Insofern ist die Neurologie eine außerordentlich hilfreiche Beschreibung dessen, was die Psychoanalyse tun sollte, und das in diesem zentralen Begriff: Angst.

Natürlich habe ich das lang und breit beschrieben. Ich habe die beiden Bände über die Neurologie überhaupt so konzipiert, dass man begreifen kann, warum es psychosomatische Krankheiten gibt, psychoneurotische Erkrankungen, wie Psychosen entstehen, und wie vielfältig die Erklärungsmodelle sind, die von der Genetik, der Bioneurologie, der Psychoanalyse her ineinandergreifen. Ich hoffe, das alles ergibt eine spannende Lektüre. Ich habe zudem beim Begriff der Seele versucht zu zeigen, wie in anderen Religionen darüber nachgedacht wird – im Hinduismus, im Buddhismus, die Seelenwanderungslehre, die Nahtoderfahrung. Kurz: Was heute in diesen Themen in der Diskussion steht, sollte auch diskutiert werden.

Herr Drewermann, Ihr Werk ist umfassend, es ist anstrengend auch zu lesen, es ist eine umfassende Auseinandersetzung mit der modernen Naturwissenschaft, aber auch mit den verschiedenen Disziplinen der Theologie, von Vergangenheit und Gegenwart. Was können Sie, auf den Punkt bringend, sagen, ist Ihr Ziel, Ihr Hauptanliegen, warum Sie diese Mühen der Auseinandersetzung auf sich nehmen?

Wenn Sie es so formulieren, wird die Antwort Ihnen sonderbar einfach vorkommen. Es geht mir schlicht um einen mitleidigeren, gütigeren Umgang mit den Menschen und den Kreaturen. Ich glaube das nur ermöglichen zu können durch Verbreitung dessen, was wir verstehen und wissen können. Das Ergebnis der Beschäftigung mit Psychoanalyse, Neurologie, Biologie hat zum Resultat, Menschen zu betrachten wie kleine Kinder, wie arme Tiere, wie Lebewesen, die dringlich ein Gegenüber brauchen, das sie beschützt, das sie bei der Hand nimmt, das da ist, wenn Trost notwendig ist, das Einsamkeit überwindet. Mir ist es evident, dass darin die ganze Botschaft Jesu besteht. Aber wir können sie nicht einfach nachbeten, wir müssen sie im Horizont und auf dem Niveau unseres heutigen Bewusstseins durcharbeiten. Dazu versuche ich beizutragen, was ich kann, im Erstaunen freilich darüber, dass die Kollegen darin scheinbar gar kein Problem und keine Aufgabe sehen.

Das Ergebnis von all dem halte ich für nicht länger diskutierbar. Ich glaube, das Christentum darf nichts und muss nichts anderes sein als eine therapeutische Form der Verkündigung Jesu. Was den Menschen nicht im therapeutischen Sinne hilfreich ist, kann nicht die Sprache Jesu sein, oder das Christentum sollte aufhören, sich als Erlösungsreligion zu betrachten; es müsste dann sagen: Die Religion erlöst uns eigentlich nur zum Kirchesein, Erlösung bedeutet Eintritt in die katholische Kirche oder in irgendeine andere Institution. Damit aber verrät man alles, was Jesus wollte. Man geht tief zurück hinter den humanen Sprung der Revolution, die auf Leben und Tod im Leben Jesu ausgetragen wurde. Zu einer solchen Revolution des Bewusstseins möchte ich beitragen in all den Feldern, die sich der Auseinandersetzung stellen.

Oft wurde mir vorgeworfen, dass ich die Botschaft Jesu abschwächte. Eine nur therapeutische Religion wird von manchen Theologen unter den Vorwurf gestellt, dass sie egozentrisch sei, dass sie sich nur bekümmere um die Einzelnen; immer gehe es um Vater, Mutter und die frühe Kindheit; es koste unglaublich viel Zeit und es habe nichts wirklich zu tun mit den Aufgaben, die sich gesellschaftlich stellten. Den Leuten, die so sprechen, möchte ich gerne sagen, dass sie nicht wissen, wovon sie reden und worüber sie urteilen. Psychotherapie ist nicht die Vereinfachung des Lebens, das mag am Ende stehen, es ist als Erstes das langsame, mühsame Erlernen eines Vertrauens, das eine ehrliche Auseinandersetzung mit sich selber erlaubt. Das ist unglaublich viel schwieriger als das, was ich im Querschnitt von Kirchenamtsvertretern betrieben finde. Es setzt voraus, den Glauben, der zum Christentum gehört, in jedem Einzelnen, der leidet, wirksam werden zu lassen. Man kann von Erlösung nicht im großen Haufen sprechen, so wenig wie ein Zahnarzt sein ganzes Behandlungszimmer auf einmal gesundtherapieren kann. Er kann nur jeden einzelnen Zahn in jedem einzelnen Mund bei jedem einzelnen Patienten an dieser einen Stelle versuchen von Schmerz zu befreien und wieder funktionstüchtig zu machen. Alles Leid ist individuiert. Deshalb ist es logisch gar nicht anders möglich, als zunächst einmal zu sagen, eine Erlösungsreligion müsse sich am Individuum und dessen Schmerzen orientieren und aus dessen Perspektive sich selber wahrnehmen.

Ich fand bei Ihnen den Satz: »Jesus will die Identität der Existenz, nicht die Identifizierung mit der Meinung der Mehrheit.«

Genau. Was die Psychoanalyse immer wieder auseinandernehmen wird, ist die Fehlidentifikation mit gruppenkonformen Standards, die im Über-Ich unter dem Gewaltdruck schon der frühen Kindheit internalisiert wurden. Das Ich muss selber noch einmal prüfen dürfen, was in seiner Lage jetzt für seine Entwicklung passend ist. Dieser Entscheidungsspielraum muss mühseligst freigekämpft werden. Da sind enorme Auseinandersetzungen nötig. Ich glaube zu wissen, wovon ich dabei rede, weil zu mir viele gekommen sind und kommen, die gerade an der katholischen Kirche und ihrer enormen Prägekraft zutiefst gelitten haben und leiden. Das darf so nicht bleiben. Eine Änderung setzt aber voraus, dass die ganze Seelsorge sich verändert, dass sie integral auch die Formen der heutigen Anthropologie nutzt und sich zu eigen macht, dass sie aus der Engführung im gesamten anthropologischen Ansatz herauskommt.

Der Vorwurf, der dann vielleicht noch gemacht wird, es gehe doch nicht nur um Psychotherapie und das allein sei doch nicht die ganze Botschaft Jesu, hat auch in meiner Sicht seine Berechtigung. Jesus hat nicht nur Kranke geheilt, weiß Gott! Aber noch einmal: Wer eine psychische Krankheit heilt in einem Menschen, greift auch die Strukturen an, die sich krankmachend in ihm verinnerlicht haben. Es ist nicht möglich, eine neurotische Sexualpathologie zu heilen, ohne dass man unter anderem auch die Moraltheologie der katholischen Kirche im Hintergrund thematisiert. Also stehen Ärzte, Psychothera-

210

peuten, eigentlich in der Pflicht, so etwas wie eine Sozialhygiene auszubreiten. Sie sollen ja nicht nur Krankheiten heilen, sie sollen auch einen Beitrag liefern, um Krankheitsentstehungsherde auszuschalten. Wenn man weiß, wie Pest oder Cholera entstehen, wird man augenblicks im Kampf gegen die Cholera die Hygiene, die Abwasserkanäle und so weiter – bei der Pest die Verbreitung von Ratten und derlei – untersuchen. Das ist Aufgabe der Mediziner, aus den gefundenen Erkenntnissen die Gesellschaft zu verändern und bestimmte Krankheitsherde aufzulösen. Das sollte psychotherapeutisch nicht anders sein. Wenn man immer wieder dieselben Übeltäter findet, die gleichen pathogenen Strukturen entdeckt, muss man sie thematisieren und vorstellen.

Ein passendes Beispiel anderer Art dazu: Wenn wir die ganze Zeit davon sprechen, wie eng Mensch und Tier zusammenhängen, ergibt sich rein logisch daraus die Notwendigkeit einer Ethik, die einen anderen Umgang zwischen Mensch und Tier zur Auflage macht. Natürlich bin ich für die Tierschutzorganisationen, bin ich für Vegetarismus, bin ich für all diejenigen, die gegen den Missbrauch von Tieren in den Pharmalabors antreten, bin ich gegen die Massentierhaltung, die Milliarden von Tieren nur dahin quält, dass sie ihr Aufkommen zu marktgünstigen Preisen auf dem Schlachtviehmarkt finden. Das alles sind logische Konsequenzen aus einem therapeutischen Ansatz. Wenn wir sehen, wie Tiere die gleiche Angst haben wie Menschen, ergibt sich ein Kontinuum von Verantwortung, das wir nicht willkürlich durch absurde Schöpfungsideen aufsprengen können, nur zum Erhalt des Artegoismus von uns Menschen. Therapeutisch das Tierische im Menschen zu integrieren, ist also vollkommen identisch damit, Tieren an unserer Seite ein Recht auf Glück zuzugestehen und auf Eigenleben. So erweitern sich Schritt für Schritt die Felder: Friedensaktivität, Tierschutzfragen, Fragen der Wirtschaftsethik, des Umgangs mit Wirtschaftsasylanten – es ist eigentlich keine natürliche Grenze zu ziehen in all den Fragen, die menschliches Schicksal und die Folgen für fühlende Lebewesen an unserer Seite betreffen.

Deswegen glaube ich, dass der Begriff »Erlösung« sehr schön umschreibt, wie ein ganzer Weltzustand sich ändert, »Welt« zunächst als Interpretation der Sicht des Menschen auf sich selber, aber dann in allen Aspekten und Konsequenzen der Wirklichkeit. Es totalisiert sich und globalisiert sich. Einfacher gesagt: Ein Individuum zu therapieren, psychotherapeutisch, ist so viel wie in ein Netz zu packen und eine Schlaufe dabei zu erwischen. Der ganze Rest ist jetzt eine Frage der Energie des Zugs. Man muss nur konsequent dranbleiben, dann wird das ganze Netz mit allem Inhalt aus dem Meer gezogen werden, vorausgesetzt, die Schlaufe hält. Aber das tut sie. In aller Regel hängen alle Probleme so eng zusammen, dass da nichts zerreißen wird. Man kriegt das ganze Netz der Welt in den Griff, man muss nur an einer Stelle konsequent zu ziehen beginnen.

Psychotherapie ist eine solche Form, konsequent zu beginnen. Es kann andere Schlaufen geben, an denen Leute das Netz an die Hand kriegen. Wäre ich in São Paulo oder in Rio Pfarrer geworden, hätte ich mich natürlich für die Leute aus Nordostbrasilien interessiert oder für die Abholzung des Amazonasurwaldes. Das tue ich heute auch, aber doch mit erkennbar anderem Schwerpunkt. Es ist nicht illegitim, da irgendwo anzufangen. Ich will keinen Monopolismus für Psychotherapie, aber ein heilendes Christentum hat mit psychotherapeutischen Fragen zentral zu tun, und diese sind uns seelsorglich am ehesten zugänglich.

Ich möchte den Begriff »Netz« aufgreifen, Herr Drewermann. Es ist meine letzte Frage: Welches Netz haben Sie gebildet? Brauchen Sie ein Netz oder haben Sie ein Netz, von dem Sie sich getragen fühlen?

So, wie Sie es wünschen würden und ich selber manchmal auch, habe ich das nicht. Es gibt mit Sicherheit solche Netze. Es gibt Gruppen, die lesen meine Bücher, es gibt in Holland einen Arbeitskreis, der seit Jahren mit meinen Büchern arbeitet, bei dem ich auch Vorträge halte, um ihn zu unterstützen. So etwas gibt es, und ich bin froh darüber, dass es das gibt. Aber meine Situation ist im Wesentlichen die eines Schriftstellers. Das bedeutet, ich muss bei jeder Zeile, die ich schreibe, mir vorstellen, für wen das, was ich schreiben möchte, nützlich sein könnte und in welcher Sprache ich es sagen muss. Aber ich kann nicht und muss auch nicht auf die Rückkopplungen warten. Die gibt es manchmal. Ich signiere irgendwo Bücher, und dann kommt eine Frau oder ein Mann und sagt: »Das Buch hier hat mir das Leben gerettet.« Ich nehme das ernst, dass das so ist, weil ich selber weiß, wie Bücher wirken können. Und ich möchte alle meine Bücher schreiben wie Medikamente, die dazu da sind, durch Beantwortung wichtiger Fragen Menschen zu helfen. Aber es muss anders zugehen als in der Pharmaindustrie. Für mich ist nicht relevant, wie viele Bücher sich jetzt verkaufen oder in den Handel kommen und wie viel an Kapital dabei retourniert. Ich kann eigentlich nur einen Stein ins Wasser werfen, und dann muss der liebe Gott wissen, wie sich die Wellen am Uferrand zurückbrechen. Das geht mich eigentlich schon nichts mehr an. Es genügt mir zu wissen, dass das, was ich mache, Menschen hilft. Das ist eine wichtige Evidenz bei alldem. Wenn ich das nicht wüsste, wenn es nur Streit gäbe, nur Auseinandersetzung, nur Ärger, dann würde ich mir auch sagen, ich mache etwas falsch. Aber ich kann jede Art von Auseinandersetzung eingehen, wenn ich weiß, am Ende steht etwas, das sein muss, weil es Menschen hilft. Dann werde ich keine Schwierigkeit vermeiden. Erst wenn ich nicht sähe, wofür es nützlich wäre, würde ich denken: Das hat keinen Sinn, das Ganze ist falsch eingestielt.

Die Frage nach dem Netz beantwortet sich daher mit dem Gefühl, dass die Arbeit sich lohnt, vielleicht nicht gerade netzhaft, aber radial. Dieser Tage kam eine Frau und sagte: »Wir sprechen jetzt seit sechs Jahren miteinander. Wissen Sie, wie oft?« Ich sagte: »Das müsste ich jetzt multiplizieren.« Es kam eine schon erstaunliche Zahl dabei heraus. Aber ihr geht es erkennbar besser, und sie lebt, so gut es irgend geht. So etwas ist an vielen Stellen zu sehen. Es setzt viel an Arbeit voraus, doch fast ist es mir egal, wie viel an Arbeit, nur dass es sich trägt und dass ich dazu ein bisschen beitragen durfte oder darf, ist wichtig. Dabei ist die Lage, in der ich mich befinde, an sich sehr privilegiert, also auch verbunden mit einer entsprechenden Pflicht zur Verantwortung. Und all das macht mein Leben aus.

Worüber ich nicht mehr lange nachdenke, ist, was ich bewirke, denn das ist ein schwer erträgliches Problem, mitzuerleben, wie eine Fülle von Evidenzen, nicht mal von Visionen, sondern von sicheren Überzeugungen, die vor 30 Jahren noch unverzichtbar für den ganzen weiteren Gang der Weltgeschichte schienen, heutigentags über den Haufen geworfen werden. Wir haben doch etwa nach dem Vietnamkrieg um 1974 geglaubt, es sei keiner Demokratie, keiner westlichen, mehr möglich, Krieg zu führen. Die ganze Rüstung sei obsolet, die Frage der Dritten Welt sei essenziell, die Umweltfrage unverzichtbar, anders also könne es überhaupt nicht weitergehen. Vernunft kann schließlich nicht mehr unvernünftig werden. Das schien so sonnenklar, wir mussten nur noch an der richtigen Stelle weitermachen, um es den letzten Konservativen beizubringen. Mehr Aufgaben hatten wir vermeintlich nicht. Die Lösung lag auf dem Tisch, sie musste nur verbreitet werden. Dass wir lernen würden unter Bush dem Älteren, Kriege so zu führen, dass die gesamten Medien manipulierbar sind, indem Journalisten da rangehen, die nur noch Sprechblasen des Pentagons sind, dass wir sogenannte humanitäre Kriege würden führen müssen unter Bush dem Jüngeren, dass wir die Wirtschaft so absolut setzen, dass sie über alles hinweggeht, über jedes Quantum von Leiden und Leichen, egal wie viel, und immer akzeptabel für die paar Gewinnler, die es überleben, das hatten wir nicht geglaubt. Das entsetzt mich sehr. Auch nur in zehn Jahren schon wird es unsere nächsten Verwandten, freilandlebend, nicht mehr geben. Orangs in Sumatra, in Borneo – sie werden nicht mehr existieren, Berggorillas in den Virunga-Bergen – sie werden nicht mehr existieren, Bonobos, freilandlebend – sie werden nicht mehr existieren. Das heißt: Wir sind gerade dabei, uns die eigenen Wurzeln, die Erkenntnis über den Werdegang der eigenen Psyche durch Vergleich mit den nächsten Verwandten, den Vettern unserer eigenen Familie, abzuschneiden. Und das alles soll kein Bedauern auslösen?

Wir denken schon wieder verstärkt wie jener Philosoph, dem ich vor Jahr und Tag zuhörte, als er sagte, es sei ja der Mensch, der mache, dass der Wald schön sei. Ich konnte nur empört sagen: »Wir sollten dem Tübinger Kleingärtner, den Sie gerade zitiert haben, nicht das Recht geben, die Welt aufzuräumen. Sie hat mehr Möglichkeiten als die Etablierung der Gartenzwerge.« Dass aber gerade das genau so kommen soll, wurmt mich Tag für Tag, und die Diskussionslosigkeit, mit der das alles durchgeht, die alternativelose Selbstverständlichkeit, mit der dies als Realismus, Pragmatismus, als Politik der kleinen Schritte, als Augenmaß der Verantwortung gepriesen wird, entsetzt mich unaufhörlich. Mich tröstet, religiös zu denken. Nicht »Erfolg« und »Wirkung«, nur Wahrheit und Wahrhaftigkeit sind wichtig.

An Gott zu glauben, bedeutet nicht, die Welt zu erklären und ihre Mechanismen technisch, ökonomisch und politisch möglichst effizient zu nutzen, es bedeutet, die Welt der Grausamkeit zu widerlegen durch die Liebe und uns selbst allererst in unserer Geschöpflichkeit zu akzeptieren. Erst mit Bezug zu Gott verwandelt sich der Kampf ums Dasein in ein Geschenk des Lebens. Die Aufgabe dabei hat schon um 1943 der Existentialist und Atheist, der Revolutionär des Humanen, mein Freund, der Dichter Albert Camus in seinem Tagebuch bleibend gültig formuliert – lassen Sie es mich vorlesen: »Sinn meines Werkes: So viele Menschen entbehren der Gnade. Wie können wir ohne die Gnade leben? Wir müssen uns wohl oder übel darein schicken und tun, was das Christentum nie getan hat: uns der Verdammten annehmen.«

Bibliografie

Werke Eugen Drewermanns, die in diesem Buch genannt werden

Glauben in Freiheit oder Tiefenpsychologie und Dogmatik, Bd. 1: Dogma, Angst und Symbolismus, Solothurn – Düsseldorf 1993
Jesus von Nazareth. Befreiung zum Frieden. Glauben in Freiheit, Bd. 2, Zürich – Düsseldorf 1996
Der sechste Tag. Die Herkunft des Menschen und die Frage nach Gott. Glauben in Freiheit, Bd. 3: Religion und Naturwissenschaft, Teil 1, Zürich 1998
... und es geschah so. Die moderne Biologie und die Frage nach Gott. Glauben in Freiheit, Bd. 3: Religion und Naturwissenschaft, Teil 2, Zürich – Düsseldorf 1999
Im Anfang... Die moderne Kosmologie und die Frage nach Gott. Glauben in Freiheit, Bd. 3: Religion und Naturwissenschaft, Teil 3, Düsseldorf 2002
Atem des Lebens. Die moderne Neurologie und die Frage nach Gott. Glauben in Freiheit, Bd. 3: Religion und Naturwissenschaft, Teil 4,1: Das Gehirn. Grundlagen und Erkenntnisse der Hirnforschung, Düsseldorf 2006
Atem des Lebens. Die moderne Neurologie und die Frage nach Gott. Glauben in Freiheit, Bd. 3: Religion und Naturwissenschaft, Teil 4,2: Die Seele. Zwischen Angst und Vertrauen, Düsseldorf 2007

Frau Holle. Grimms Märchen tiefenpsychologisch gedeutet, illustr. v. Ingritt Neuhaus (1982), Düsseldorf 2003
Giordano Bruno oder der Spiegel des Unendlichen (1992), München 1995
Kleriker. Psychogramm eines Ideals (1989), Düsseldorf [2]2001
Das Mädchen ohne Hände. Grimms Märchen tiefenpsychologisch gedeutet, illustr. v. Ingritt Neuhaus (1981), Düsseldorf 2004
Psychoanalyse und Moraltheologie, Bd. 1: Angst und Schuld (1982), Mainz [10]1992; Bd. 2: Wege und Umwege der Liebe (1983), Mainz [8]1991; Bd. 3: An den Grenzen des Lebens (1984), Mainz [4]1990. In Teilen wieder abgedruckt in: *Wege und Umwege der Liebe. Christliche Moral und Psychotherapie,* Düsseldorf 2005
Strukturen des Bösen. Die jahwistische Urgeschichte in exegetischer, psychoanalytischer und philosophischer Sicht, 3 Bde., (1977–78), Paderborn 3. erw. Aufl. 1981
Tiefenpsychologie und Exegese, Bd. 1: Die Wahrheit der Formen. Traum, Mythos, Märchen, Sage und Legende (1984), Zürich [6]2001; Bd. 2: Die Wahrheit der Werke und der Worte. Wunder, Vision, Weissagung, Apokalypse, Geschichte, Gleichnis (1985), Zürich [6]2001
Der tödliche Fortschritt. Von der Zerstörung der Erde und des Menschen im Erbe des Christentums (1981), Freiburg [7]1997
Und gäbe dir eine Seele... Hans Christian Andersens Kleine Meerjungfrau tiefenpsychologisch gedeutet, Freiburg – Basel –Wien 1997
Die zwei Brüder. Grimms Märchen tiefenpsychologisch gedeutet, Solothurn – Düsseldorf 1995